KB048024

최신 라틴어 교본

오 연 수 지음

도서출판 한글

서 문

　서양학과 서구 언어에서의 라틴어의 위치는 동양학과 동양언어에서의 한자의 위치와 맞먹는다고 할 수 있다. 근세에 이르기까지 신학 분야는 말할 것도 없고 서구의 모든 학문 분야의 대부분의 문헌이 라틴어로 씌어져 있다. 또한 서구의 로망스어권(프랑스어, 스페인어, 이탈리아어 등)의 경우 그 어휘의 90% 내외, 게르만어권(영어, 독일어, 화란어 등)에서도 거의 절반이 라틴어에서 유래한 것이므로 라틴어를 잘하면 영어 어휘력뿐만 아니라 다른 서구 언어를 이해하기도 쉽다. 따라서 학문을 연마하고 서구의 언어를 공부하는 사람들에게는 라틴어가 필수 불가결한 언어이다.

　라틴어는 상당히 복잡한 구조를 가진 익히기 고약한 언어라고 알려져 있지만 자신감과 끈기로 두세 고비만 넘기면 새로운 지평이 눈앞에 전개된다. 라틴어는 학문(신학, 철학, 의학, 사학, 문학, 법학, 교육학, 예술학, 언어학 등)의 고산지대에 들어서는데 갖추어야 할 등반 장비 가운데 필수불가결한 제일의 품목이다. 그러므로 이를 구비하지 않을 경우 학문의 본령에 들어설 수 없다. 신학 분야의 경우, 기독교 신학이 발달한 이래 근대에 이르기까지 중요한 저서들을 라틴어로 남겼으므로 때 늦은 감이 없지 않지만 이제라도 라틴어 학습의 기회를 가진다면 신학의 고산 지대에 오르기 위한 큰 힘을 받을 것임을 믿어 의심치 않는다. 따라서 라틴어 학습은 오늘의 신학교육에서 필수적인 부분으로서 인식되어야 마땅할 것이다.

　라틴어는 가톨릭계 신학대학이나 몇몇 개신교 신학대학 및 의과대학에서 공부하는 극히 제한된 수의 학생들에게만 배울 수 있는 기회가 주어져 있을 뿐 거의 모든 대학생들이나 일반인들에게는 그 기회가 거의 주어져 있지 않으므로 그들이 라틴어에 관심을 가지고 있다 하더라도 배우기가 용이하지 않았던 것이 사실이다. 이런 현상은 다름 아닌 교수의 부족에서 비롯된 것이다. 이런 점을 감안하여 이미 서구 언어의 학습경험이 있는 자라면 이 교본으로 혼자서도 독습할 수 있도록 꾸며졌기 때문에 그동안 라틴어를 배울 기회를 얻지 못한 이들을 위한 매우 유용한 교재가 될 수 있을 것으로 생각한다. 또한 라틴어 학습에 의한 두뇌운동은 분석력, 연역력, 논리적 사고력 기르기에 탁월한 효과가 있으므로 학문에 정진하는 이들이 본 교재를 사용하여 라틴어를 배워 나간다면 큰 유익을 얻는 보람을 느낄 것이다.

신학을 포함한 여러 학술 분야에서 뿐만 아니라 외교 및 통상교섭 업무를 수행하여 나가는 과정에서, 강한 이미지를 전달코자 하는 상품명이나 광고 문안에서 그리고 국제기구 문서 및 국제기구 회의 등에서의 원활한 소통을 위해서 지금도 널리 사용되고 있으므로 라틴어는 희랍어(헬라어)와 더불어 반드시 배워 두어야 할 중요한 언어이다.

대부분의 신학대학과 일반대학에서 라틴어 학습의 기회를 갖지 못하는 현실을 몹시 안타까워하던 필자는 학문에 정진하는 이들은 물론 교양으로 배우고 싶어 하는 대학생, 교수, 목회자 및 일반인들의 학습을 돕는 길라잡이의 역할을 충분히 해 낼 것으로 생각되어 감히 이 책을 간행하게 되었다. 본 교본을 통해 많은 사람들이 라틴어에 친숙해지고, 교양과 학문의 수준을 높이는 일에 조금이라도 도움을 받는다면 더할 나위 없는 기쁨이 될 것이다.

차 례

서 론

1. 라틴어의 약사

라틴어(Lingua Latina)는 인도 유럽어족(Linguae Indo-europeae)에 속하며, 그 중에서도 그리스어, 게르만어, 켈트어와 더불어 서구어를 형성하는 이탈리아어군 에 속하는 언어이다. 이탈리아 반도에서 사용된 것으로 전해오는 이 언어군에는 라틴어, 오스카어, 움브리아어, 팔리스키어 등이 속하는데, 라틴어의 확산으로 나머지 언어들 은 소멸된 것으로 보인다. 라틴어는 Roma를 포함한 중부 이탈리아의 라티움 (Latium)지방에서 말해졌던 언어였으나, 로마인들의 세력권이 넓혀져 로마가 지중해 세계를 석권한 제국시대에는 통용어가 되었다.

우리는 로마의 정치적인 정복에 수반하여, 로마의 언어적인 정복 또한 발생했었다는 사실을 알 수 있다. 로마의 세력이 유럽의 대부분, 북 아프리카 및 중동 지역에까지 확 장되었을 때 라틴어는 전 세계적인 관청어와 통용어가 된 것이다.

라틴어 역사는 그 발전 단계에 따라서 '상고 라틴어', '고전 라틴어', '불가타(Latina vulgata)', '중세 라틴어'로 시대적 구분을 하는 것이 통례이다. '고전 라틴어'는 Cicero 에 의해서 확립되어 주후 5세기까지 상류층에서 사용된 언어이고, '불가타'는 주후 1세 기에 지중해 연안 주민들이 사용하기 시작한 대중 언어인데 4세기 이후에 제국의 언어 로 통일된다. 중세기에 전수된 라틴어는 '불가타'에 해당하며, 로마 제국의 영내로 이동 하여 정착한 민족들의 언어와 라틴어가 혼합하여 라틴계 언어인 로망스어(Romana lingua)들을 이룩했다.

이러한 과정에서도 라틴어는 신학은 물론 일반 학술어, 외교어, 가톨릭 교회 언어로 사용되었다. 르네상스시대에 이르렀을 때 학자들은 중세 라틴어를 경멸하고 키케로, 베 르길리우스, 호라티우스 등의 고전어를 복원하는 활동에 들어간다. 하지만 불가타는 계 속해서 현대까지 효과적으로 잘 사용되고 있으며, 특히 가톨릭 교회와 신학교들의 언어 로서 여전히 활발하게 살아있다.

라틴어 문자와 그 명칭

대문자	소문자	명칭	음가	예
A	a	아 (ā)	a, ā ㅏ, ㅏ-	amicus
B	b	베(bē)	b ㅂ	bonum
C	c	체(cē)	k, ch ㅋ, ㅊ	cur
D	d	데(dē)	d ㄷ	diploma
E	e	에(ē)	e, ē ㅔ, ㅔ-	ego
F	f	에프(ef)	f ㅍ	femina
G	g	제(gē)	g, j ㅈ, ㄱ	gens
H	h	하(hā)	h ㅎ	hodie
I	i	이(ī)	i, ī ㅣ, ㅣ-	iam
J	j	요드(iod)	i ㅣ	jocus
K	k	캎파(kappa)	k ㅋ	kalium
L	l	엘(el)	l ㄹ	liber
M	m	엠(em)	m ㅁ	manus
N	n	엔(en)	n ㄴ	natio
O	o	오(oō)	o, ō ㅗ, ㅗ-	opinio
P	p	페(pē)	p ㅍ, ㅃ	pax
Q	q	쿠(cū)	kw ㅋ, ㄲ	quando
R	r	에르(er)	r ㄹ	regina
S	s	에스(es)	s, z ㅅ, ㅈ	sensus
T	t	테(tē)	t ㅌ, ㄸ	supremus
U	u	우(ū)	u ㅜ-	lingua
V	v	브우(vū)	u, ū; w ㅜ, ㅜ-	veritas
X	x	익-쓰(īx)	ks ㅋㅅ	nox
Y	y	입실론(ipsilon)	y, ȳ ㅟ	mythicus
Z	z	제-타(zēta)	z ㅈ	zona

라틴어 문자는 B. C. 8세기경부터 남부 이탈리아에 이주하여 식민도시를 건설한 그리이스인들이 그리스 문자를 사용한 데에서 비롯하며, B. C. 1세기경까지는 A B C D E F G H I K L M N O P Q R S T V X 의 21자를 사용하였다. Cicero 시대 (B.C. 81-31)에 이르러 외래어인 그리스어를 표기하기 위하여 그리스어로부터 Y와 Z 를 받아들였다. I와 V는 처음에는 자음으로도 모음으로도 쓰였다. 그러다가 인문주의 시대에 이르러 I는 모음으로만 쓰고 자음으로는 J자를 채택하였고, V는 자음으로만 쓰고 모음으로는 U를 채택하였다. 라틴어 문자는 모두 25자이고 각 문자마다 대문자와 소문자가 있다. 처음에는 이들 문자를 대문자로만 사용하였으나, 그 후 차츰 소문자로 쓰게 되어 오늘날에는 고유명사와 문장의 첫 글자만 대문자로 쓰고, 그밖에는 모두 소문자로 쓴다.

라틴어 문자는 그 명칭이 나라에 따라 다르며 또한 그 음가도 서로 차이가 있으므로 주의할 필요가 있다. 라틴어의 문자에는 영어나 독어와 같은 명칭이 따로 없으므로 (각 문자의 발음 자체가 명칭으로 쓰였던 것 같음) 편의상 영어식(에이, 비이, 씨, 디), 독어식(아, 베, 체,데) 등으로 읽어도 좋다. 라틴어 문자에는 영어와 달리 W가 없다. W 는 V+V (즉 double U=V)로 이것은 후세의 산물이다.

발음

1) 모음의 발음

모음에는 단(單) 모음과 복모음[이중 모음]이 있다. 단 모음에는 a, e, i, o, u 및 y 가 있으며 소리의 장, 단에 따라 단(短) 모음과 장모음으로 나눈다. 길게 발음되는 장모음 위에는 〔ˉ〕와 같은 장음 표시(macron)를 사용한다. 복모음에는 ae, au, eu, oe, ei, ui 가 있으며, 두 개의 모음을 한 개의 모음으로 취급한다.

(1) 단 모음과 장모음

단모음	발 음	예	장모음	발 음	예
a	〔a〕	aqua 물	ā	〔a〕	māter 어머니
e	〔e〕	equus 말	ē	〔eː〕	fēmina 여자
i	〔i〕	iam 지금	ī	〔iː〕	īra anger
o	〔ɔ〕	agricola 농부	ō	〔ɔː〕	nōmen 이름
u	〔u〕	lingua 언어	ū	〔uː〕	cūra care
y	〔y〕	mythicus신비적	ŷ	〔yː〕	gŷrus circle, ring

y는 그리스어에서 들어온 말을 표기할 때 사용되는 모음으로 y〔위〕 혹은 y〔위-〕로 발음한다.

(2) 복모음(Diphthongs)

ae   영어 aisle에서의 〔ai〕 발음

au   house에서의 〔au〕 발음

ei   reign에서의 〔ei〕 발음

eu   라틴어 e+u의 〔에우〕 발음

oe   oil에서의 〔oi〕 발음

ui   u+i의 〔우이〕 발음

복모음이 아닌 것을 표시할 경우, 고전 라틴어에서는 모음위에 우물라우트 (umulaut〔 〕)를 사용해 표시했다.   예) poëta 시인

2) 자음의 발음

라틴어에서는 한 자가 한 음을 나타낸다. 자음은 b, c, d, f, g, h, j, k, l, m, n, p, q, r, s, t, v, x, z로 19자이다.

b가 s나 t앞에 와서 bs, bt가 되는 경우에는 〔ps〕, 〔pt〕로 발음된다.

urbs〔urps〕, obtentus〔optentus〕

q는 항상 qu로 쓰며, 〔kw〕로 발음된다.

quando〔qwando〕

x는 〔ks〕로 발음한다.

axis〔a:ksis〕

j는 모음 i에 대한 자음으로서 음가는〔j〕이며, i가 다른 모음 앞에 위치하는 경우이다. 문자는 i로 쓰이는 경우도 있다. i가 모음과 모음 사이에 있을 경우에는 〔ij〕로 발음한다.

ius 혹은 jus〔ju:s〕),   Pompeius〔pompe:ijus〕

v는 모음 u에 대한 자음으로서 음가는 〔v〕이며, u가 다른 모음 앞에 위치하는 경우이다. 문자는 u로 쓰여져 있는 경우도 있다.

voco〔voko:〕

qu, su가 모음 앞에 올 경우의 u는 항상〔w〕로 발음한다.

aqua〔akwa〕,   suebi〔swe:bi〕

복 자음 ch, ph, th는 〔ㅋ, ㅍ, ㅌ〕와 같은 음이지만, ph는 후대에 〔f〕음으로 바뀌었고, rh는 h가 없는 r〔r〕와 같다.

schola(skola), philosophus(filosofus), theatrum(tea:trum), rhythmus(rytmus)

음절과 강세

1) 음절

모음을 중심으로 해서 앞뒤로 붙어 있는 자음을 포함한 소리의 마디를 음절이라 한다. 라틴어 음절은 항상 모음 또는 복모음 하나를 포함한다. 음절의 중심은 모음이므로 한 단어에서 음절의 수는 원칙적으로 그 단어에 포함된 모음의 수와 일치한다. 모음의 수에 따라서 하나면 1음절, 둘이면 2음절, 셋이면 3음절이 된다. ae, au, oe를 제외한 복모음은 하나의 모음으로 취급한다.

예) ad에는 모음이 a 한 개 있으므로 1음절.

nauta 에는 모음이 au, a 두 개 있으므로 2음절.

Graecatus 에는 모음이 ae, a, u 세 개 있으므로 3음절.

societas 에는 모음이 o, i, e, a 네 개 있으므로 4음절.

단어 poëta 의 모음 형태는 복 모음이지만 어원적으로 독립된 두 개의 단모음이므로 poëta 는 3음절어이다.

2) 음절의 명칭

한 단어의 마지막 음절을 울티마(ultima), 그 앞의 음절을 피널트(paenultima), 또 그 앞의 음절을 안티피널트(antepaenultima)라 한다.   예) re-gi-na

3) 음절 나누기

음절을 나눌 때에는 다음의 기준에 의한다.

(1) 두 개의 모음 또는 복모음 사이에 자음이 있을 때 그 자음은 항상 뒤에 오는 모음에 붙는다.

예) fi-des 믿음   cae-lum 하늘   a-mor 사랑   po-no 놓다

(2) 모음 사이에 두 개의 자음이 있을 때 앞의 자음은 앞 모음에, 뒤의 자음은 뒷모음에 붙여 쓴다.

예) men-sa 책상   par-vus 작은   flam-ma 화염   aes-tas 여름

(3) 모음 사이에 있는 두 개의 자음인 ch, ph, th, sc, sp, st, rh, gn, sm, ct는 나눌 수 없는 것들이다.

예) bra-chi-um 팔 phi-lo-so-phi-a 철학 e-sca 먹을 것 ve-spa 말벌

(4) ps, pt, ct는 떨어질 수 없으나 p나 c는 앞 모음에 받침처럼 발음된다.

　　예) i-psi 자신　　ru-pti-o 깨뜨림　　flu-ctus 파도　　la-ctes 소장

(5) qu와 gu는 다음에 오는 음절과 합하여 한 음절로 간주 한다.

　　예) a-qua 물　　co-quus 요리사　　lin-gua 언어　　lo-quor 말하다

(6) 폐쇄음 b, d, g, p, t, c 다음에 유음 l 또는 r이 오는 경우 이들 자음은 붙여 쓴다.

　　예) pu-bli-cum 공유지　　fla-gro 불타다　　sim-plex 단순한　　sa-crum 신
　　성한 것

(7) 복모음이 아닌 두 개의 모음은 나눈다.

　　예) sa-pi-en-tia 지혜　　stu-di-um 공부

4) 음절의 장단

모음을 장모음과 단모음으로 나누듯이 음절도 장음절과 단음절로 나눌 수 있다.

(1) 모음 뒤에 두 개 이상의 자음이 올 경우에 모음은 길다.

　　예) aggressio 공격　　inventum 발명

(2) 2 음절 이상의 단어로서 l, r 로 끝날 경우에 l, r 앞에 있는 모음들은 항상 짧다.

　　예) migratio 이주　　patria 조국　　defluo 흘러내리다

(3) 모음 다음에 또 다른 모음이 오거나, 또는 h 앞에서 모음은 짧다.

　　예) poema 시　　viola 오랑캐꽃　　nihil 무(無)

(4) 모음 뒤에 nt, nd, m, t가 올 경우에 모음은 짧다.

　　예) vovant 초대하다　　mysterium 신비　　frondis 나뭇잎

(5) 모음 뒤에 nf, ns, nx, nct가 올 경우에 모음은 길다.

　　예) infans 아기　　nitens 빛나는　　sanctus 거룩한

(6) 단어 끝에 오는 i, o, u, as, es, os의 모음은 길다.

　　예) amici 친구　　cornu 뿔　　dies 날

(7) 두 개의 모음이 단축된 단모음은 길다

　　예) amo = amao 사랑하다　　cogo = coago 집합시키다

5) 강세(Accentus)

라틴어의 강세는 4세기 이전에는 고저(pitch)의 강세였으나 4세기 이후 차츰 강약
(stress)의 강세로 바뀌어졌다. 강세가 있는 음절은 다른 음절보다 높고 강하게 발음
된다. 강세의 법칙은 다음과 같다.

(1) 한 음절의 단어는 물론 그 음절에 강세가 있다.

　예) pax 평화　　vir 사람　　　mors 죽음

(2) 두 음절로 된 단어는 첫 음절에 강세가 있다.

　예) pater 아버지　arcus 활　　　homo 사람

(3) 세 음절 또는 그 이상의 음절로 된 단어는 뒤에서 두 번째 음절의 발음이 길 때는 그 음절에 강세가 있고, 짧을 때는 뒤에서 세 번째 음절에 강세가 붙는다.

　예) demonstrare 나타내다　amicus 친구　　medicus 의사

(4) 후치어〔후접어〕-que(와), -ve(혹은), -ne(의문사)를 가진 단어는 무조건 그 후접어의 앞 모음에 강세가 붙는다.

　예) mu-sa-que 노래와…　　re-go-ve 이끌어주다. 또한…

품사, 관사, 문장 배열

1) 라틴어에는 8개의 품사가 있다

> 명사(substantivum), 대명사(pronomen), 형용사(adjectivum), 동사(verbum), 부사(adverbium), 　전치사(praepositio), 접속사(conjunctio),감탄사(interjectio).

이상과 같은 8개의 품사중에서 명사, 대명사, 형용사, 동사는 어형이 변화하는 품사이다. 나머지 품사(부사, 전치사, 접속사, 감탄사)는 어형이 변화하지 않는다. 라틴어 품사의 역할은 영어와 같으며, 수사는 형용사의 일부로 간주된다.

2) 라틴어와 관사

라틴어에는 영어의 정관사(the)나 부정관사(a/an)에 해당하는 관사가 없다. 따라서 문장을 해석할 때나 영어로 번역할 때에는 적절히 관사를 보충해야 한다.

3) 라틴어의 문장 배열

라틴어 문장에서 단어의 배어 순서는 한국어의 배어순서와 거의 일치한다. 변화하는 품사들의 어미에 따른 분명한 의미를 이해할 수 있기 때문에 특별한 경우를 제외하고는 영문이나 독문에 비해 라틴어 단어의 배어 순서는 매우 자유롭다. 그러나 일반적인 문장 형식을 갖추려면 가장 중요한 낱말인 주어는 문장 맨 앞에 놓고 그 다음 중요한 낱말인 동사는 문장 맨 뒤에 놓는다. 그 밖의 낱말들은 주어와 동사 사이에 놓는다.

　예) Amicus bonus patriam quotidie amat. 착한 친구는 날마다 조국을 사랑한다.
　　　　주어　　　형용사　　목적어　　　부사　　　동사

제1과 동사와 명사에 관한 개요

동사와 명사는 라틴어의 문법 구조상 가장 중요한 품사이다. 두 품사에 관한 개괄적 지식을 미리 익혀두면 라틴어 문법 공부에 도움이 되리라 여겨진다.

동사

라틴어 동사에는 인칭, 수, 시제, 법, 태 의 구별이 있다.

1) 인칭(persona) – 1인칭, 2인칭, 3인칭
2) 수(numerus) – 단수(singularis), 복수(pluraris)
3) 시제(tempus) – 현재(praesens), 미완료과거(imperfectum), 미래(futurum), 현재완료(perfectum), 과거완료(plusquam perfectum), 미래완료(futurum perfectum)
4) 태(vox) – 능동태(vox activa), 수동태(vox passiva)
5) 법(modus) – 직설법(modus indicativus), 접속법(가정법, modus conjunctivus), 명령법(modus imperativus), 부정법(modus infinitivus)
6) 라틴어 동사변화의 종류 –라틴어 동사는 의미를 지닌 어근과 동사의 문법적 성격을 규정짓는 어간후철과 인칭, 수, 시제에 따라 변화하는 어미로 구성되어 있다.
   예) laudare 칭찬하다. laud: 어근. -a-: 어간후철. lauda-: 어간. -re: 어미
라틴어 동사변화의 유형은 동사어간의 끝모음(어간후철)에 따라 4가지 종류로 분류된다.

제 1 변화 동사 – laudare	(-ā 어간동사)	칭찬하다
제 2 변화 동사 – monere	(-ē 어간동사)	권유하다
제 3 변화 동사 – regere	(-e 어간동사)	다스리다
제 4 변화 동사 – audire	(-ī 어간동사)	듣다

7) **동사의 주요 부분** (principal parts)

라틴어 동사의 기본형으로는 직설법 능동태 현재 1인칭 단수, 직설법 능동태 현재완료

1인칭 단수, 동사적 명사인 과거분사(=목적분사 supinum) 그리고 현재부정사(=동사원형)가 있다. 라틴어의 동사는 유럽 여러 언어의 경우와는 달리 현재 부정사가 그 동사를 대표하지 않고, 직설법 능동태 현재 1인칭 단수가 그 동사를 대표하는 어형이다.

현재   현재완료   과거분사   현재부정사

예) amo,   amavi,   amatum,   amare   사랑하다

위 순서는 사전에 나오는 순서이다. 이와는 다르게, 현재부정사를 현재 1인칭 단수 다음에 쓰거나, 부정사의 어형을 쓰지 않고 숫자로 표기하여 동사의 종류를 밝혀주기도 한다.

예) amo,   amare, amavi, amatum
　　amo,   1,   amavi, amatum

명사

모든 라틴어 명사는 성, 수, 격을 가지며, 그 어미가 변화함으로써 성 수 격이 드러나도록 되어 있다.

1) 성(genus) - 라틴어 명사에는 남성(genus masculinum), 여성(genus femininum), 중성(genus neutrum)의 세 가지 성이 있다. 남성은 *m.*으로, 여성은 *f.*로, 중성은 *n.*으로 표시된다. 예) apostolus *m.* 사도   filia *f.* 딸 donum *n.* 선물

2) 수(numerus) - 명사는 단수와 복수로 나뉜다. 단수와 복수를 구분하여 나타내려면 명사의 어미를 바꾸며, 어미변화는 규칙적이다.

예) dominus(주인) - domini(주인들)
　　regina(여왕) - reginae(여왕들)
　　donum(선물) - dona(선물들)

3) 격(casus) - 명사의 다양한 형태들을 격(格)이라고 일컫는다. 명사는 6개의 격으로 나뉜다.

주격(主格, Nominativus/Nominative)
속격(屬格, Genitivus/Genitive)
여격(與格, Dativus/Dative)
대격(對格, Accusativus/Accusative)
탈격(奪格, Ablativus/Ablative)

호격(呼格, Vocativus/Vocative)

4) 라틴어 명사변화의 종류 – 라틴어 명사는 의미를 지닌 어근과 명사의 문법적 성격
을 규정짓는 어간후철과 명사의 성 수 격에 따라 변화하는 어미로 구성되어 있다.
예) unda 파도. und: 어근. -a-: 어간후철. unda: 어간

라틴어 명사변화의 유형은 다섯 가지 종류가 있다. 그 기본 형태는 다음과 같다.

제 1 변화 (a-변화) rosa, ae, *f.* 장미

제 2 변화 (o-변화) hortus, i, *m.* 정원, 동산

제 3 변화 (i-변화) labor, oris, *m.* 노동, 일, 수고

제 4 변화 (u-변화) fructus, us, *m.* 열매, 실과, 결실

제 5 변화 (e-변화) dies, ei, *m.* 낮, 날

제2과 동사 sum의 직설법 : 현재, 미완료과거, 미래

영어의 be동사의 경우와 마찬가지로 라틴어 sum동사는 매우 불규칙하다.
sum동사의 현재 인칭변화는 아래 표와 같다.

1인칭	sum 나는… 이다 / 있다(I am)	sumus 우리는…이다 / 있다(we are)
2인칭	es 당신은…이다/ 있다(you are)	estis 당신들은…이다/ 있다 (you are)
3인칭	est 그는, 그녀는, 그것은…이다 / 있다(he, she, it is; there is)	sunt 그들은…이다/ 있다(they are; there are)

Ego sum.   나는 존재한다 (I am)

Philosophus sum. 나는 철학자이다 (I am a philosopher)

Sumus Romani. 우리는 로마인들이다 (We are Romans)

Pulchra est.   그녀는 아름답다 (She is beautiful)

Casae sunt magnae. 그 오두막은 크다 (The cottages are large)

Rosae sunt rubrae. 장미들은 붉다 (Roses are red)

Quis es tu? 당신은 누구입니까? (Who are you?)

Sum 동사의 현재 · 미완료과거 · 미래 인칭변화는 아래 표와 같다.

	현 재	미완료과거	미 래
단수 1인칭	sum	eram	ero
	나는…이다	나는…이었다	나는…일 것이다
	나는…있다	나는…있었다	나는…있을 것이다
	(I am)	(I was)	(I shall be)
2인칭	es	eras	eris
	당신은…이다	당신은…이었다	당신은…일 것이다

| 당신은…있다 | 당신은…있었다 | 당신은…있을 것이다 |
| (you are) | (you were) | (you will be) |

3인칭 est   erat   erit

그는…이다	그는…이었다	그는…일 것이다
그는…있다	그는…있었다	그는…있을 것이다
(he, she, it is; there is)	(he, she, it was)	(he, she, it will be)

복수 1인칭 sumus   eramus   erimus

우리는…이다	우리는…이었다	우리는…일 것이다
우리는…있다	우리는…있었다	우리는…있을 것이다
(we are)	(we were)	(we shall be)

2인칭 estis   eratis   eritis

당신들은…이다	당신들은…이었다	당신들은…일 것이다
당신들은…있다	당신들은…있었다	당신들은…있을 것이다
(you are)	(you were)	(you will be)

3인칭 sunt   erant   erunt

그들은…이다	그들은…이었다	그들은…일 것이다
그들은…있다	그들은…있었다	그들은…있을 것이다
(they are; there are)	(they were)	(they will be)

♟ Familiar Quotations

Roma aeterna, Eternal Rome.   Aurea mediocritas, The golden mean. Laborare est orare, To labour is to pray.   Errare humanum est, To err is human. Ars longa, vita brevis, Art is long, life is short. Rara avis, A rare bird.

☺ 어휘

sum, fui, esse 이다, 있다, 존재하다 pulcher, chra, chrum, 아름다운 casa, ae, f. 오두막집, 초가집 magnus, a, um, 큰, 막대한 Italia, ae, f. 이탈리아 paeninsula, ae, f. 반도 Europa, ae, f. 유럽대륙, 구라파 latus, a, um, 넓은, 광대한 incola, ae, m. & f. 주민, 거주자 multus, a, um, 많은

agricola, ae, *f.* 농부 nauta, ae, *m.* 선원, 사공 clarus, a, um, 밝은, 유명한, 분명한 antiquus, a, um, 오래된, 옛날의 via, ae, *f.* 길 Sicilia, ae, *f.* 시실리 섬 Sardinia, ae 사르디니아 Corsica, ae, *f.* 코르시카 insula, ae, *f.* 섬 principialis, e, 최초의, 맨 처음의 verbum, i, *n.* 단어, 낱말, 말씀 Deus, i, *m.* 하나님 hic, haec, hoc, 이것, 이, 이사람 apud, *praep. c. acc.* 옆에, 가까이 non, *adv.* 아니; 아니다 ego, mei, mihi, me, 나, 자아 Christus, i, *m.* 그리스도 silva, ae, *f.* 수풀, 숲, 삼림 tu, tui, tibi, te 너, 네가, 당신 et, *conj.* 와[과], 및, 그리고, 또 philosophus, a, um, *m.* 철학자, 철학의 longus, a, um 긴, 먼, 오랜 formica, ae, *f.* 개미 sedulus, a, um 부지런한, 근면한 pastor, oris, *m.* 목자, 목사 Hispania, ae, *f.* 서반아, 스페인 Coreanus, a, um 한국의, 한국적, 한국인 vos, vestri, vestrum 너희는, 너희를 Germania, ae, *f.* 독일인, 독일 donum, i, *n.* 선물, 은사 ubi 어디에, 어느 곳에 primo, *adv.* 최초에, 처음에는; 첫째(로) magister, tri, *m.* 선생; 지휘자 bibliotheca, ae, *f.* 도서관; 책장, 서가 parvus, a, um, 작은; 적은; 보잘것없는 schola, ae, *f.* 학교; 학과; 수업

☑ 연 습 문 제

I. 다음을 번역하시오

1. Cogito, ergo sum.

2. Roma in paeninsula Italiae est

3. Philosophus sum

4. Formica sedula est

5. Ego sum pastor bonus

6. Tu es Hispanus

7. Ea(=Illa) est Hispana

8. Is(=Ille) est Coreanus

9. Nos sumus Italiaci

10. Vos estis Hispanae

11. Ubi ego sum?

Tu es in scholam

12. Ubi es tu?

Ego sum in domum

13. Ubi nos sumus?

Vos estis in bibliothecam

14. Roma primo parva erat.

15. Viae Romae erant longae sed non latae.

16. Magister eram.

17. Germania est patria mea.

18. Sum nauta.

19. Sumus agricolae.

20. In principio erat Verbum et Verbum erat apud Deum, et Deus erat Verbum.

21. Casae sunt magnae.

22. Italia est paeninsula in Europa.

23. Paeninsula est longa et lata.

24. Incolae multae sunt agricolae et nautae.

25. Italia est clara et antiqua.

26. In Italia sunt viae multae et pulchrae et longae.

27. Sicilia et Sardinia et Corsica sunt magnae et pulchrae insulae.

28. In principio erat Verbum, et Verbum erat apud Deum, et Deus erat Verbum.

29. Non sum ego Christus.

제3과 제1변화 명사

명사의 변화에는 제 1변화에서부터 제 5변화까지 5종류가 있다. 대부분 1, 2, 3변화를 하며, 4변화나 5변화를 하는 명사는 소수에 불과하다.

명사의 격변화(declinatio/declension)

제1변화 명사는 주격 단수가 -a로 끝나고 소유격은 -ae로 끝난다. 나머지 격들의 어미는 아래의 격어미변화표와 같다.

2. 제1변화 명사의 격어미

격	단 수	복 수
주격	-a	ae
속격	-ae	arum
여격	-ae	is
대격	-am	as
탈격	-a	is
호격	-a	ae

3. 제1변화 명사는 주격 단수가 -a, 주격 복수는 -ae로 끝나고, 대부분이 여성이다.

격	단 수		복 수	
주격	rosa	장미는(가)	rosae	장미들은(이)
속격	rosae	장미의	rosarum	장미들의
여격	rosae	장미에게	rosis	장미들에게
대격	rosam	장미를	rosas	장미들을
탈격	rosa	장미에게서	rosis	장미들에게서
호격	rosa	장미여	rosae	장미들이여

N.B. -a형 명사 중 대부분은 여성이다. 그러나 자연성은 문법성보다 우성이므로 소수의 명사는 제 1 변화를 하면서도 남성인 경우가 있다. 로마 시대의 관습에 남자만이 할 수 있던 직업을 나타내는 명사 agricola, incola, nauta, scriba 등에 대해서는 -a로 끝나나 남성으로 취급한다.

agricola, -ae *m.* 농부   scriba, -ae *m.* 서기 poeta, -ae *m.* 시인

advena, -ae *m. f.* 나그네   nauta, -ae *m.* 선원   pirata, -ae *m.* 해적

제1변화 명사의 격의 용법을 알아본다.

주격 : 사람 또는 물건이 동작이나 상태의 주가 되는 것을 나타내며 술어 동사와 성 수 격이 일치한다. Rosa pulchra est. 장미는 아름답다. 형용사 pulcher 는 명사 rosa와 성 수 격이 일치되어야 한다.

소유격: Rosae odor est suavis. 장미의 향기는 그윽하다.

여격: Rosae aquam do. 나는 장미에(게) 물을 준다.

대격: Rosam amo. 나는 장미를 사랑한다.

탈격: Rosa ornat Julia mensam. 줄리아는 책상을 장미로 꾸민다.

호격: O rosa, gaudium das! 아! 장미여, 너는 기쁨을 준다.

5. 제1변화 명사와 제1변화 형용사

부가적으로 사용되는 형용사는 강조의 목적으로 사용되는 경우를 제외하고는 명사의 뒤에 놓인다. 이때 형용사의 성, 수, 격은 명사의 성, 수, 격과 일치해야 한다. 라틴어 형용사 중에는 여성명사와 함께 쓰일 때 제1 변화 명사 어미와 같은 형태의 어미를 갖 는 형용사가 있다. 이런 형용사들을 제 1 변화 형용사라 한다. 부가적 용법의 예를 들 면 아래 표와 같다.

단 수			복 수		
주격	rosa	rubra 붉은 장미가	rosae	rubrae 붉은 장미들이
속격	rosae	rubrae 붉은 장미의	rosarum	rubrarum 붉은 장미들의
여격	rosae	rubrae 붉은 장미에게	rosis	rubris 붉은 장미들에게
대격	rosam	rubram 붉은 장미를	rosas	rubras 붉은 장미들을
탈격	rosa	rubra 붉은 장미에게서	rosis	rubris 붉은 장미들에게서
호격	rosa	rubra 붉은 장미여	rosae	rubrae 붉은 장미들이여

♟ Some Girls' Names of Latin Origin and Their Meanings.

Rosa, rose Regina, queen Letitia, happiness Victoria, victory
Gloria, glory Alma, beautiful Miranda, worthy of admiration
Barbara, foreign Clara, bright Viola, Violet, violet Sylvia, of the
forest Laura, laurel Gratia, Grace, grace Stella, Estelle, star
Flora, flowers Amy, beloved Celestine, heavenly

☺ 어휘

rosa, ae, *f.* 장미 advena, ae, *m., f.* 외국인, 나그네 scriba, ae, *m.* 서기
poeta, ae, *m.* 시인 pirata, ae, *m.* 해적 odor, oris, *m.* 냄새, 향기
suavis, e 맛있는, 유쾌한, 부드러운 aqua, ae, *f.* 물 do, dedi, datum, dare
주다 amo, avi, atum, are 사랑하다 orno, avi, atum, are 꾸미다,장식하다
mensa, ae, *f.* 상, 식탁, 책상 gaudium, i 기쁨, 즐거움, 환희 ruber, bra,
brum, *adj.* 붉은 unda, ae, *f.* 파도, 물결, 풍파 terra, ae, *f.* 땅, 지구, 육지
globosus, a, um, 구형의, 둥근 patria, ae, *f.* 조국, 고국, 고향 firmus, a,
um, 단단한, 튼튼한 insula, ae, *f.* 섬, 섬나라 puella, ae, *f.* 소녀, 계집아이
villa, ae, *f.* 별장, 농장 stella, ae, *f.* 별 lingua, ae, *f.* 혀, 언어, 국어
luna, ae, *f.* 달 vita, ae, *f.* 삶, 목숨, 생명 epistula, ae, *f.* 편지, 서신, 서간
nous, a, um, 새로운, 새, 신 bonus, a, um, 좋은, 훌륭한, 착한

☑ 연 습 문 제

I. 다음 단어를 격변화시켜라.

schola   insulla   silva   puella   villa   via

II. 다음 명사의 격과 수를 말하라

stellam(단수 대격)   patria   pecuniae   aqua   rosarum

puellas(복수 대격)   luna(단수 주격/ 탈격/ 호격) vitae   undis

III. 다음 명사와 형용사를 격변화시켜라.

unda magna via nova silva magna   puella bona   epistula longa

IV. 다음을 번역하시오

1. Anna pulchra est.

2. Columbam amo.

3. Rosae aquam do.

4. Agricola arat.

5. Regina bona est.

6. Reginae bonae sunt.

7. Anna et Maria sunt reginae.

8. Mensa est firma.

9. Terra magna et globosa est.

10. Corea est patria nostra.

제4과 제1변화 동사의 직설법 능동: 현재, 미완료 과거, 미래

라틴어에는 4종류의 동사가 있다.

동사의 원형은 모두 -re로 끝나며, 동사의 종류는 -re 앞의 모음을 보고 구별할 수 있다.

-are로 끝나는 동사는 제 1변화(First Conjugation)동사 또는 a 변화 (a-conjugation)동사임. amare 칭찬하다.

-ere로 끝나는 동사는 제 2변화(Second Conjugation)동사 또는 e(long)변화 (e-conjugation)동사임. monere 권유하다.

-ere로 끝나는 동사는 제 3변화(Third Conjugation)동사 또는 e(short)변화 (e-conjugation)동사임. regere 군림하다.

-ire로 끝나는 동사는 제 4변화(Fourth Conjugation)동사 또는 i 변화 (i-conjugation)동사임. audire 듣다.

2. 제1변화

본과에서는 제 1변화 동사 능동태 직설법 현재를 공부한다. 예를 들면, amo 능동형 직설법 현재는 아래와 같다.

	단 수	복 수
1인칭.	amo, 나는 사랑한다 (I love; am loving; do love)	amamus, 우리는 사랑한다 (we love; are loving; do love)
2인칭.	amas, 당신은 사랑한다 (you love; are loving; do love)	amatis, 당신들은 사랑한다 (you love; are loving; do love
3인칭.	amat, 그는 사랑한다 (he(she, it)loves; is loving; do love)	amant, 그들은 사랑한다 (they love; are loving; do love)

동사의 능동형

동사의 능동형은 모든 변화에 걸쳐 현재, 미완료 과거, 미래어간에 능동태의 인칭어미를 붙이면 얻어진다. 인칭어미란 동사에 인칭과 수를 나타내는 어미를 말한다. 어간은 불변하며 어미는 인칭과 수에 따라서 변한다. 따라서 어미의 형태를 보고 어느 인칭, 어떤 수인지를 알아볼 수 있다. 제 1변화에 속하는 동사는, 어간에 아래 형태의 어미를 붙이면 그 동사의 인칭과 수를 나타낼 수 있다.

인 칭	단수 어미	복수 어미
1인칭	-m, -o 나는	-mus 우리들은
2인칭	-s 너는	-tis 너희들은
3인칭	-t 그는, 그녀는, 그것은	-nt 그들은

4. 제1변화에 속하는 동사

제1변화에 속하는 모든 동사의 어간은 -a로 끝난다. 현재 부정법 amare(to like, to love)에서 am-은 어근이고, ama-는 동사어간이 된다. 현재어간은 동사어간을 그대로 쓴다.   이 동사어간에 인칭어미가 붙은 것이 직설법 능동 현재형이다. 미완료 과거(반과거)어간은 음절 -ba-가 동사어간에 붙는다. 미래어간은 음절 -bi-가 동사어간에 붙는다.

현   재

단수 1인칭   amo(ama+o)   나는 사랑한다 (I love; I am loving)

　　　2인칭   amas   당신은 사랑한다 (you love;you are loving)

　　　3인칭   amat   그는 사랑한다 (he, she, it loves; he, she, it is loving)

복수 1인칭   amamus   우리는 사랑한다 (we love; we are loving)

　　　2인칭   amatis   당신들은 사랑한다 (you love; you are loving)

　　　3인칭   amant   그들은 사랑한다 (they love; they are loving)

미완료과거

단수	1인칭	ama **bam**	나는 사랑하였다 (I was loving; I loved)
	2인칭	ama	당신은 사랑하였다 (you were loving; you loved)
	3인칭	ama^{bas} bat	그는 사랑하였다 (he, she, it was loving; he, she, it loved)
복수	1인칭	ama	우리는 사랑하였다 (we were loving; we loved)
	2인칭	ama^{bamus}	당신들은 사랑하였다 (you were loving; you loved
	3인칭	ama^{batis} bant	그들은 사랑하였다 (they were loving; they loved)

미 래

단수	1인칭	ama (amabi+o)	나는 사랑할 것이다 (I shall love, like)
	2인칭	ama^{bo}	당신은 사랑할 것이다 (you will love, like)
	3인칭	ama^{bis}	그는 사랑할 것이다 (he, she, it will love, like)
복수	1인칭	ama^{bit}	우리는 사랑할 것이다 (we shall love, like)
	2인칭	ama^{bimus}	당신들은 사랑할 것이다 (you will love, like)
	3인칭	ama^{bitis}	그들은 사랑할 것이다 (they will love, like)

♟ Familiar Phrases ᵇᵘⁿᵗ

Many Latin Phrases are in everyday use and can be recognized and used easily with a little practice.

1. nota bene, note well, is used in writing and speaking to draw attention to something that should be noticed especially. It is often abbreviated: N.B.

2. adsum, I am present, in sometimes used in roll call answering.

3. meum et tuum, mine and thine, is sometimes used in place of the English phrase.

4. terra firma, firm land. Ex.: They were glad to step on terra firma.

5. aqua occurs frequently in English: aqua pura, pure water. aqua vitae, water of life. aqua fortis, literally strong water, is nitric acid.

☺ 어휘

laudo, avi, atum, are 칭찬하다, 찬미하다 voco, avi, atum, are 부르다, 소집하다 porto, avi, atum, are 나르다, 가져오다 opto, avi, atum, are 고르다, 원하다 erro, avi, atum, are 잘못을 저지르다, 실수하다 libero, avi, atum, are 자유를 주다 occupo 차지하다, 점령하다 sano(=heal, cure) 고치다, 치료하다 paro 준비하다, 마련하다 narro 이야기하다, 서술하다 pugno 싸우다, 전투하다 curo 돌보다, 마음쓰다 parvus, a, um 작은, 적은 puella, ae *f.* 소녀, 처녀 bonus, a, um 좋은, 착한, 훌륭한 fabula, ae *f.* 동화, 이야기, 전설

☑ 연습문제

I. 다음 동사를 현재, 미완료과거, 미래로 인칭변화시켜라.

laudo	voco	porto
opto	erro	libero
occupo	sano	paro
narro	pugno	curo

II. 다음을 번역하시오.

현재 laudamus,	portatis,	narras
미완료과거 portabam,	liberabamus,	vocabas
미래 curabis,	laudabitis,	occupabit

III. 다음을 번역하시오.

1. Agricola parva puellae bonas fabulas narrat.

2. Poetae puellam pulchram laudant.

3. Mariae multas vias silvae monstrabo.

4. Luna et stella nautam delectant.

5. Fama viae Appiae erat bona.

6. Maria et Anna puellae bonae et pulchrae erant.

7. Ad terram novam navigabamus.

8. Clara ornat aram rosis.

9. Magister non Paulum, sed Petrum laudavit.

10. Habere amicos est gratum.

제5과 제2변화 명사

제2변화에 속하는 명사는 단수 주격어미가 -us, -er, -um으로 끝난다. -us로 끝나는 명사는 대부분 남성이고 소수가 여성 및 중성이다. -er로 끝나는 명사는 전부 남성이고, -um으로 끝나는 명사는 전부 중성이다.

제 2변화(명사) 제 1식, 2식, 3식

제1식

amicus, -i *m.*, friend

단 수	복 수
주격 amicus 친구가(the friend)	amici 친구들이(the friends)
속격 amici 친구의(of the friend)	amicorum 친구들의(of the friends)
여격 amico 친구에게 (to, for the friend)	amicis 친구들에게 (to, for the friends)
대격 amicum 친구를(the friend)	amicos 친구들을(the friends)
탈격 amico 친구에 의해 (by, with, from, etc., the friend)	amicis 친구들에 의해 (by, with, from, etc., the friends)
호격 amice 친구여(O friend)	amici 친구들이여(O friends)

제2식

puer, pueri *m.*, boy

단 수		복 수	
주격 puer	the boy	pueri	the boys
속격 pueri	of the boy	puerorum	of the boys
여격 puero	to, for the boy	pueris	to, for the boys
대격 puerum	the boy	pueros	the boys
탈격 puero	by, with, from, etc., the boy	pueris	by, with, from, etc., the boys
호격 puer	O boy	pueri	O boys

ager, agri *m.*, field

단 수		복 수	
주격	ager the field	agri	the fields
속격	agri of the field	agrorum	of the fields
여격	agro to, for the field	agris	to, for the fields
대격	agrum the field	agros	the fields
탈격	agro by, with, from, etc., the field	agris	by, with, from, etc., the fields
호격	ager O field	agri	O fields

제3식

bellum, belli *n.*, war

단 수		복 수	
주격	bellum the war	bella	the wars
속격	belli of the war	bellorum	of the wars
여격	bello to, for the war	bellis	to, for the wars
대격	bellum the war	bella	the wars
탈격	bello by, with, from, etc., the war	bellis	by, with, from, etc., the wars
호격	bellum O war	bella	O wars

제2변화 명사의 격어미표

	단 수			복 수	
	m.	*m.*	*n.*	*m.*	*n.*
주격	-us	-er	-um	-i	-i
속격	-i	-i	-i	-orum	-orum
여격	-o	-o	-o	-is	-is
대격	-um	-um	-um	-os	-os
탈격	-o	-o	-o	-is	-is
호격	-e	-er	-um	-i	-i

제2변화 명사 +형용사(-us형)

hortus, -i *m*. 정원   magnus -s 커다란, 넓은

단수	주격	horti	magni	커다란 정원(이)
	속격	horto	magno	커다란 정원의
	여격	hortum	magnum	커다란 정원에(에게)
	대격	horto	magno	커다란 정원을
	탈격	horte	magne	커다란 정원에 의해
	호격	horti	magni	커다란 정원이여
복수	주격	hortorum	magnorum	커다란 정원들은(이)
	속격	hortis	magnis	커다란 정원들의
	여격	hortos	magnos	커다란 정원들에(에게)
	대격	hortis	magnis	커다란 정원들을
	탈격	horti	magni	커다란 정원들에 의해
	호격	hort	magn	커다란 정원들이여

N.B. 형용사는 수식하는 명사와 성 수 격이 일치한다.

4. 제2변화 명사 + 형용사(-er형)

1). e 보존형   puer, -i *m*., 소년   miser 가련한, 불쌍한

단수	주격	pueri	miseri	가련한 소년은(이)
	속격	puero	misero	가련한 소년의
	여격	puerum	miserum	가련한 소년에게
	대격	puero	misero	가련한 소년을
	탈격	puer	miser	가련한 소년에 의해
	호격	pueri	miseri	가련한 소년이여
복수	주격	puerorum	miserorum	가련한 소년들은(이)
	속격	pueris	miseris	가련한 소년들의
	여격	pueros	miseros	가련한 소년들에게
	대격	puer	miser	가련한 소년들을

	탈격	pueris	miseris	가련한 소년들에 의해
	호격	pueri	miseri	가련한 소년들이여

2). e 탈락형 liber, libri *m.*, 책   pulcher 아름다운

단수	주격	liber	pulcher	아름다운 책은(이)
	속격	libri	pulchri	아름다운 책의
	여격	libro	pulchro	아름다운 책에(에게)
	대격	librum	pulchrum	아름다운 책을
	탈격	libro	pulchro	아름다운 책에 의해
	호격	liber	pulcher	아름다운 책이여
복수	주격	libri	pulchri	아름다운 책들은(이)
	속격	librorum	pulchrorum	아름다운 책들의
	여격	libris	pulchris	아름다운 책들에(에게)
	대격	libros	pulchros	아름다운 책들을
	탈격	libris	pulchris	아름다운 책들에 의해
	호격	libri	pulchri	아름다운 책들이여

제2변화 명사+형용사(-um형)

donum, doni *n.*, 선물 magnum   커다란, 넓은

단수	주격	donum	magnum	커다란 선물은(이)
	속격	doni	magni	커다란 선물의
	여격	dono	magno	커다란 선물에(에게)
	대격	donum	magnum	커다란 선물을
	탈격	dono	magno	커다란 선물에 의해
	호격	donum	magnum	커다란 선물이여
복수	주격	dona	magna	커다란 선물들은(이)
	속격	donorum	magnorum	커다란 선물들의
	여격	donis	magnis	커다란 선물들에(에게)
	대격	dona	magna	커다란 선물들을
	탈격	donis	magnis	커다란 선물들에 의해
	호격	dona	magna	커다란 선물들이여

N.B. 형용사는 수식하는 명사와 성,수,격이 일치한다.

형용사의 명사적 용법

라틴어에서 형용사는 수식하는 명사를 생략한 채 사용되는 경우도 있다. 이런 경우 그 형용사의 성을 보고서 그 형용사가 남성 명사, 여성 명사, 중성 명사를 나타내고 있음을 알고 해석해야 한다.

Bonum est.   이것은 좋은 것이다.

Experientia stultos docet.   경험은 어리석은 ·자들을 가르친다.

♟ Some Boys' Names of Latin Origin and Their Meanings

Octavius, the eighth child Aurelius, golden Pius, devoted, faithful Rufus, red Lucius, light Septimus, the seventh child Paul, small Leo, Leon, lion Clarence, Clare, bright Felix, happy, lucky Rex, king, ruler Valentine, healthy, strong Dominic, of the Lord

☺ 어휘

amicus, i, *m.* 친구, 벗 puer, i, *m.* 소년, 아이 ager, gri, *m.* 밭, 들, 농장 bellum, i, *n.* 전쟁, 교전 donum, i, *n.* 선물 hortus, i, *m.* 정원, 동산, 뜰 experientia, ae, *f.* 경험, 체험, 시도 stultos, a, um 어리석은, 우둔한, 미련한 doceo, cui, ctum, ere 가르치다, 일러주다 medicus, i, *m.* 의사 medicus, a, um 의술의, 의료의 sacer, cra, crum 거룩한 oculus, i, *m.* 눈 ara, ae, *f.* 제단 agnus, i, *m.* 어린 양 mereo, ui, ritum, ere 얻다, 받다 verax, acis 참된, 진실한 verbum, i, *n.* 말씀 bene 잘(bonus의 부사) timidus, a, um 겁내는, 무서워하는 praemium, i, *n.* 상; 보수, 사례

☑ 연습문제

I. 다음 명사와 형용사를 격변화시켜라.

servus   deus   oculus   amicus   medicus

ager   verbum   regnum   clarum   rarum

II. 다음을 번역하시오

1. Marcum, amicum meum, laudat.

2. Amicus meus multa praemia merebit.

3. Agni sunt timidi.

4. Deus est bonus.

5. Multa sunt dona.

6. Agricolae frumentum ex agris in castra portabant.

7. In templis arae deorum sunt.

8. Verba magistri vera sunt.

제6과 제2변화 동사의 직설법 능동: 현재, 미완료과거, 미래

동사의 제 2변화에 속하는 단어 habeo의 능동태 직설법의 세 시제는 다음과 같이 어미가 변화한다.

현재

단 수		
1인칭	habeo	나는 소유한다 (I have, do have, am having)
2인칭	habes	당신은 소유한다 (you have)
3인칭	habet	그는 소유한다 (he, she, it has)
복 수		
1인칭	habemus	우리는 소유한다 (we have)
2인칭	habetis	당신들은 소유한다 (you have)
3인칭	habent	그들은 소유한다 (they have)

2. 미완료과거

단 수		
1인칭	habebam	나는 소유했다 (I was having; I had)
2인칭	habebas	당신은 소유했다 (you were having; you had)
3인칭	habebat	그는 소유했다 (he, she, it was having; he, she, it had)
복 수		
1인칭	habebamus	우리는 소유했다 (we were having; we had)
2인칭	habebatis	당신들은 소유했다 (you were having; you had)
3인칭	habebant	그들은 소유했다 (they were having; they had)

미래

단 수		
1인칭	habebo	나는 소유할 것이다　(I shall have, hold)
2인칭	habebis	당신은 소유할 것이다 (you will have, hold)
3인칭	habebit	그는 소유할 것이다　(he, she, it will have, hold)
복 수		
1인칭	habebimus	우리는 소유할 것이다 (we shall have, hold)
2인칭	habebitis	당신들은 소유할 것이다 (you will have, hold)
3인칭	habebunt	그들은 소유할 것이다 (they will have, hold)

♟ Latin On Tombstones and Monuments

c., standing for circa or circum, meaning about, used with dates hic iacet, here lies in aeternum, for ever in perpetuum, for ever in memoriam, in memory, to the memory of A.D., standing for Anno Domini, meaning: In the year of (our) Lord R.I.P., standing for requiescat in pace, meaning may he (she) rest in peace

☺ 어휘

habeo, bui, bitum, ere 갖다, 간직하다 moneo, ui, itum, ere 경고하다, 알려주다 timeo, ui, ere 무서워하다, 조심하다 templum, i, *n.* 신전, 성전 video, vidi, visum, ere 보다 trans 건너서, 넘어서 noster, stra, strum 우리의 floreo, rui, ere 꽃피다, 번성하다 nuntius, i, *m.* 알리는 사람, 전령 sui (sibi, se, se) 3인칭 재귀대명사, himself, herself, itself, themselves curo, avi, atum, are 돌보다, 염려하다 sapientia, ae, *f.* 지혜, 현명 ante 앞에, 앞으로, 전에, 이전에 sto, steti, statum, are 서다, 서 있다 deleo, delevi, deletum, ere 파괴하다, 지우다 bellum, i, *n.* 전쟁, 교전 maneo, mansi, mansum, ere 머물다 doceo, cui, ctum, ere 가르치다, 일러주다 non 아닌, 아니

☑ 연습문제

I. 다음을 번역하시오

1. deleo.

2. maneo.

3. monebam.

4. monebo.

5. docebunt.

6. habebimus.

7. Romani servos multos in bello habent.

8. Nautae non timent.

9. Templa pulchra videmus.

10. Rosae in horto nostro floruerunt.

11. Fabius ea me monuit.

12. Nuntius multa narrat.

13. Multi trans oceanum navigant.

14. Femina suas filias curat.

15. Ante casas sto.

16. Non multa habet.

17. Sapientiam magnam habetis.

제7과 형용사의 변화

 라틴어에서는 형용사가 그 수식하거나 서술하는 명사 뒤에 오는 것이 보통이다. 다만 크기나 수량을 나타내거나 강조의 목적으로 쓰이는 경우에는 명사 앞에 온다. 명사와 마찬가지로 형용사들도 격어미변화를 하는 품사로서 성 수 격을 가지고 있다. 명사의 부가어[수식어]로 쓰일 경우, 형용사는 그 수식하는 명사와 성 수 격의 일치를 이루어야 한다

형용사의 종류

 형용사는 변화의 양상에 따라 제 1, 2 변화 형용사와 제 3변화 형용사로 나뉜다. 제 1, 2 변화 형용사는 격어미의 변화하는 모양이 제 1, 2 변화 명사의 격어미와 같고 제 3 변화 형용사는 제 3 변화 명사의 격어미와 같이 변화한다. 형용사 변화에는 명사 변화와 달리 제 4 변화나 제5변화는 없다.

2. 제1, 2 변화 형용사의 격변화

 제1, 2변화 형용사는 남성명사와 함께 쓰일 경우 제 2변화의 남성명사처럼 변화하고, 여성명사와 함께 쓰일 때는 제 1변화의 여성명사처럼 변화하며, 중성명사와 함께 쓰일 때는 제 2 변화의 중성명사처럼 변화한다. 명사의 성 수 격에 따른 이러한 변화는 아래와 같이 예시된다.

1) multus, multa, multum 많은 (much)

	단 수			복 수		
	m.	f.	n.	m.	f.	n.
주격	multus	multa	multum	multi	multae	multa
속격	multi	multae	multi	multorum	multarum	multorum
여격	multo	multae	multo	multis	multis	multis
대격	multum	multam	multum	multos	multas	multa
탈격	multo	multa	multo	multis	multis	multis
호격	multe	multa	multum	multi	multae	multa

2) miser, misera, miserum 불쌍한 (어간의 e 보존형)

	단 수			복 수		
	m.	f.	n.	m.	f.	n.
주격	miser	misera	miserum	miseri	miserae	misera
속격	miseri	miserae	miseri	miserorum	miserarum	miserorum
여격	misero	miserae	misero	miseris	miseris	miseris
대격	miserum	miseram	miserum	miseros	miseras	misera
탈격	misero	misera	misero	miseris	miseris	miseris
호격	miser	misera	miserum	miseri	miserae	misera

3) pulcher, pulchra, pulchrum 아름다운 (어간의 e 탈락형)

	단 수			복 수		
	m.	f.	n.	m.	f.	n.
주격	pulcher	pulchra	pulchrum	pulchri	pulchrae	pulchra
속격	pulchri	pulchrae	pulchri	pulchrorum	pulchrarum	pulchrorum
여격	pulchro	pulchrae	pulchro	pulchris	pulchris	pulchris
대격	pulchrum	pulchram	pulchrum	pulchros	pulchras	pulchra
탈격	pulchro	pulchra	pulchro	pulchris	pulchris	pulchris
호격	pulcher	pulchra	pulchrum	pulchri	pulchrae	pulchra

4) satur, satura, saturum   충분한

	단 수			복 수		
	m.	*f.*	*n.*	*m.*	*f.*	*n.*
주격	satur	satura	saturum	saturi	saturae	satura
속격	saturi	saturae	saturi	saturorum	saturarum	saturorum
여격	saturo	saturae	saturo	saturis	saturis	saturis
대격	saturum	saturam	saturum	saturos	saturas	satura
탈격	saturo	satura	satuo	saturis	saturis	saturis
호격	satur	satura	saturum	saturi	saturae	satura

 N. B. 제 1, 2 변화 형용사로서 남성명사를 꾸며주는 경우 -us 변화를 따르는 것과, -er 변화를 따르는 것, -ur 변화를 따르는 것의 3 가지가 있다.

제3변화 형용사의 분류

 제3변화 형용사는 제3변화 명사의 격변화를 따라 변화한다. 제3변화 명사와 같이 복수 속격 어미(-ium, -um)에 의해 크게 두 가지로 나눌 수 있다. 즉, i-어간 및 자음어간 형용사이다. 복수 속격 어미가 -ium으로 끝나는 i-어간 형용사가 거의 대부분이고 -um으로 끝나는 자음어간 형용사는 극소수에 불과하다.

1) 제3변화 i-어간(-ium형) 형용사

 단수 주격의 어형에 따라 세 가지 형으로 나뉜다.

 (1) 제1형 : 단수 주격의 어미가 남성, 여성, 중성에서 각기 다르다 (3종류의 어미변화를 하는 형용사).

acer(*m.*), acris(*f.*) acre(*n.*)   예리한

	단 수			복 수		
	m.	*f.*	*n.*	*m.*	*f.*	*n.*
주격	acer	acris	acre	acres	acres	acria
속격	acris	acris	acris	acrium	acrium	acrium
여격	acri	acri	acri	acribus	acribus	acribus
대격	acrem	acrem	acre	acres	acres	acria
탈격	acri	acri	acri	acribus	acribus	acribus
호격	acer	acris	acre	acres	acres	acria

(2) 제2형 : 단수 주격의 어미가 남성, 여성에서는 같지만 중성에서 다른 것(2종류의 어미변화를 하는 형용사).

fortis(*m.*), fortis(*f.*), forte(*n.*) 강한, 용감한

	단 수			복 수		
	m.	*f.*	*n.*	*m.*	*f.*	*n.*
주격	fortis	fortis	forte	fortes	fortes	fortia
속격	fortis	fortis	fortis	fortium	fortium	fortium
여격	forti	forti	forti	fortibus	fortibus	fortibus
대격	fortem	fortem	forte	fortes	fortes	fortia
탈격	forti	forti	forti	fortibus	fortibus	fortibus
호격	fortis	fortis	forte	fortes	fortes	fortia

(3) 제3형 : 단수 주격의 어미가 남성, 여성, 중성에서 모두 같다 (1종류의 어미변화를 하는 형용사). 단수 속격에서부터는 음절 수가 늘어나고 있다. 그리고 남성과 여성은 모든 격에 있어서 그 형태 또는 어미가 똑같다.

felix(*m.*), felix(*f.*), felix(*n.*) 행복한

	단 수			복 수		
	m.	*f.*	*n.*	*m.*	*f.*	*n.*
주격	felix	felix	felix	felices	felices	felicia
속격	felicis	felicis	felicis	felicium	felicium	felicium
여격	felici	felici	felici	felicibus	felicibus	felicibus
대격	felicem	felicem	felix	felices	felices	felicia
탈격	felici	felici	felici	felicibus	felicibus	felicibus
호격	felix	felix	felix	felices	felices	felicia

2) 제3변화 자음어간(-um형) 형용사

복수 속격 어미가 -um으로 끝나는 형용사로서 극소수가 있으며 단수 주격의 어미가 남성, 여성, 중성에서 모두 같다.

vetus(*m.*), vetus(*f.*), vetus(*n.*), 늙은, 오래된

	단　　수			복　　수		
	m.	*f.*	*n.*	*m.*	*f.*	*n.*
주격	vetus	vetus	vetus	veteres	veteres	vetera
속격	veteris	veteris	veteris	veterum	veterum	veterum
여격	veteri	veteri	veteri	veteribus	veteribus	veteribus
대격	veterem	veterem	vetus	veteres	veteres	vetera
탈격	vetere	vetere	vetere	veteribus	veteribus	veteribus
호격	vetus	vetus	vetus	veteres	veteres	vetera

♟ Legal Terms

Latin is used extensively in legal phrases and terminology. Some of the more common Latin legal terms are given below.

ius civile, civil law, referring to the laws of legal system modelled after the Roman law.

ius gentium, the law of nations, referring to International Law.

lex scripta, written law. Written laws are those passed and put into effect by a legislative body or corporation.

lex non scripta, unwitten law. Unwritten law develops out of common practice, custom, and usage. It is sometimes called common law.(관습법?)

sub iudice, before the judge, referring to a case under consideration by the judge or court, but not yet decided.

corpus iuris, the body of law, comprising all the laws of a sovereign power or legislative body collectively.

sub poena, under penalty or punishment. A subpoena is a writ naming a person and ordering him to appear in court, under penalty for failure to do so.

onus probandi, the burden of proof. The burden of proving its case rests with the side that makes the affirmation in a suit.

prima facie, on or at first appearance. Prima facie evidence is evidence that, at first presentation, is adequate enough to establish a fact.

☺ 어휘

satur, tura, turum 풍성한, 충분한, 배부른 acer, cris, cre 날카로운, 예민한 fortis, e 건장한, 용감한, 힘센 felix, icis 행복한, 비옥한 vetus, eris 낡은, 옛, 오래된 occupo, avi, atum, are 점령하다, 사로잡다 sed 그러나, 뿐만 아니라 Christus, i, *m.* 그리스도 Testamentum, i, *n.* 계약; 유언, 유언장 saepe 종종, 때때로 laetus, a, um 즐거운, 기쁜, 행복한 dominus, i, *m.* 주인, 우두머리 domina, ae, *f.* 여주인, 주부 ecclesia, ae, *f.* 교회 omnis, e 모든, 온갖, 모두의 flos, oris, *m.* 꽃, 절정, 청춘 herba, ae, *f.* 풀, 잡초, 약초 flumen, inis, *n.* 강, 흐름, 강물

☑ 연습문제

I. 다음 문장을 우리말로 옮기시오

1. Romani servos multos in belle occupant.

2. Servi sunt boni, sed in Italia saepe non sunt laeti.

3. Servi dominos bonos et dominas bonas amant.

4. Multi domini servos liberant.

5. Pastor bonus est.

6. "Tu es Christus, Filius Dei vivi."

7. Novum Testamentum.

8. Vetus Testamentum.

9. Quod est mandatum magnum in Lege?

10. Gloriam magnam Domini video.

11. Ego sum pastor bonus.

12. Flos et herba et flumen pulchri sunt.

13. Quod templum magnum est?

14. Romani servis multa dant et curam bonam dant.

제8과 명령문

싸워라! 싸우지 말아라! 등과 같이 상대방에게 어떤 반응을 요구하는 표현을 명령이라 한다. 하여라를 긍정명령이라 하고 하지 말아라를 부정명령이라고 한다. 일반적인 명령형은 2인칭 단수와 2인칭 복수이다. (너는) 칭찬하라! (너는) 충고해라! 등은 능통태 현재 명령문이다. 제 1변화 동사 능동태 현재 명령문은 그 동사의 어간에 -a(단수), -ate(복수)라는 어미를 붙여서 만든다.(단수는 동사 원형에서 -re를 제거하면 얻어지고 복수는 어간에 -te를 붙여서 만든다). 그리고 제 2변화 동사 능동태 현재 명령문은 그 동사의 어간에 -e(단수), -ete(복수)라는 어미를 붙여서 만든다.

제1변화

laudo, -are   laud-a! (너는) 칭찬하라!   laud-ate! (너희가) 칭찬하라!

2. 제2변화

moneo, -ere   mon-e! (너는) 충고하라!   mon-ete! (너희가) 충고하라!

3. 제3변화

제3변화 동사 능동태 현재 명령문을 만들려면 단수는 동사 원형에서 -re를 제거하면 얻어지고 복수는 동사어간의 끝모음 'e'를 'i'로 바꾼 다음 -te를 붙여서 만든다 (-e(단수), -ite(복수)로 되어있다).
regere, rege! (네가) 군림하라!   regite! (너희가) 군림하라!

4. 제4변화

제4변화 동사 능동태 현재 명령문을 만들려면 단수는 동사원형에서 -re를 제거하면 얻어지고 복수는 어간(audi)에 -te를 붙여서 만든다.
audire, audi! (너는) 들거라! audi-te! (너희는) 들거라!

5. 부정 명령형 만들기

부정명령은 nolo(원하지 않다)의 명령형 noli(단수)와 nolite(복수)뒤에 동사원형(부정법)을 붙여 만든다.

단수   noli + 동사원형

   Noli timere!   (너는) 두려워하지 말라!

   Noli navigare!   (당신은) 배를 타고 가지 마시오!

복수   nolite + 동사원형

   Nolite timere!   (너희는) 두려워 하지 말라!

   Nolite navigare! (당신들은) 배를 타고 가지 마시오!

동사 sum의 명령형

sum의 명령형은 단수는 es이고 복수는 este이다.

Es puella bona! 너는 선한 소녀가 되어라

Este puellae bonae! 너희들은 선한 소녀들이 되어라

7. 수동 명령형

수동 명령어는 동사의 어간에 수동형 2인칭 단수어미 -re를 붙여서 만들고 복수는 제1, 2, 4변화 동사는 동사 어간에 수동형 2인칭 복수어미 -mini를 첨가하고, 제 3변화 동사는 동사 어간의 끝모음 'e'를 'i'로 바꾼 다음에 -mini를 붙여서 만든다.

단 수	복 수
1). laudare! (너는) 칭찬을 받아라!	laudamini! (너희들은) 칭찬을 받아라!
2). monere! (너는) 권고를 받아라!	monemini! (너희들은) 권고를 받아라!
3). regere! (너는) 다스림을 받아라!	regimini! (너희들은) 다스림을 받아라!
4). audire! (너는) 들음을 받아라!	audimini! (너희들은) 들음을 받아라!

☺ 어휘

rego, rexi, rectum, ere 지배하다, 군림하다 audio, ivi, itum, ire 듣다, 경청하다 nolo, nolui, nolle 원치 않다 navigo, avi, atum, are 항해하다, 배 타고 다니다 de ~에 대하여[관하여] ~로부터 luna, ae, f. 달, 보름달 specto, avi, atum, are 보다, 응시하다, 살펴보다 nos 우리(들) alienus, a, um 다른 사람의, 다른, 외국의 coram 앞에, 마주보고 nec ~도 아닌 sperno, sprevi, spretum, ere 멸시하다, 무시하다, 멀리하다 voluptas, tatis, f. 쾌락, 즐거움 epistola[-stula], ae, f. 편지, 문서

☑ 연습문제

I. 다음을 번역하시오.

1. Nara mihi de luna.

2. Spectate nos, stellae clarae!

3. Specta nos, Anna pulchra!

4. Audite.

5. Noli amare.

6. Nolite amare.

7. Ama patriam.

8. Amate patriam.

9. Laudate puellas bonas!

10. Portate aquam puram!

11. Dona agricolis pecuniam tuam!

12. Serva pecuniam tuam et pecunia tua te servabit.

13. Eamus, amici!

14. Scribite epistulas!

15. "Non habebis deos alienos coram me."

16. Noli hoc dicere nec Scribere.

17. Noli venire.

제9과 전치사

전치사는 원래는 독립된 부사였다. 지금도 전치사들 중 일부는 규제하는 명사와 더불어 부사어를 이룬다. 전치사는 어떤 명사 앞에 놓여서 그 명사가 동사나 다른 품사와 갖는 관계를 표시한다. 전치사는 대격을 지배하는 전치사, 탈격을 지배하는 전치사, 대격과 탈격을 둘 다 지배하는 전치사의 세 종류가 있다. 대격을 지배하는 전치사를 대격지배전치사라 하며 한 장소에서 다른 장소로의 이동을 나타내거나 혹은 다른 장소를 향해 이동하는 것을 나타낸다. 탈격을 지배하는 전치사를 탈격지배전치사라 하며 한 장소로부터의 분리를 나타낸다. 대격과 탈격을 둘 다 지배할 경우에는 의미상의 차이가 있다. 속격, 여격, 호격을 지배하는 전치사는 거의 없다.

대격 지배 전치사

1) ad: (공간) 쪽으로, 에게로, 위하여, (시간)까지,

   Ad Dominum veniam. 내가 주님에게로 가겠다.

   Ad urbem venire　도시쪽으로 가다

   Dominum ammabo ad mortem. 나는 죽을 때까지 주님을 사랑할 것이다.

2) adversus: (공간) 향하여, 에 대항하여, 거슬러

   Adversus montem venio. 나는 산을 향하여 가고 있다.

3) ante: (공간) 앞에, 앞으로, (시간) 전에, (순서) 먼저

   Quis stat ante portam? 문 앞에 누가 서 있는가?

4) apud: (사람을 주로 목적으로 씀) 함께, 곁에, 앞에서, 에 있어서, 가운데, 댁에

   Verbum erat apud Deum. 말씀은 하나님과 함께 있었다.

5) circum, circa: (공간) 주위에, (시간) 쯤, 경에

   Circa primam horam magistro occurret.
   한 시쯤에 예수께서 큰 소리로 외쳐 말씀하셨다.

6) citra, cis: (공간) 이 쪽에, 편에, (시간) 안으로, 이전에

Citra flumen casa est. 강 이쪽 편에 초가집이 있다.

Cis Rhenum villa est. 라인 강 쪽에 빌라가 있다.

7) contra: (공간) 맞은 편에, 건너편에, (관계) 에 대하여, 에 대항하여, 반대하여

Steterunt contra Pharao. 그들은 바로를 향하여 서 있었다.

8) erga: (관계) 에 대하여, 대한, 때문에

Magni amor parentum erga filios sunt. 자식에 대한 부모의 사랑이 위대하다.

9) extra: (공간) 바깥에[밖에], 제외하고, 외에

Extra me non haec poteritis. 너희가 나를 제외하고서는 이 일을 할
수가 없을 것이다.

10) infra: (공간) 아래에, 아래쪽에, 아래로, 이후에, 다음에, …보다 못한

Camelus infra pontem decidit. 낙타가 다리 아래로 떨어졌다.

Eloquentia infra me est. 웅변으로는 나에게 뒤진다.

11) inter: (공간) 사이에, 중에, (시간) 중에, 동안에, 서로, 끼리

Creta insula inter Graeciam et Africam est. 크레타 섬은
그리스와 아프리카 사이에 있다.

Silent leges inter arma. -Cicero 전쟁 중에는 법이 침묵한다.

12) intra: (공간) 안에, 쪽, (시간) 이내에, 범위 내에서

Altare pulchrum intra ecclesiam est. 아름다운 제단이 교회 안에 있다.

Ex hoc Domicilio intra decem dies migrabo. 나는 이 집에서 10일
이내로 이사할 것이다.

Judex intra legem pro te judicabit. 판사는 법률이 허락하는 범위
내에서 너를 위해 판결할 것이다.

13) juxta: (공간) 곁에, 옆에, 가까이, 근처에, 임박하여, 직전에

Stabant autem juxta crucem Iesu mater eius. 예수의 십자가 곁에는
그 모친이 섰는지라. (요 19:25)

Avus juxta finem vitae erit. 할아버지는 임종이 가까왔다.

14) ob: (공간) 앞에, (이유) 때문에, 쪽으로

ob eam causam. 그 이유 때문에

Homicida ob templum fugit. 살인자는 성전쪽으로 달아났다.

15) penes: 권한 내에, 수중에

Potestas iudicandi penes praetorem esse. 재판권은 검찰관 수중에 있다.

16) per: (공간) 통하여, 지나서, (시간) 동안, (이유) 때문에, (수단) 방법으로

Flavius Daidong per urbem ad marem occidentalis fluit.
대동강은 도시 가운데를 통하여 서해로 흐르고 있다.

Pater per pigritiam tua vituperat.
아버지는 너의 게으름 때문에 책망하신다.

17) post: (공간) 뒤에, 후에, (시간) 후에

Post montem templum est. 산 뒤편에 성전이 있다.

Post duos annos. 두 해가 지난 후에

18) praeter: (공간) 옆을 따라서, 곁을 지나서, (관계) 외에는

Praeter ripam ambulate. 너희들은 강변을 따라서 산책하라.

Nihil invenit praeter folia. 잎사귀들 외에는 아무것도 없었다.

19) prope: (공간) 가까이에, (시간) 가까이

Prope Hippo vivimus. 우리는 히포 가까이에 살고 있다.

20) propter: (관계) 때문에, 위하여, (공간) 가까운데, 곁에

Qui persecutionem patiuntur propter justitam.
의 때문에 〔의를 위하여〕 핍박을 당하는 자들.

Sabbatum propter hominem factum est, non homo propter sabbatum.
안식일이 사람을 위해서 만들어졌지, 사람이 안식일을 위해서 만들어졌지 않았다.

21) secundum: (공간) 을 따라서, (시간) 동시에, 곧, (관계) 에 따라

secundum voluntatem eius 그의 뜻에 따라서

secundum quietem 잠들자마자

secundum legem 법에 따라

22) secus: 가에, 가까이, 곁에

secus pedes 발치에

secus mare 바닷가에

23) supra: (공간) 위에, (시간) 전에, (정도) 을 넘어, 이상

supra montem 산 위에

supra septem millia 칠천 명 이상

24) trans: (공간) 건너, 넘어서, 지나서

Milites trans mare in terram ascenderunt.
군인들은 바다를 건너서 육지에 상륙했다.

25) ultra: (공간) 넘어서, 건너편에, (시간) 지나서, 후에, (정도) 넘어서, 이상

Ultra millia annos regnum Dei fiet. 천년 후에 하나님의 나라가
이루어질 것이다.

26) versus: (공간) 쪽으로, 향해서

versus는 도시나 나라 등의 명사 뒤에 온다. 때로는 in이나 ad와 함께 사용한다.
Ad Olympia versus 올림픽 경기 대회를 향해서
In Europam versus venio. 나는 유럽을 향해서 가고 있다.

탈격 지배 전치사

1) ab (a, abs): (공간) 로 부터, (시간) 이래로, (관계) 에 의해서

ab는 모음과 자음 앞에서, a는 자음 앞에서, abs는 대명사 te 앞에서 쓰인다.
ab imo ad summum 밑에서부터 꼭대기까지
a prima pueritia 아주 어렸을 적부터

2) absque: 없이, 제외하고

absque sudore et labore 땀과 노동 없이는

3) clam: 몰래, 은밀히

4) coram: (공간) 앞에서   coram populo 사람들 앞에서

5) cum: (관계) 와 함께, 더불어, 와, 과, (모양) 어떠하게

cum disciplis 학생들을 데리고　vobiscum 너희와 함께

6) de: (공간) 로부터, 에게서, (시간) 중에, 동안에, (관계) 에 관하여

7) e, ex: e는 자음 앞에서, ex는 모음, 자음 앞에서 사용한다.

(공간, 시간, 관계) ~서부터(from, out of)

8) prae: (공간) 앞에(before), (이유) 때문에(because of)

9) pro: (공간) 앞에(in front of), (관계) 위하여(for)

10) sine: (관계) ~없이(without)

11) tenus: (명사, 대명사 뒤에 붙이는 후치사) ~까지, ~을 따라서

Milites noster Backdu-montetenus superaverunt.
우리 군인들이 백두산까지 정복했다.

대격 및 탈격을 다 지배하는 전치사

1) in

공간: 〔대격〕 안으로, 으로　in atrium 뜰 안으로

　　　〔탈격〕 안에, 속에, 에서　habitant in silvis 숲속에서 살다

시간: 〔대격〕 동안, 까지　in multos annos 여러 해 동안

　　　〔탈격〕 안에, 동안에　semel in anno 일년에 한 번, in vita 일생 동안

관계: 〔대격〕 ~을 향하여　in hostes 적군을 향하여

　　　〔탈격〕 로서　in catena 죄수로서

2) sub

공간: 〔대격〕 밑으로　sub montem 산 밑으로

　　　〔탈격〕 아래에, 하부에, 밑에

　　　　　Ego sum home sub potestate. 나는 통치권 아래 있는 사람이다.

시간: 〔대격〕 즈음에, 경에, 무렵에, 하자마자

　　　　　sub tuum adventum. 네가 도착하자마자

　　　〔탈격〕 때에, 무렵에

　　　　　sub Heliseo propheta 선지자 엘리사 때에

3) subter

공간 : 〔대격 및 탈격〕 아래에, 밑에

Pone manum tuam subter femur meum.

네 손을 내 환도뼈 밑에 넣어라.(창 24:2)

4) super:

공간 : 〔대격〕 위로, 위에, 넘어 Iube me venire ad te super aquas.

나를 물 위로 당신에게 오라고 명령하십시오.

〔탈격〕 위에 Avis super tecto domi sedet.

새가 집 지붕 위에 앉아 있다.

시간 : 〔대격〕 중에, 동안 super itinerem 여행중에

〔탈격〕 중에 super media nocte 한밤중에

전치사들 중에 단독으로 부사 역할을 하는 단어들도 있다.

adversus 반대하여, 맞은편으로   ante(antea) 앞에, 앞으로, 전에, 이전에

circa, circum 주위에, 부근에   cis, citra 이쪽에, 이편에, 보다 덜

contra 맞은편에, 반대로   coram 앞에서, 면전에

extra 밖에, 밖으로   infra 아래에, 나중에

intra 안에(서), 안으로   juxta 옆에, 가까이, 즉시, 뒤이어

penes(pene) 수중에, 거의   post(postea) 뒤에, 후에, 그다음에

prope 가까이, 부근에, 조금 전에   propter(propterea)가까이, 옆에, 나란히

secundum (바로) 뒤에, 둘째로, 잠시 후에 super, supra 위에, 위로

ultra 저쪽에(서), 저편으로, 더 멀리

N. B. 라틴어 사전에 전치사가 지배하는 격(acc., abl.)이 표기되어 있다.

⚱ Familiar Quotations

Vera amicitia est inter bonos, There is true friendship only among good men. *Cicero.*

Ave atque vale, Hail and farewell. *Catullus*

Da dextram misero, Give your right hand to the wretched. *Virgil*

☺ 어휘

mons, montis, m. 산 pro 위하여, 위한, …에게 유리하다, …의 편을 들다

bibliotheca, ae, f. 도서관, 책장, 서가 infra …아래, 보다 뒤지게,…보다 못하게 dictionarium, i, n. 사전, 자전 prope 가까이, 부근에(서); 쯤에, 경에 tabula, ae, f. 판, 널판, 널빤지 ~nigra 흑판 fenestra, ae, f. 창문, 유리창 Graecia, ae, f. 그리스 Italia, ae, f. 이탈리아 Romanus, a, um 로마의 Roma, ae, f. 고대 로마 제국의 수도, (현대)이탈리아의 수도 vos 너희, 너희들, 당신들 vobis vos의 여격, 탈격임

☑ 연 습 문 제

I. 다음을 번역하시오.

1. Cum Julia ambulo.

2. Mons est in insula pulchra.

3. Ex oppidis Graeciae ad Italiam servos portant.

4. Pro vobis et pro multis.

5. Multas fabulas de deabus Romanis narrant.

6. Ego sum in domum.

7. Tu es in bibliothecam.

8. Liber est infra mensam.

9. Pater est prope mensam.

10. Dictionarium est ante magisterum.

11. Tabula est ob fenestram.

제10과 부정사

부정사는 동사적 명사이므로 동사와 명사의 성질을 함께 가지고 있다. 동사로서 부정사는 양태(능동태와 수동태), 시제(현재, 미완료과거, 미래)를 그 형태 속에 간직하고 있지만 인칭과 수는 없다.

부정사의 용법

1) 명사적 용법

명사로서의 부정사는 중성 단수로서 취급되며 주어, 목적어, 보어로 사용된다.

(1) 부정사는 주어로 사용된다.

Dulce et decorum est pro patria mori.
조국을 위하여 죽는 것은 즐겁고 아름답다.

(2) 부정사는 목적어로 사용된다.

Parat frumentum movere.
그는 곡식을 운반할 준비를 했다.

(3) 부정사는 보어로도 사용된다.

Videre est credere.
보는 것은 믿는 것이다.

2) 동사적 용법

부정사가 의미상의 주어와 함께 술어 동사로서 사용될 경우 이것을 부정사구라고 한다. 부정사구에서 부정사의 시상은 그 구가 속해 있는 주문의 동사시상과의 시간적인 연관을 나타낸다. 따라서 현재는 주문의 동사의 때와 '동시'의 동작을, 완료는 '이전'의 동작을, 미래는 '이후'의 동작을 나타낸다.

Sciebat montem ab hostibus teneri.
그는 그 산이 적에 의해서 점거되고 있는 것을 알았다. 〈동시〉

Amicos erravisse scio.

나는 벗들이 잘못을 범했던 것을 알고 있다. 〈이전〉

Sperat se absolutum iri.

그는 그 자신이 석방되기를 바라고 있다. 〈이후〉

부정사의 변화

1) 불규칙동사 sum의 부정사

시상	부정사
현재	esse(있는 것)
미완료과거	fuisse(있었던 것)
미래	futurum esse 또는 fore(있을 것)

2) amo의 부정사

	능동태	수동태
현재	amare (사랑하는 것)	amari(사랑 받는 것)
미완료과거	amavisse(사랑했던 것)	amatum esse(사랑 받았던 것)
미래	amaturum esse(사랑하려는 것)	amatum iri(사랑받으려는 것)

3) 부정사 형태

부정사의 형태는 능동태와 수동태, 현재와 과거(미완료)와 미래 시제에 따라서 아래와 같이 달라진다.

(1) 현재 부정사 - 현재 부정사는 주문의 사건과 동시성을 갖는다.

	칭찬하는 것	듣는 것	권고하는 것
능동태	laud-are	aud-ire	mon-ere
	칭찬 받는 것	들려지는 것	권고 받는 것
수동태	laud-ari	aud-iri	mon-eri

(2) 과거 부정사

과거 부정사는 주문의 사건보다 앞서는 선행성을 나타낸다.

	칭찬한 것	들은 것	권고한 것
능동태	laud-avisse	aud-ivisse	mon-uisse
수동태	laudatum esse	auditum esse	monitum esse

칭찬받은 것   들려진 것   권고받은 것

(3) 미래 부정사

미래 부정사는 주문의 사건보다 늦게 발생할 후속성을 나타낸다.

능동태 laudaturum esse   auditurum esse   moniturum esse
      칭찬할 것   들을 것   권고할 것

수동태 laudatum iri   auditum iri   monitum iri
      칭찬받을 일   들려질 일   권고받을 일

♟ Familiar Phrases

persona grata, an acceptable (or welcome) person.

persona non grata, an unacceptable (or unwelcome) person.

verbatim ac litteratim, word for word and letter for letter.

pro bono publico, for the public good.

ad infinitum, to infinity; with no limit.

sine dubio, without doubt.

vice versa, changed and turned; turned about.

addenda et corrigenda, things to be added and corrected;
                             a supplement, especially to a book.

☺ 어휘

oro, avi, atum, are 기도하다, 청하다; 말하다, 이야기하다 hiems hiemis, *f.* 겨울 valde 매우, 대단히 durus, a, um 힘든, 고된; 굳은, 단단한 dulcis, e 달콤한; 즐거운 decor, oris, *m.* 아름다움, 멋 decorum, i, *n.* 멋, 우아 decorus, a, um 아름다운 pro 위하여; 앞에서 morior, mortuus sum, mori 죽다; 꺼지다; 멸망하다 paro, avi, atum, are 준비하다, 대비하다 debeo, ui, itum, ere …해야 한다 socius, i, *m.* 동료, 친구; 〔*pl.*〕 동맹군, 연합군; 동업자 frumentum, i, *n.* 곡식, 식량 moveo, movi, motum, ere 움직이다, 옮기다 iterum 다시, 재차, 두번째 coepto, avi, atum, are 시작하다, 착수하다 hostis, is, *m.f.* 적, 적군, 이방인 teneo, tenui, tentum, ere 잡다, 붙잡다, 소유하다 spero, avi, atum, are 희망하다, 바라다, 기대하다 se 자기를, 자기로, 저희들을 absolvo, solvi, solutum, ere 해방시키다, 풀어주다 manduco, avi, atum, are 먹다, 씹다 facio, feci, factum, ere 하다, 만들다; 되게 하다.

☑ 연 습 문 제

I. 다음을 번역하시오

1. Laborare est orare.

2. Errare humanum est.

3. Hieme in agro laborare valde durum est.

4. Et iterum coepit docere ad mare.

5. Contentum esse maximae sunt divitiae.

6. Puella bona esse cupiebat.

7. Boni esse debemus.

8. Socii nostri arma et frumentum habere debent.

9. Gratum erat animos et concordiam copiarum videre.

10. Iterum coepit docere ad mare.

11. "Date illis vos manducare."

12. Debes hoc non facere.

제11과 제3변화 명사 제1, 2, 3식

이 변화에 속하는 명사는 대단히 많다. 제3변화에 속하는 명사에는 남성, 여성, 중성이 모두 있고 격어미가 단수 속격에서부터 나타난다. 그리고 우리는 -is로 끝나는 단수속격부터 어간을 얻을 수 있다. 어간은 속격에서 격어미(-is)를 제거함으로써 얻어진다. 제3변화 명사는 자음간과 모음간으로 구분되는데, 대부분의 어간이 자음으로 끝난다.

제3변화 명사 제1식

제1식에 해당하는 단어들은 가장 규칙적인 변화를 보이며, 자음어간(thema consonans)을 갖는다.

1) 남성 및 여성명사의 격어미

격	단 수	복 수
주격	---	-es
속격	-is	-um
여격	-i	-ibus
대격	-em	-es
탈격	-e	-ibus
호격	---	-es

2) 격변화의 보기

labor, oris *m.,* 일, 노동, 수고 (어간: labor-)

격	단 수	복 수
주격	labor	labores
속격	laboris	laborum
여격	labori	laboribus
대격	laborem	labores
탈격	labore	laboribus
호격	labor	labores

lex, legis *f.* 법(률) (어간: leg-)

격	단 수	복 수
주격	lex	leges
속격	legis	legum
여격	legi	legibus
대격	legem	leges
탈격	lege	legibus
호격	lex	leges

제3변화 명사 제 2식

제 2식에 속하는 중성명사는 어떤 변화에서든 단수에서 주격, 대격, 호격의 어미형태가 같고 복수에서도 주격, 대격, 호격의 어미형태가 같다.

1) 중성명사의 격어미

격	단 수	복 수
주격	---	-a
속격	-is	-um
여격	-i	-ibus
대격	---	-a
탈격	-e	-ibus
호격	---	-a

2) 격변화의 보기

corpus, corporis *n.*, 몸, 신체 (어간: corpor-)

격	단 수	복 수
주격	corpus	corpora
속격	corporis	corporum
여격	corpori	corporibus
대격	corpus	corpora
탈격	corpore	corporibus
호격	corpus	corpora

제3변화 명사 제3식

복수 속격에서 -ium을 취하는 명사들이 있다. 단수 주격이 -is 또는 -es로 끝나고 어간은 단수 주격에서 -is나 -es를 제거하면 얻어진다. 복수 대격 어미는 -es, -is 두 가지로 사용된다.

1) 격변화의 보기

civis *m.* 시민 (어간: civ-)

격	단 수	복 수
주격	civis	cives
속격	civis	civium
여격	civi	civibus
대격	civem	cives
탈격	cive	civibus
호격	civis	cives

단수 주격이 두 개의 자음으로 끝나는 남성, 여성 명사는 복수 속격에서 어미 -ium 을 취한다.

2) 격변화의 보기

urbs *f.* 도시 (어간: urb-)

격	단 수	복 수
주격	urbs	urbes
속격	urbis	urbium
여격	urbi	urbibus
대격	urbem	urbes
탈격	urbe	urbibus
호격	urbs	urbes

단수 주격이 -e, -al, -ar로 끝나는 중성명사는 복수 속격에서 어미 -ium을 취하

고 단수 탈격에서는 어미 -e대신에 -i를 취하고, 복수 주격, 대격, 호격에서는 어미 -a 대신에 -ia를 취한다.

3) 격변화의 보기

animal 동물 *n.* (어간: animal-)

격	단 수	단 수
주격	animal	animalia
속격	animal-is	animalium
여격	animal-i	animalibus
대격	animal	animalia
탈격	animal-i	animalibus
호격	animal	animalia

N. B. 제 3변화 명사의 성을 구별하는 뚜렷한 법칙은 없다. 그렇지만 다음과 같은 일반적 통례가 있으므로 참고하기 바란다.

1. 개별 남성을 지칭하는 명사는 남성이다: miles, militis *m.* 군인
2. 개별 여성을 지칭하는 명사는 여성이다: mater, matris *f.* 어머니
3. 단수 주격이 -er 나 -or 로 끝나는 명사는 대개 남성이다: imperator, -ois *m.* 황제

☺ 어휘

lex, legis, *f.* 법률, 규정, 법령 miles, militis, *m.* 군인, 병정, 군사 amor, oris, *m.* 사랑, 욕정 honor, oris, *m.* 영예, 명예 pax, pacis, *f.* 평화 in pace 평화시에, 평화속에 rex, regis, *m.* 왕, 임금 virtus, tutis, *f.* 덕행, 용맹, 용기 tempus, temporis, *n.* 때, 시간; 계절 carmen, minis, *n.* 노래, 가락, 가사, 시가 nomen, nominis, *n.* 이름, 성 funus, neris, *m.* 장례(식); 매장(식) arx, arcis, *f.* 요새, 아성, 방벽 gens, gentis, *f.* 씨족, 후손, 자손; 종족, 부족 nox, noctis, *f.* 밤, 야간 mare, maris, *n.* 바다, ~ altum 깊은 바다 rubrum 홍해 corpus, corporis *n.*, 몸, 신체 nubes, is, *f.* 구름; 그늘 urbs, urbis, *f.* 도시, 성곽 도시; 수도, 도읍 animal, alis, *n.*, 동물, 짐승; 생물 imperator, oris, 황제; (총)사령관, 원수 otium, i, *n.* 여가, 휴식; 은퇴 salus, utis, *f.* 안녕, 평안; 구원 obtineo, nui, tentum, ere 차지하다; 보존[보전]하다 iucundus, a, um 유쾌한, 즐거운, 기분좋은 sanus, a, um 건강한, 건전한 tomus, i, *m.* 권, 책; 조각, 편

☑ 연습문제

I. 다음 제3변화 명사를 격변화시켜라.

1. 제1식 연습문제

    amor, amoris

    honor, honoris

    pax, pagis

    rex, regis

    virtus, virtutis

2. 제2식 연습문제

    tempus, temporis

    carmen, carminis

    nomen, nominis

    funus, funeris

    flumen, fluminis

3. 제3식 연습문제

    arx, arcis

    gens, gentis

    nox, noctis

    mare, maris

    animal, animalis

II. 다음을 번역하시오

    1. Sine bello pacem et otium et salutem obtinere cupimus.

    2. Pax hominibus iucunda est.

    3. Leo rex bestiarum est.

4. Amicus patris mei poeta clarus erat.

5. Ius et leges bonos homines certe non impediunt sed malos
   terrent.

6. Mens sana in corpore sano est.

7. Altos montes et flumina alta in Europa vidi.

8. Aedificia in urbe pulchra sunt.

9. Rosa pulchra supra mensam est.

10. Primus apostolorum Petrus est.

11. Epistulae Pauli tredecim tomi sunt.

제12과 제3변화 동사의 직설법 능동: 현재, 미완료과거, 미래

제3변화 동사는 두 종류가 있다. 1인칭 단수가 -o로 끝나는 것은 제 1식이고 -io로 끝나는 것은 제 2식이다. 예를 들면 아래와 같다.

제1식

rego(지배하다), lego(읽다), duco(인도하다), claudo(닫다, 잠그다), dico(말하다), divido(나누다, 가르다), fallo(속이다), metuo(두려워하다)

제2식

capio(붙잡다), cupio(탐하다), fugio(도망하다), fodio(파다), pario(낳다), facio(만들다. 행하다), conpicio(쳐다보다), jacio(던지다), interficio(죽이다)

제3변화의 제 1, 2식은 부정형이 -ere로 끝난다는 공통점이 있다.

1) 제1식의 능동태 어간들과 인칭변화

인칭변화는 현재어간, 미완료어간, 미래어간에 능동태 인칭어미를 붙여서 나타낸다. 현재어간은 동사어간의 끝모음 'e'를 'i'로 바꾼 것(duci-)이고 과거어간은 동사어간에 'ba'를 붙인 것이고(duce-ba-) 미래어간은 동사어간을 그대로(duce-) 사용한다.

능동태 인칭변화의 보기

주요 부분: duco, duxi, ductum, ducere, 이끌다, 인솔하다 (lead)

		현재	미완료과거	미래
	1.	duco	ducebam	ducam
단수	2.	ducis	ducebas	duces
	3.	ducit	ducebat	ducet
	1.	ducimus	ducebamus	ducemus
복수	2.	ducitis	ducebatis	ducetis
	3.	ducunt	duc	duc

2) 제2식의 능동태 어간들과 인칭 변화

제2식 동사는 직설법 현재 단수 1인칭 어미가 -io로 되어 있다. 이 동사는 모든 어미변화에서 모음 -i-를 가진다. 현재어간은 동사어간의 끝모음 'e'를 'i'로 바꾼 것 (capi-)이고 과거어간은 동사어간의 끝모음을 'i'로 바꾼 후 eba를 붙인 것 (capi-eba)이고 미래어간은 동사어간의 끝모음을 'i'로 바꾼 후 'e'를 붙여서 만든다 (capie-).

능동태 인칭변화의 보기

주요 부분: capio, cepi, captum, capere, 붙잡다.

	현재	미완료과거	미래
	1. capio	capiebam	capiam
단수	2. capis	capiebas	capies
	3. capit	capiebat	capiet
	1. capimus	capiebamus	capiemus
복수	2. capitis	capiebatis	capietis
	3. capiunt	capiebant	capient

☺ 어휘

lego, legi, lectum legere 읽다 fallo, fefelli, falsum, ere 속이다, 사기하다, 속다 metuo, ui, utum, ere 무서워하다, 두려워하다 mitto, misi, missum, ere 보내다 fugio, fugi, fugitum, ere 도망하다, 도주하다 facio, feci, factum, cere 하다, 만들다, 행하다 rapio, pui, ptum, ere 날쌔게 잡다, 잡아채다, 납치하다 recipio, cepi, ceptum, pere 받(아들이)다, 다시 잡다, 돌려받다, 도로 찾다 cupio, ivi, itum, ere 원하다, 몹시…싶어하다, 열망하다 panis, is, *m.* 빵, 식량 caseum, i, *n.* 치즈 quid 무엇이, 무엇을 uva, ae, *f.* 포도(알/송이), 포도밭 illa(adv.) 저 길로, 저 쪽으로 ille, illa, illud 저, 그; 저[그]유명한 quam 얼마나(형용사나 부사와 함께 쓰는 부사) natio, onis, *f.* 나라, 국민, 민족

☑ 연습문제

I. 다음 제 3변화 동사를 세 시칭으로 인칭 변화 시켜라

제1식

    lego   rego   dico   fallo   metuo

제2식

    fugio   facio   rapio   recipio   cupio

II. 다음을 번역하시오

1. Magister docet alumnos linguam Latinam.

2. Quid tu edis? Ego edo malum.

3. Quid vos editis? Nos edimus uvam.

4. Quam nationem tu incolis? Ego incolo Hispanum.

5. In amicitia firma et perpetua cum sociis nostris manebimus.

6. Non justum est bellum gerere cum amicis.

7. Maria cum Anna in parva casa habitat.

8. Cum bono amico in casa parva habito.

9. Romani castra in locis altis ponebant.

10. Ad oppidum auxilia nunc mittimus.

제13과 제4변화 동사의 직설법 능동 : 현재, 미완료과거, 미래

제4변화 동사는 부정형의 어미가 -ire로 끝남으로 쉽게 구별되는 동사이며 그 특징은 i이다 (제 3변화 동사의 제 2식과 비슷하다). 현재어간은 동사어간을 그대로 쓰고 (audi-) 과거어간은 동사어간에 'eba'를 붙인 것(audieba)이고 미래어간은 동사어간에 'e'를 붙여서 만든다(audie).

능동 인칭변화의 보기

주요 부분: audio, audivi, auditum, audire, 듣다 (hear)

	현재	미완료과거	미래
	1. audio	audiebam	audiam
단수	2. audis	audiebas	audies
	3. audit	audiebat	audiet
	1. audimus	audiebamus	audiemus
복수	2. auditis	audiebatis	audietis
	3. audiunt	audiebant	audient

☺ 어휘

servio, ivi, itum, ire 종노릇하다, 섬기다, 봉사하다 invenio, veni, ventum, ire 발견하다, 발명하다, 고안하다 convenio, veni, ventus, ire 모이다, 만나다, 어울리다 dormio, ivi, itum, ire 자다, 잠을 자다, 죽다 venio, veni, ventum, ire 가다, 오다 finio, ivi, itum, ire 끝내다, 마치다 oboedio, vi, itum, ire 귀를 기울이다, 경청하다, 순종하다 punio, ivi, itum, ire 벌하다, 처벌하다, 복수하다 custodio, ivi, itum, ire 지키다, 준수하다, 수호하다, 보존하다 nescio, ivi, itum, ire 모르다, 인식하지 못하다 omnis, e 모든, 전체의 scio, ivi, itum, ire 알다, 알고 있다 Bibliam sacram 성서 parens, entis, *m.f.* 어버이 parentes, um, *m.pl.* 부모, 양친 nutrio, ivi, itum, ire 기르다, 양육하다 vestio, ivi, itum, ire 옷 입히다, 옷 입다 peto, tivi, titum, ere 구하다, 요구하다 erudio, ivi, itum, ire 교육하다, 가르치다 nunc 지금, 이제 catena, ae, *f.* 사슬, 끈 vincio, vinxi, vinctum, ire 매다, 묶다, 결박하다 ob 때문에;앞에 carrulus, i, *m.* 작은 수레 carrus, i, *m.* 화물 마차, 화물 운송차 creber, bra, brum, 빽빽한, 잦은, 빈번한 possum, potui, posse 할 수 있다 amitto, misi, missum, ere 잃어 버리다, 분실하다;포기하다 amissio, onis, *f.* 분실, 유실

☑ 연습문제

I. 다음 제4변화 동사를 세 시칭으로 인칭 변화 시켜라

    servio   scio   invenio   dormio   venio   finio

II. 다음을 번역하시오

1. Deus omnia scit.

2. Parentes me nutriverunt et vestiverunt.

3. Parentes me erudiverunt, nunc magistri me erudiunt.

4. Primi Europae incolae ex Asia venerunt.

5. Ob equos et carros crebros in via stare non possumus.

6. Ubia pecunia, quam amiseras, inventa est?

7. Bibliam sacram novam petiverunt et invenerunt.

8. Captivi catenis vinciebantur.

제14과 지시 대명사와 강의 대명사

대명사는 명사를 대신하여 쓰이며 인칭 대명사를 제외하고는 모두 형용사의 역할을 겸한다. 대명사의 종류는 크게 지시 대명사, 관계 대명사, 인칭 대명사로 나누어진다. 지시 대명사란 어떤 사람이나 사물을 지시하거나 지적하는 대명사이며 다른 명사를 수식할 때는 지시 형용사가 된다.

지시 대명사의 종류

1) hic, haec, hoc 이 사람, 이 여자, 이것〈he, she, it(here), this〉
2) ille, illa, illud 저 사람, 저 여자, 저것〈he, she, it(there) that〉
3) iste, ista, istud 그 사람, 그 여자, 그것
4) is, ea, id 그, 그 여자, 그것
5) idem, eadem, idem 같은 그 사람, 같은 그 여자, 같은 그것〈he, she, it(the same)〉

지시 대명사의 변화표

1) hic, haec, hoc (이 사람 , 이 여자, 이것)

	단 수			복 수		
	m.	*f.*	*n.*	*m.*	*f.*	*n.*
주격	hic	haec	hoc	hi	hae	haec
속격	huius	huius	huius	horum	harum	horum
여격	huic	huic	huic	his	his	his
대격	hunc	hanc	hoc	hos	has	haec
탈격	hoc	hac	hoc	his	his	his

2) ille, illa, illud (저 사람, 저 여자, 저것)

	단 수			복 수		
	m.	*f.*	*n.*	*m.*	*f.*	*n.*
주격	iste	ista	istud	isti	istae	ista
속격	istius	istius	istius	istorum	istarum	istorum

여격	isti	isti	isti	istis	istis	istis
대격	istum	istam	istud	istos	istas	ista
탈격	isto	ista	isto	istis	istis	istis

3) iste, ista, istud (그 사람, 그 여자, 그것)

	단 수			복 수		
	m.	f.	n.	m.	f.	n.
주격	ille	illa	illud	illi	illae	illa
속격	illius	illius	illius	illorum	illarum	illorum
여격	illi	illi	illi	illis	illis	illis
대격	illum	illam	illud	illos	illas	illa
탈격	illo	illa	illo	illis	illis	illis

4) is, ea, id (그, 그 여자, 그것)

	단 수			복 수		
	m.	f.	n.	m.	f.	n.
주격	is	ea	id	ei(ii)	eae	ea
속격	eius	eius	eius	eorum	earum	eorum
여격	ei	ei	ei	eis(iis)	eis(iis)	eis(iis)
대격	eum	eam	id	eos	eas	ea
탈격	eo	ea	eo	eis(iis)	eis(iis)	eis(iis)

5) idem, eadem, idem (같은 그 사람, 같은 그 여자, 같은 그것)

	단 수			복 수		
	m.	f.	n.	m.	f.	n.
주격	idem	eadem	idem	eidem(iidem)	eaedem	eadem
속격	eiusdem	eiusdem	eiusdem	eorundem	earundem	eorundem
여격	eidem	eidem	eidem	eisdem (iisdem)	eisdem (iisdem)	eisdem (iisdem)
대격	eundem	eandem	idem	eosdem	easdem	eosdem
탈격	eodem	eadem	eodem	eisdem (iisdem)	eisdem (iisdem)	eisdem (iisdem)

지시 대명사의 용법

1) 지시 대명사는 어떤 사물을 지시하거나 지적하는 대명사로도 쓰이고 또는 다른 명사를 수식하는 형용사로도 쓰인다. 형용사로 쓰일 때는 주로 명사 앞에 놓이고 그 수식하는 명사와 성, 수, 격이 일치한다.

예 hic vir, this man. 이 사람   ille homo that man. 그 사람
   idem homo   the same man. 같은 사람   haec civitas 이 나라
   hic princeps 이 대장

2) hic, haec, hoc가 그 뒤에 나오는 어떤 말을 가리킬 때는 "다음의, 다음과 같은" 따위로 번역한다.

예 Metalla sunt haec: aurum, argentum, ferrum.
   (금속들은 다음과 같다: 즉 금, 은, 철이다)

3) 앞에 먼저 나온 어떤 두 가지 것을 지시하기 위하여 ille, illa, illud와 hic, haec, hoc를 쓰면 ille, illa, illud는 '전자', hic, haec, hoc는 '후자'의 뜻을 가진다.

예 Cain et Abel fuerunt fratres; hic erat pastor, ille autem agricola.
   (가인과 아벨은 형제였는데, 후자는 목동이었고 전자는 농부였다.)

4) 고유명사 뒤에 ille, illa, illud가 덧붙여져 쓰일 때는 '저 유명한'의 뜻을 가진다.

예 Augustus ille (저 유명한 어거스틴)

4. 강의 대명사

1) 강의 대명사는 명사의 뜻을 강하게 하는 대명사이며 ipse, ipsa, ipsum (himself, herself, itself/ he, she, it (-self))이 있다. 앞에 나온 대명사보다 강조하는 정도가 크며, 뜻을 강하게 해주는 명사의 성, 수, 격에 일치하고 그 명사 뒤에 놓인다.

2) 강의 대명사의 변화표: ipse, ipsa, ipsum (그 사람 자신, 바로 그 사람, 바로 그것)

	단 수			복 수		
	m.	*f.*	*n.*	*m.*	*f.*	*n.*
주격	ipse	ipsa	ipsum	ipsi	ipsae	ipsa
속격	ipsius	ipsius	ipsius	ipsorum	ipsarum	ipsorum
여격	ipsi	ipsi	ipsi	ipsis	ipsis	ipsis
대격	ipsum	ipsam	ipsum	ipsos	ipsas	psa
탈격	ipso	ipsa	ipso	ipsis	ipsis	ipsis

3) 예) Puellam ipsam video. 나는 그 소녀 자신을 본다.

　　Magister ipse dicit. 선생님 자신이 말씀하신다.

　　Homo ipse venit. 그 사람 자신이 온다.

　　Dux nautis ipsis pecuniam dat. 장군은 뱃사람들 자신에게 돈을 준다.

☃ Familiar Abbreviations

fl. or flor., floruit, he (she) flourished. Used with the date at which an artist produced his work. I.H.S., In hoc signo, In this sign. or Iesus Hominum Salvator, Jesus Saviour of Men. I.N.R.I., Iesus Nazarenus, Rex Iudaeorum, Jesus of Nazareth, King of the Jews. pinx., pinxit, he(she) painted it. sculp., sculpsit, he(she) carved it. op. cit., opere citato, in the work cited. Used in footnotes instead of repeating the title of the book referred to. ibid. or ib., ibidem, in the same place. Used in footnotes, if the reference is the same as one made just previously.

☺ 어휘

hic, haec, hoc 이, 이 사람, 이것 ille, illa, illud 저, 그, 저 유명한 iste, ista, istud 그, 이, 저 is, ea, id 그, 그것, 그 사람 idem, eadem, idem 같은, 동일한, 같음 homo, minis, *m.* 사람, 인간 civitas, atis, *f.* 도시;국가 princeps, cipis, *m.* 대장, 군주, 제안자 metallum, i, *n.* 금속;광물 aurum, i, *n.* 금, 금제품; 금화 magister, tri, *m.* 지도자, 스승, 교사 ipse, a, um 자신, 자체, 바로 이[그] argentum, i, *n.* 은; 은화 ferrum, i, *n.* 쇠, 철 frater, tris, *m.* (남자)형제; 형, 동생 pastor, oris, *m.* 목자, 목동 autem 그

러나, 그렇지만, 그런데 biblia, ae, *f.* 책, 서적 piscator, oris, *m.* 어부, 낚시
꾼 medicus, i, *m.* 의사 medicus, a, um 의술의, 의료의 apostolus, i, *m.*
사도, 종도 nosco, novi, notum, ere 알다, 알게 되다, 배우다 egero, gessi,
gestum, ere 내보내다, 내쫓다; 꺼내다

☑ 연 습 문 제

I. 다음을 우리말로 옮기시오(지시 대명사)

1. Haec biblia sacra est meus.

2. Hic liber est tuus.

3. Quis hoc facit?

4. Petrus ille piscator erat

5. Is homo medicus est.

6. Paulus et Petrus apostoli idem sunt.

7. Hic domus est meus.

8. Tuus liber est ille.

9. Nostri libri sunt illi.

10. Vestri libri sunt hi.

II. 다음을 우리말로 옮기시오(강의 대명사)

1. Ego ipse scio eum.

2. Magister ipse dicit.

3. Puellam ipsam videbo.

4. Agricola ex oppido ipso servos egerunt.

5. Augustinus nautis ipisis bibliam dat.

6. Nosce te ipsum!

7. Duces ipsi ex stabulo ad flumen equos egerunt.

제15과 인칭 대명사와 소유 대명사

동사 활용형의 인칭 어미 자체가 인칭을 표시하기 때문에 인칭 대명사는 대개의 경우 사용되지 않는다. 주어를 주지시킬 필요가 있는 경우나, 뜻을 명확히 하거나 강조할 경우에만 사용한다.

인칭 대명사의 종류와 변화

1) 제 1인칭 인칭 대명사 (Personal Pronouns of the First Person)

	단 수		복 수	
주격.	ergo	I	nos	we
속격	mei	of me	nostrior nostrum	of us
여격	mihi	to, for me	nobis	to, for us
대격	me	me	nos	us
탈격	me	from, with, by me	nobis	from, with, by us

2) 제 2인칭 인칭 대명사

	단 수		복 수	
주격	tu	you	vos	you
속격	tui	of you	vestrum or vestri	of you
여격	tibi	to, for you	vobis	to, for you
대격	te	you	vos	you
탈격	te	from, with, by you	vobi	from , with, by you

3) 3인칭에는 인칭 대명사가 없다. 지시 대명사인 is, ea, id를 3인칭 대명사로 대용한다.

	남성		여성		중성	
			단 수			
주격	is	he	ea	she	id	it
속격	eius	of him, his	eius	of her, her	eius	of it, its
여격	ei	to, for him	ei	to, for her	ei	to, for it

대격	eum	him	eam	her	id	it
탈격	eo	from, with, by him	ea	from, with, by her	eo	from, with, by it

복 수

주격	ei, ii	they	eae	they	ea	they
속격	eorum	of them, their	earum	of them, their	eorum	of them, their
여격	eis	to, for them	eis	to, for them	eis	to, for them
대격	eos	hem	eas	them	ea	them
탈격	eis	from, with, by them	eis	from, with, by them	eis	from, with, by them

소유 대명사(형용사)

일종의 소유 형용사이며 소유관계를 나타내는 대명사이다. 소유 대명사의 변화표는 아래와 같다.

인 칭	단 수			복 수		
1 인칭	meus,	a,	um	noster,	tra,	trum
2 인칭	tuus,	a,	um	vester,	tra,	trum
3 인칭	(suus,	a,	um)	(suus,	a,	um)

 N. B. 1. 3인칭에는 참으로 소유 대명사란 없다. 위 표의 suus 등은 재귀적이기 때문에 재귀적이 아닌 보통의 3 인칭 소유 대명사로서는 그것 대신 지시 대명사 is, ea, id의 소유격인 eius, eorum, earum을 사용한다. 예) Pater eius 그의 아버지.

 2. 소유 대명사는 그 용법상에 대명사적인 것과 형용사적인 것이 있다.

 예) Mensa est mea 책상은 나의 것이다. mea mensa 나의 책상.

 3. 전후의 문맥으로서 판명될 때에는 일반적으로 소유 대명사를 사용치 않으므로 라틴어에서는 소유 대명사의 사용은 매우 드물다.

♙ Familiar Phrases

carpe diem, seize the opportunity(lit. pluck the day).

cave canem, beware the dog.

ex libris, from the library of. Used often on bookplates.

ex officio, because of an office.

in toto, in the whole; completely.

per capita, by heads; per person or individual.

post mortem, after death.

exeunt omnes, all go out. Used as a stage direction.

ultimatum, the last thing; the farthest thing. Used for the final terms
offered by one party to another.

☺ 어휘

veritas, atis, *f.* 진리, 성실 fides, ei, *f.* 믿음, 신뢰, 신용, 신임 opera,
ae, *f.* 일, 노동, 수고 sal, salis, *m.* 소금 terra, ae, *f.* 땅, 대지, 지구
periculum, i, *n.* 위험, 시험, 실험 mecum 나와 함께(cum me) ludus, i, *m.*
장난, 유희, 놀이 〔pl.〕경기, 축제 propero, avi, atum, are 급히 하다, 서두르
다 dubito, avi, atum, are 의심하다, 의혹을 품다 nunc 지금, 이제 diligo,
lexi, lectum, ere 사랑하다 ubi 어디에, 어느 곳에? soror, oris, *f.* 자매, 친
척 자매

☑ 연습문제

I. 다음을 번역하시오

1. vobis   2. ad vos   3. vestrum   4. cum ea

5. nobiscum   6. de me   7. tecum   8. eos

9. Ego sum via et veritas et vita.

10. Tu fidem habes, et ego opera habeo.

11. Vos estis sal terrae.

12. Filius meus in periculum mecum properare non dubitaverat.

13. Nunc lude nobiscum.

14. Haec est patria nostra.

15. Homo ipse nos videt.

16. Tu nobis libros das.

17. Ille urbem eorum vidit.

18. Hic est liber tuus.

19. Hoc est donum tuum.

20. Femina diligit filium eius.

21. Ubi est soror tua?

제16과 관계 대명사

관계 대명사는 종속문과 주문과를 관계시키는 대명사이며 qui, quae, quod 등이 있다. 관계 대명사는 성, 수, 격에 따라 어미변화를 한다. 관계 대명사의 어미변화는 다음과 같다.

관계 대명사의 변화표

	단 수			복 수		
	m.	*f.*	*n.*	*m.*	*f.*	*n.*
주격	qui	quae	quod	qui	quae	quae
속격	cuius	cuius	cuius	quorum	quarum	quorum
여격	cui	cui	cui	quibus	quibus	quibus
대격	quem	quam	quod	quos	quas	quae
탈격	quo	qua	quo	quibus	quibus	quibus

2. 관계 대명사의 용법

1) 관계 대명사는 선행사(주문 속의 명사 혹은 대명사)와 성, 수가 일치하지만 관계 대명사의 격은 그 관계문 속에서 관계 대명사가 어떤 역할을 하느냐에 따라서 정해진다.

Puella quae in horto ambulat est amicus meus.
(정원을 걷고 있는 소녀는 내 친구이다) 〔quae는 선행사 puella와 일치하므로 여성단수이고 ambulat의 주어이기 때문에 주격이다〕

Homo quem vides est frater regis
(당신이 본 사람은 왕의 동생이다) quem은 남성단수이고 vides의 목적어이므로 대격이다〕

2) 선행사는 반드시 관계 대명사 앞에만 오지는 않는다.

Quod dicit, id credit. (그는 그가 말한 것을 믿었다) 〔id는 선행사이고 quod는 관계대명사이다〕

3) 전치사는 관계대명사 앞에 놓인다.

castra, ex quibus venimus, erant magna.

(우리들이 <그곳으로부터> 나온 진지는 거대하였다) 선행사 castra는 중성복수이므로 quibus가 중성복수이고 ~로부터의 뜻을 가진 전치사 ex는 탈격 지배 전치사이므로 quibus는 중성복수 탈격이 되었다]

♟ Academic Degrees and Terms

cum laude, with praise, Given with a diploma that has been earned with a grade of work higher than ordinary.

magna cum laude, with great praise.

summa cum laude, with highest praise.

Alumnus, pl. Alumni, male graduate or graduates.

Alumna, pl. Alumnae, female graduate or graduates.

Alma Mater, Foster Mother. Refers to one's school or college.

A.M. or M.A., Artium Magister, Master of Arts.

B.A. or A.B., Baccalaureus Artium, Bachelor of Arts.

B.Sc., Baccalaureus Scientiae, Bachelor of Science.

D.D., Divinitatis Doctor, Doctor of Divinity.

D.Litt. or Litt.D., Doctor Litterarum, Doctor of Literature or Letters.

M.D., Medicinae Doctor, Doctor of Medicine.

Ph.D., Philosophiae Doctor, Doctor of Philosophy.

LL.D., Legum Doctor, Doctor of Laws.

D.M.D., Dentariae Medicinae Doctor, Doctor of Dental Medicine.

☺ 어휘

qui, quae, quod 어느, 무슨, 어떤 ex 에서[부터], (어디를 출발하여);부터, 이래로 줄곧 castra, orum, n.pl. 진영, 군막, 병영 beatus, a, um 축복 받은, 복된, 은혜 받은 hortus, i, m. 정원, 동산; [pl.]공원 laetus, a, um 기쁜, 즐거운 regis 왕의 dico, dixi, dictum, ere 말하다 id 그가 conspicio, spexi, spectum, ere 보다, 살피다 fugio, fugi, fugitum, ere 도망하다, 도주하다; 피신하다 latus, a, um 넓은, 광대한

☑ 연 습 문 제

I. 다음을 우리말로 옮기시오

1. Vir quem video.

2. Puella cui aquam do.

3. Puella, quae in horto ambulat, est amicus meus.

4. Homo, qui amat Deum, beatus est.

5. Dominus, quem amo, filius Dei est.

6. Templum, ex quo venimus, erant magna.

7. Video puellam quae ambulat in horto.

8. Puer qui laudatur est laetus.

9. Homo quem vides frater regis.

10. Quod dicit, id credit.

11. Navis cuius nomen conspicere non possumus ad Italiam navigat.

12. Flumen ad quod fugiebant erat altum latumque.

13. Viri quorum filios vides sunt amici.

제17과 의문문

의문문에는 의문대명사, 의문형용사, 의문부사가 쓰일 뿐 아니라, 의문을 나타내는 의문접사[조사]를 사용하기도 한다. 의문문은 의문사를 포함하는 것과 포함하지 않는 것의 2가지로 나누어진다.

의문대명사란?

의문대명사는 의문을 나타내는 대명사이며 명사로도 쓰이고 형용사로도 쓰인다. 형용사적으로 쓰일 때는 의문형용사가 된다.

Quis ? *m. f.* (who ?) 누구?   Quid ? *n.* (what ?) 무엇?

	단 수			복 수		
	m.	*f.*	*n.*	*m.*	*f.*	*n.*
주격	quis	quis	quid	qui	quae	quae
속격	cujus	cujus	cujus	quorum	quarum	quorum
여격	cui	cui	cui	quibus	quibus	quibus
대격	quem	quam	quid	quos	quas	quae
탈격	quo	qua	quo	quibus	quibus	quibus

2. 의문대명사의 용법

단수 남성과 여성의 형태가 똑같다. 언제나 문장 첫 머리에 놓인다. 그러나 전치사와 함께 쓰이는 경우에는 그 전치사는 의문 대명사 앞에 놓인다. quis와 quid는 순전히 대명사로 사용된다. 그러나 qui, quae, quod(어느, 무슨)는 형용사로 사용된다. 그러므로 의문형용사라고도 한다. cum(~와 함께, 더불어)만은 탈격의 의문대명사 꼬리에 붙여 쓰기도 한다.

Quis est Augustus? 아우구스투스는 누구인가?
Quis homines creavit? 누가 사람을 창조하였느냐?
Quem vidistis, pastores? 목동들아, 누구를 보았느냐?
Cui desideras nuntiare hoc factum? 이 사실을 누구한테 알리기를 원하는가?
Cuius haec navis est? 이 배는 누구의 것인가?

Quo vadis?　어디로 가느냐?

Quocum ambulavisti in horto publico?　너는 공원에서 누구와 함께 산보를 했지?

Quocum(또는 Cum quo) ambulavisti?　너는 누구와 함께 다녔느냐?

의문형용사의 용법

사람과 사물의 성질을 묻는 형용사이며 수식하는 명사와 성, 수, 격이 일치해야 한다

Qui? *m.* Quae? *f.* Quod? *n.* (which, what?)　어느, 무슨, 어떤?

	단　수			복　수		
	m.	*f.*	*n.*	*m.*	*f.*	*n.*
주격	qui	quae	quod	qui	quae	quae
속격	cujus	cujus	cujus	quorum	quarum	quorum
여격	cui	cui	cui	quibus	quibus	quibus
대격	quem	quam	quod	quos	quas	quae
탈격	quo	qua	quo	quibus	quibus	quibus

N.B. 고전 문장에서는 남성 주격으로 qui 대신 quis, 여성 주격도 quae 대신 qua를 볼 수 있다.

qui vir?　(which man?)

quae puella?　(which girl?)

quod bellum　(what war?)

Qui discipulus est optimus?　(어느 학생이 제일 우수하냐?)

Quae animalia tunc in terra et in mari vivenbant?

(그 당시 땅과 바다에는 무슨 동물들이 살고 있었던가?)

4. 의문부사

Ubi? 어디에? (where?)　Unde? 어디에서?　Quo? 어디로?　Qua? 어디를 거쳐서?

Quando? 언제?　Quamdium? 얼마 동안?　Quotiens? 몇 번이나?

Quomodo? Quemadmodum? 어떻게?　Quam? 얼마나?

Cur auxilium nostrum imploravisti?

(왜 너는 우리들의 도움을 간절히 원했느냐?)

Ubi estis, amici?

(친구들아, 너희들은 어디에 있니?)

Cur curris?

(why are you running?)

간접 의문문

간접 의문문이란 화자의 의문을 표현하는 문장이다. 직접의문문과 마찬가지로, 간접 의문문도 의문대명사나 ubi, cur 등과 같은 의문부사에 의하여 이끌어진다. 간접의문문을 시작하는 동사를 주동사(leading verbs)라고 부른다. 따라서 간접의문문의 부분은 주동사(지각동사, 설화동사)의 목적어의 역할을 하는 속문이다.

직접의문문	간접의문문
Quis es?	Scio quis sis
(당신은 누구인가?)	(나는 당신이 누구인가를 안다)
Quid pater meus agit?	Miror quid pater meus agant.
(나의 아버지는 무엇을 하고 계시는가?)	(나는 내아버지가 무엇을 하고 계시는지 알고 싶다)
Ubi fuisti?	Dic mihi ubi fueris.
(너는 어디에 있었느냐?)	(네가 어디에 있었는지 내게 말해다오)
Cur profecta est?	Quaesivit cur profecta esset.
(왜 그녀는 출발했는가?)	(그는 왜 그녀가 출발했는가를 물었다)
Quem vidisti?	Scio quem videris.
(당신은 누구를 보았는가?)	(나는 당신이 누구를 보았는가를 안다)

☺ 어휘

cum ~와 함께 creo, avi, atum, are 창조하다, 창작하다, 낳다 pastor, oris, m 목자, 목동; 주교 desidero, avi, atus, are 열망하다 factum, i, n. 사실, 행위; 사건 publicus, a, um 공공의, 공적인, 공중의 optimus, a, um 가장 좋은, 가장 착한, 최선의, 최적의 tunc 그 때에, 당시에, 동시에 ubi 어디에, 어느곳에 unde 어디로부터, 어디서(부터) cur 왜, 어째서,…할[하는]이유 imploro, avi, atum, are 탄원하다, 애원하다, 간청하다 curro, cucurri, cursum, ere 뛰다, 달리다, 질주하다 ago, egi, actum, agere 하다, 행하다, 활동하다 proficiscor, fectus sum, sci 출발하다, 떠나다 miror, atus sum, avi 이상히 여기다, 놀라다 quomodo 어떻게? 어떤 모양[방법]으로? quot 얼마냐? 몇? 얼마나 많은? studeo, dui, ere 공부하다, 몰두하다, 노력하다 acetum, i, n. 식초; 신랄한 비판 ago, egi, actus, agere 이끌다, 인도하다, 활동하다 dico, dixi, dictum, ere 말하다, 긍정하다 quaero, quaesivi, situm, ere 찾다; 묻다, 물어보다

☑ 연습문제

I. 다음을 번역하시오(의문대명사)

1. Quis est hic?

2. Quis est haec?

3. Quid est hoc?

4. Quis hunc mundum creavit?

5. Cuius librum Tacitus tibi dedit?

6. Cui librum Suetonius dedit?

7. Quis venit?

8. Qui sunt?

9. Quid tu studes?

II. 다음을 번역하시오(의문형용사)

1. quod oppidum?

2. qui homo?

3. in quibus locis?

4. quo tempore?

5. quibuscum militibus?

6. quorum civium?

7. Quota hora est?

8. Quot sunt pueri in horto?

9. Quot annos tu habes?

III. 다음을 번역하시오(의문부사)

1. Ubi est Italia?

2. Quo vadis?

3. Quando venisti?

4. Quomodo te habet?

5. Quidnam est Deus?

6. Ecquis venit?

제18과 제4변화 명사(또는 U변화 명사)

제 4변화에 속하는 명사는 -u-어간을 갖는 명사들이다. 그러므로 u변화라고도 한다. 단수주격이 -us 또는 -u로 끝난다. -us로 끝나는 명사는 대부분 남성이고 일부는 여성이다. 또 -u로 끝나는 것은 모두 중성이다. 그러나 -us 로 끝나는 명사라고 모두 제4변화 명사는 아니다. 제 2변화, 제 3변화 명사도 -us로 끝나기 때문이다.

제4변화 명사의 변화표

fructus, us *m.* 열매, 결실

격	단 수	복 수
주격	fructus	fructus
속격	fructus	fructuum
여격	fructui	fructibus
대격	fructum	fructus
탈격	fructu	fructibus

domus, us *f.* 집, 가정

격	단 수	복 수
주격	domus	domus
속격	domus	omuum, domorum
여격	domui, domo	domibus
대격	domum	domus, domos
탈격	domu, domo	domibus

cornu, us *n.* 뿔

격	단 수	복 수
주격	cornu	cornua
속격	cornus	cornuum

여격	cornu	cornibus
대격	cornu	cornua
탈격	cornu	cornibus

☺ 어휘

fructus, um, *m.* 열매, 과실; 수입 domus, us, *f.* 집, 주택; 본국, 고향 cornu, us, *n.* 뿔casus *m.* 사건, 사고, 경우 exercitus, us, *m.* 군대, 군, 무리 domus, us, *f.* 집, 가정 manus, us, *f.* 손, 필적 spiritus, us, *m.* 바람, 호흡, 영혼, 정신 lacus, us, *m.* 호수, 물통 cornu, us, *n.* 뿔, 촉각 gelu, us, *n.* 얼음, 한랭, 소름 tribus, us, *f.* 부족, 종족, 씨족 perniciosus, a, um 해로운, 위험한 passus, us, *m.* 발걸음 ab 에서, 로 부터

☑ 연습문제

I. 다음을 번역하시오

1. Exercitus Romanae impetum in ordines Gallorum fecit.

2. Voluptas sensibus iucunda, corporibus perniciosa est.

3. Ab domo mea ad ecclesiam via est quattuor milia passuum longa.

4. Cornua multorum animalium acuta sunt.

5. Domus mea mille passus ab schola abest.

제19과 제5변화 명사

제5변화 명사는 -e 어간 명사이다. meridies(정도), dies(날)을 제외하고 모두가 여성이다. 그러나 dies는 'an appointed day'를 의미하는 경우에서 단수는 여성이 될 수 있다. 5변화 명사는 단수 주격 어미와 복수 주격 어미가 모두 -es로 끝난다. 주격 단수가 -es로 끝나는 명사 가운데도 3변화 명사가 있다. 그러므로 -es로 끝나는 명사는 그 소유격 단수의 어미를 보고, 그 변화가 5변화인지 3변화인지를 판별해 낼 수 있다.

제 5변화 명사의 변화표

	res, *f.*, 사물, 일, 물건	dies, *m. f.*, 날, 낮	어미
단수 주격	res	dies	-es
속격	rei	diei	-ei
여격	rei	diei	-ei
대격	rem	diem	-em
탈격	re	die	-e
복수 주격	res	dies	-es
속격	rerum	dierum	-erum
여격	rebus	diebus	-ebus
대격	res	dies	-es
탈격	rebus	diebus	-ebus

☺ 어휘

res, rei, *f.* 일, 사물, 것; 물건; 사실, 진실   dies, ei, *m. f.* 날, 하루, 날짜; 낮 facies, ei, *f.* 얼굴, 용모, 외관   planities, ei, *f.* 평지, 벌판, 평야, 평원   fides, ei *f.* 믿음, 신의   spes, ei *f.* 희망   materies, ei *f.* 물질, 재료   siries, ei, *f.* 차례, 열 meridies, ei, *m.* 정오

☑ 연습문제

I. 다음 문장을 우리 말로 옮겨라

1. Noster exercitus maiorem partem noni diei in castris remansit, quod nullam spem victoriae habuit.

2. Constantinus castra magna in planitie posuit.

3. Fides, spes, caritas sunt virtutes principales.

4. In re publica Romana potestas consulum summa erat.

5. Vita humana longam seriem dierum laetorum et infelicium habet.

6. Hieme dies sunt multo breviores quam aestate.

7. Lux diei captivis gratissima fuit et novam spem salutis dedit.

8. Hieme dies breves, noctes longae sunt.

9. Hora est parva pars diei.

제20과 동사의 수동태 : 직설법 현재, 미완료, 미래

지금까지 동사의 능동태 용법을 배웠으니 이제 타동사의 수동태 용법을 배워 익히기로 한다. 수동태를 만들려면 현재어간, 미완료어간, 미래어간에 능동태 어미 대신 수동태 어미를 붙인다.

수동태 인칭 어미

인 칭	단 수	복 수
1인칭	-r	-mur
2인칭	-ris(-re)	-mini
3인칭	-tur	-ntur

2. 수동태 인칭변화의 보기

제 1변화 동사 **amo** (어간: **ama-**)의 수동 변화

	현재	과거	미래
	1. amor	amabar	amabor
	나는 사랑을 받는다	나는 사랑을 받았다	나는 사랑을 받을 것이다
	(I am loved)	(I was loved)	(I shall be loved)
단수	2. amaris(-re)	ambaris(-re)	amaberis(-re)
	3. amatur	amabatur	amabitur
	1. amamur	amabamur	amabimur
복수	2. amamini	amabamini	amabimini
	3. amantur	amabantur	amabuntur

☺ Familiar Quotations

Mens sana in corpore sano, A sound mind in a sound body. *Juvenal*

Carmina morte carent, Songs do not die. *Ovid*

Nil homini certum est, Nothing is certain for man. *Ovid*

Virtus praemium est optimum, Virtue is the best reward. *Plautus*

Omnia praeclara rara, All the best things are rare. *Cicero*

Possunt quia posse videntur, They can because they think they can. *Virgil*

Alea iacta est, The die is cast. *Caesar*

☺ 어휘

paucus, a, um 적은, 소수의 proelium, i, *n.* 전쟁 pauci, ae *pl.* 약간의   proelium, i, *n.* 전쟁 signum, i, *n.* 신호 praesidium, i, *n.* 방어, 보호, 수호 ne 아니 neque A neque B A도 B도 아니다 auxilium, i, *n.* 원조 duco 끌다 finitimus, a, um 이웃의, 부근의 socius, i, *m.* 동료, 동맹가 *pl.* 동맹군, 연합군 appello, avi, atum, are 말 건네다, 인사하다

☑ 연 습 문 제

I. 다음을 번역하시오

1. Pauca signa proelii in finitimis agris oppidisque videbantur.

2. Neque praesidium neque auxilium a nostris sociis mittitur.

3. Et socii et amici a multis populis appellabantur.

4. Reliqui nautae ad insulam mittentur.

5. Puer equos ducebat; equi a puero ducebantur.

6. Pastor pueros puellasque docebat; pueri puellaeque a magistro docebantur.

7. Neque miles neque captivus in viis videbitur.

8. Poeta a regina laudatur.

제21과 Sum동사의 완료형; Sum의 접속법; Sum의 명령법, 부정사, 미래분사

Sum동사의 완료형은 어근이 미완료형과 판이하게 다르다. 직설법 완료형의 시제 어미변화는 다음과 같다.

수	현재완료	과거완료	미래완료
단 수	1인칭 fui 2인칭 fuisti 3인칭 fuit	fueram fueras fuerat	fuero fueris fuerit
복 수	1인칭 fuimus 2인칭 fuistis 3인칭 fuerunt	fueramus fueratis fuerant	fuerimus fueritis fuerint

2. Sum의 접속법

명확하지 않은 것을 말 할때에는 접속법을 사용한다. 말하는 이의 가정과 추측, 희망 등을 나타낸다. 이 화법 자체가 희망과 염원을 나타내는 미래지향적인 것이므로 미래시제가 따로 없다.

	현재	미완료과거	현재완료
단수	1. sim	essem 또는 forem	fuerim
	2. sis	esses 또는 fores	fueris
	3. sit	esset 또는 foret	fuerit
복수	1. simus	essemus	fuerimus
	2. sitis	essetis	fueritis
	3. sint	essent 또는 forent	fuerint

과거완료

1. fuissem

단수 2. fuisses

3. fuisset

1. fuissemus

복수 2. fuissetis

3. fuissent

Sum의 명령법, 부정사, (미래)분사

1) 명령법

	현재	(미래)분사
단수 2.	es	esto
3.	-	esto
복수 2.	este	estote
3.	-	sunto

2) 부정사, (미래)분사

	부정사	(미래)분사
현재	esse	
현재완료	fuisse	
미래	futurus esse 또는 fore	futurus, -a, -m

♟ Familiar Phrases

per se, by itself, of itself; by its own force.

modus vivendi, manner of living(often temporary).

post scriptum, written after. Abbreviated, **P.S. or p.s.**

inter nos, among us, among ourselves.

sine qua non, something indispensable or necessary. Literally, without which not.

status quo or status in quo, the state in which. That is, the existing conditions.

cum grano salis, with a grain of salt.

☑ 연 습 문 제

I. 다음을 번역하시오

1. Es puella bona!

2. Este puellae bonae!

3. Es homo bonus!

4. Este homines boni!

5. Esto vigilans.

6. Estote autem factores verbi.

제22과 동사의 능동태 완료시제

현재완료

완료어간에 현재완료 인칭어미가 붙은 것이 현재완료이다.

1) 제 1, 2, 3, 4변화 동사의 현재 완료 능동 인칭어미

인 칭	단 수	복 수
1인칭	-i	-imus
2인칭	-isti	-istis
3인칭	-it	-erunt

2) 제1변화 동사의 현재완료 능동인칭 변화

(1) sum(완료어간은 fu-이다)의 현재완료

인칭	단수	복수
1인칭	fu-i	fu-imus
	(I have been, I was)	(we have been, we were)
2인칭	fu-isti	fu-istis
	(네가 있어왔다)	(너희들이 있어왔다)
3인칭	fu-it	fu-erunt
	(그가 있어왔다)	(그들이 있어왔다)

(2) amo(완료어간은 amav-이다)의 현재완료

인칭	단수	복수
1인칭	amav-i	amav-imus
	(I have loved, I loved)	(we have loved, we loved)
2인칭	amav-isti	amav-istis
	(너는 사랑해 왔다)	(너희들은 사랑해왔다)

3인칭	amavit	amav-erunt
	(그는 사랑해왔다)	(그들은 사랑해왔다)

N.B. 현재 완료 능동인칭변화는 동사의 종류에 관계없이 완료어간에 현재완료 능동인칭어미를 붙이면 얻어지기 때문에 제 2, 3, 4변화동사의 현재완료 능동인칭변화는 앞에서 살펴본 제 1변화 동사의 인칭변화와 같다.

과거완료 및 미래완료

　과거완료형은 과거의 어느 시점을 기준으로 어느 행위나 사건이 이미 발생하였거나 완료되었음을 표현하며, 미래완료형은 미래의 어느 시점을 기준으로 그 사건이나 행위가 이미 발생 또는 완료되었음을 표현한다. 과거완료형은 동사의 완료어간에 sum 동사의 과거형 eram의 변화형을 붙이면 얻어지며 미래완료형은 동사의 완료어간에 sum 동사의 미래형 ero의 변화형을 붙이면 얻어진다.

1) sum(완료어간은 fu-이다)의 과거완료 및 미래완료

		과거완료	미래완료
	1.	fu-eram	fu-ero
		(I had been 나는 있었다)	(I shall have been 나는 있었을 것이다)
단수	2.	fu-eras	fu-eris
	3.	fu-erat	fu-erit
	1.	fu-eramus	fu-erimus
복수	2.	fu-eratis	fu-eritis
	3.	fu-erant	fu-erint

2) amo(완료어간은 amav-이다)의 과거완료 및 미래완료

		과거완료	미래완료
	1.	amav-eram	amav-ero
		(I had loved 나는 사랑했었다)	(I shall have loved 나는 사랑 했었을 것이다)
단수	2.	amav-eras	amav-eris
	3.	amav-erat	amav-erit
	1.	amav-eramus	amav-erimus
복수	2.	amav-eratis	amav-eritis
	3.	amav-erant	amav-erint

3) 과거완료 및 미래완료 능동인칭변화는 제 1, 2, 3, 4변화 동사를 통해서 동일하기 때문에 제 2, 3, 4변화동사의 과거완료 및 미래완료 능동인칭변화는 1인칭 단수형만 열거한다.

동사의 종류	과거완료	미래완료
2.	monu-eram (나는 충고 했었다)	monu-ero (나는 충고하였을 것이다)
3-A.	vex-eram (나는 지배 했었다)	vex-ero (나는 지배하였을 것이다)
3-B.	cep-eram (나는 잡았다)	cep-ero (나는 잡았을 것이다)
4.	audiv-eram (나는 들었었다)	audiv-ero (나는 들었을 것이다)

♟ Familiar Abbreviations

A.D., **Anno Domini**, in the year of (our) Lord.

a.m., **ante meridiem**, before noon.

p.m., **post meridiem**, after noon.

cf., **confer**, compare.

et al., **et alibi**, and elsewhere; **et alii**, and others.

vs., **versus**, against.

c., **circ.**, **circa**, **circum**, about. Used with dates.

☺ 어휘

moneo, ui, itum, ere 권고하다, 충고하다 vexo, avi, atum, are 박해하다, 모질게 굴다 capio, cepi, captum, ere 잡다, 붙잡다 audio, ivi, itum, ire 듣다, 경청하다 oppidum, i, *n.* 도시, 읍 excedo, cessi, cessum, ere 나가다, 떠나다 debeo, ui, itum, ere …해야 한다 amitto, misi, missum, ere 잃어버리다, 분실하다

☑ 연 습 문 제

I. 다음을 번역하시오

1. Ex oppido excedo et ad agros silvasque propero.

2. Properare debeo, quod periculum nunc est magnum.

3. Pro patria ad pugnam processimus.

4. Pro ecclesia laboraverunt et pecuniam donaverunt.

5. Puella in via librum amisit.

6. Multi vitam in bello amiserunt sed magnam gloriam acceperunt.

7. Captivi ad finitima castra sine armis processerunt.

8. Nuntium ad provinciam miserimus.

제23과 동사의 수동태 완료시제

네 가지 변화 동사 전부가 그 수동태 완료형 시제를 만들기는 매우 쉽다. 과거분사 뒤에 sum 동사의 현재, 과거 및 미래변화형을 첨가하면 민들어 진다.

amo의 수동형

amo 나는 사랑한다 → amatus 과거분사〉 사랑받는

amatus(남성), -a(여성), -um(중성) sum 나는 사랑을 받는다

2. 수동태 완료형 인칭변화

1) amo(과거분사: amatus)의 현재완료 수동태

amatus, -a, -um sum	나는 사랑받아 왔다(I have been loved).
amatus, -a, -um es	너는 사랑받아 왔다.
amatus, -a, -um est	그는 사랑받아 왔다.
amati, -ae, -a sumus	우리들은 사랑받아 왔다(we have been loved).
amati, -ae, -a estis	당신들은 사랑받아 왔다.
amati, -ae, -a sunt	그들은 사랑받아 왔다.

2) amo(과거분사: amatus)의 과거완료 수동태

amatus, -a, -um eram	나는 사랑받아 왔었다(I had been loved).
amatus, -a, -um eras	너는 사랑받아 았었다.
amatus, -a, -um erat	그는 사랑받아 왔었다.
amati, -ae, -a eramus	우리들은 사랑받아 왔었다(we had been loved).
amati, -ae, -a eratis	너희들은 사랑받아 왔었다.
amati, -ae, -a erant	그들은 사랑받아 왔었다.

3) amo(과거분사: amatus)의 미래완료 수동태

amatus, -a, -um ero 나는 사랑받아 왔을 것이다(I shall have been loved) amatus, -a, -um eris　너는 사랑받아 왔을 것이다.

amatus, -a, -um erit　 그는 사랑받아 왔을 것이다.

amati, -ae, -a　erimus 우리들은 사랑받아 왔을 것이다.

amati, -ae, -a　eritis　 너희들은 사랑받아 왔을 것이다.

amati, -ae, -a　erunt　 그들은 사랑받아 왔을 것이다.

4) 수동태 완료형의 인칭변화

수동태 완료형의 인칭변화는 동사의 종류(제1, 2, 3, 4변화)에 관계없이 동사의 과거분사의 성, 수 변화에 sum 동사의 현재, 과거 및 미래변화를 첨가하면 만들어지기 때문에 제 2, 3, 4변화 동사의 수동태 완료 인칭변화는 1인칭 단수만을 열거한다.

동사의 종류	과거완료	미래완료
2.	monitus, -a, -um eram	monitus, -a, -um ero
3-A.	rectus, -a, -um eram	rectus, -a, -um ero
3-B.	captus, -a, -um eram	captus, -a, -um ero
4.	auditus, -a, -um eram	auditus, -a, -um ero

수동태 부정형

현재 수동태 부정형(to be loved)은 제 1, 2, 4변화 동사에서는 능동부정형 어미 re를 ri로 바꾸면 만들어지고 제3변화 동사에서 e+re를 한묶음해서 -i로 바꾸면 얻어진다.

	제1변화	제2변화	제3변화	제4변화
능동부정형	ama-re	mone-re	A rege-re B cape-re	audi-re
수동부정형	ama-ri	mon-eri	A reg-i B cap-i	audi-ri

☺ 어휘

monitum, i, *n.* 권고, 충고, 훈계 rectus, a, um 곧은, 똑바른; 옳은, 바른; 정확한 captus, us, *m.* 잡음, 포획, 포착;점유, 점령 capio 잡다, 붙잡다, 점령하다, 획득하다 scribo, scripsi, scriptum, ere 쓰다, 새기다 accipio, cepi, ceptum, cipere 받다, 영수하다, 받아 들이다; 알아 듣다 finio, ivi, itum, ire 마치다, 끝내다; 경계를 정하다 sub 아래, 밑에; 가까이, 곁에; 쪽에 servio, ivi, itum, ire 섬기다, 봉사하다, 시중들다, 돌보다 tamen 그러는 동안, 그렇지만, 그러나; 마침내 ad 에, 으로; 에까지; 에게로, 한테로; 위하여, 때문에 semper 늘, 항상, 언제나, 내내 multo, multatus 벌하다 exilium, i, *n.* 추방 educo, eductus 끌고가다 traho, tractus 끌어당기다 per ~을 통과하여(대격 지배전치사) tamen 그럼에도 불구하고 carrus, i, *m.* 손 수레

☑ 연습문제

I. 다음을 번역하시오

1. Femina a puero sub aquam tractus erat, sed et femina et puer servatisunt.

2. Urbs a Faustulus servata erat, tamen exilio multatus est.

3. Cibi a carris ad castra portata sunt.

4. Captivi ex oppido per agros latos educti erunt.

5. Puellae a magistro semper laudati erant.

제24과 형용사의 비교급과 최상급(1)

모든 라틴어 형용사에는 원급, 비교급, 최상급 등 3가지 급이 있다. 라틴어 형용사는 명사 제 1, 2변화를 따르는 형태와 명사 제 3변화를 따르는 형태, 즉 두 가지 유형의 어미변화를 한다.

비교급 만들기

형용사의 비교급은 원급형용사의 어간에 -ior(남성, 여성), -ius(중성)를 붙여 만든다.
e.g., clarus, -a, -um 유명한 〉 *m. f.* clar-ior, n. clar-ius 더욱 유명한
  (어간: clar-)

2. 비교급의 격변화

형용사의 비교급은 제 3변화 명사 같이 변화한다. 남성과 여성은 victor의 변화를 따르고 중성은 tempus의 변화를 따른다.

	단 수		복 수	
	m. f.	*n.*	*m. f.*	*n.*
주격	clarior	clarius	clariores	clariores
속격	clarioris	clarioris	clariorum	clariorum
여격	clariori	clariori	clarioribus	clarioribus
대격	clariorem	clarius	clariores	clariores
탈격	clariore	clariore	clarioribus	clarioribus

3. 최상급 만들기

형용사의 최상급은 형용사의 어간에 비교급의 -ior, -ius 대신에 -issimus(남성), -issima(여성), -issimum(중성)을 붙여 만든다.

E.g., clarus -a, -um 유명한 〉 clar-issimus, -a, -um 가장 유명한

4. 최상급의 격변화

형용사의 최상급은 제 1, 2변화 명사같이 변화한다(bonus, -a, -um의 변화를 따라 변한다).

수	격	m.	f.	n.
단수	주격	clarissimus	clarissima	clarissimum
	속격	clarissimi	clarissimae	clarissimi
	여격	clarissimo	clarissimae	clarissimo
	대격	clarissimum	clarissimam	clarissimum
	탈격	clarissimo	clarissima	clarissimo
복수	주격	clarissimi	clarissimae	clarissima
	속격	clarissimorum	clarissimarum	clarissimorum
	여격	clarissimis	clarissimis	clarissimis
	대격	clarissimos	clarissimas	clarissima
	탈격	clarissimis	clarissimis	clarissimis

☑ 연습문제

I. 다음 형용사의 비교급과 최상급을 만드시오

longus, a, um (long)

fortis, e (brave)

felix, felicis (happy)

potens, potentis (powerful)

sapiens, sapientis (wise)

제25과 형용사의 비교급과 최상급(2)

주격 단수가 -er, -a, -um으로 끝나는 형용사와 -er, -is, -e로 끝나는 형용사의 비교급은 앞에서 언급한 방법에 따라 만들어지며 최상급은 원급형용사의 어간에 -imus, -a, -um을 붙여서 만든다. 비교급은 제 3변화 명사같이 변화하고 최상급은 제1. 2변화 명사 같이 변화한다.

비교급과 최상급 만들기

원 급	비 교 급	최 상 급
liber, libera, liberum (어간:liber-) 자유로운	liberior, liberius	liberimus, -a. -um
pulcher, pulchra, pulchrum (어간:pulchr-) 아름다운	pulchrior, -ius	pulcherrimus, a, um
acer, acris, acre (어간: acr-) 예리한	acrior, acrius	acerrimus, a, um

2. -ilis, -ile로 끝나는 형용사의 비교급과 최상급 만들기

-ilis, -ile로 끝나는 다음 6개의 형용사의 비교급은 어간에 이미 언급한 어미(-ior, -ius)를 붙여서 만들고, 최상급은 어간에 -limus, -a, -um을 붙여 만든다. 어간은 -is나 -e를 제거하면 얻어진다.

원 급	비 교 급	최 상 급
facilis, -e 쉬운	facilior, facilius	facillimus, -a, -um
difficilis, -e 어려운	difficilior, -ius	difficillimus, -a, -um
similis, -e 비슷한	similior, -ius	simillimus, -a, -um
dissimilis, -e 다른	dissimilior, -ius	dissimillimus, -a, -um
humilis, -e 낮은	humilior, humilius	humillimus, -a, -um
gracilis, -e 얇은	gracilior, gracilius	gracillimus, -a, -um

그러나 -ilis, -ile로 끝나는 다음의 형용사는 어간에 -issimus, -a, -um을 붙여 최
상급을 만든다.

원 급	비 교 급	최 상 급
nobilis, -e 고상한	nobilior, nobilius	nobilissimus, -a, -um
utilis, -e 유익한	utilior, utilius	utilissimus, -a, -um

불규칙 비교급과 최상급을 갖는 형용사들

비교 형태들이 매우 불규칙하여 단지 암기하는 수 밖에 다른 도리가 없는 몇몇 형용
사들은 가장 많이 사용되는 어휘들임을 고려할 때 더욱 중요하다.

원 급	비 교 급	최 상 급
bonus, -a, -um (good)	melior, -ius (better)	optimus, -a, -um (best)
magnus, -a, -um (great)	melior, -ius (greater)	maximus, -a, -um (greatest)
malus, -a, -um (bad)	perior, -ius (worse)	pessimus, -a, -um (worst)
multus, -a, -um (much)	plus (more)	plurimus, -a, -um (most)
parvus, -a, -um (small)	minor, minus (smaller)	minimus, -a, -um (smallest)

☺ School Mottoes

Detur gloria soli Deo. Let glory be given to God alone. *Dulwich College and Alleyn's School*

Sapere aude. Dare to be wise. *Manchester Grammar School*

Homo plantat, homo irrigat sed Deus dat incrementum. Man plants, man waters but it is God who gives increase. *Merchant Taylors' School*

Dura virum nutrix. Hard nurse of men. *Sedbergh School*

Fons vitae sapientia. Wisdom is the fount of life. *Trent College*

Vincit qui patitur. He that endures conquers. *Whitgift School*

Aut vincere aut mori. Either to conquer or to die. *Wrekin College*

☺ 어휘

원급	비교급	최상급

difficilis, e 어려운, 힘든, 곤난한 similis, e 비슷한, 닮은 dissimilis, e 다른, 닮지 않은 humilis, e 낮은; 겸손한, 소박한 gracilis, e 가늘고 긴, 얇은 nobilis, e 고상한; 알려진 utilis, e 유용한, 유익한, 필요한 melior, ius 더 좋은, 더 나은 quam ...보다, ...만큼 aestas, atis, f. 여름 hiems, emis, f. 겨울; 추위 jucundus, a, um 유쾌한, facilis, e 쉬운, 수월한 orator, oris, m. 웅변가, 연설가 infelix, licis 불행한, 불운한 beatus, a, um 축복 받은, 복된, 행복한 pauper, eris 가난한, 빈궁한 pauperes 가난한 이들 optimus, a, um 가장 좋은, 제일 훌륭한 maximus, a, um 제일 큰, 최대의, 가장 큰

☑ 연습 문제

원급	비교급	최상급
bonus, -a, -um (good)	melior, -ius (better)	optimus, -a, -um (best)
magnus, -a, -um (great)	major, -ius (greater)	maximus, -a, -um (most)
malus, -a, -um (bad)	pejor, -ius (worse)	pessimus, -ius (worst)
multus, -a, -um (much)	plus (more)	plurimus, -a, -um (most)
parvus, -a, -um (small)	minor, -ius (smaller)	minimus, -a, -um (smallest)

I. 다음을 번역하시오

1. Pax melior est quam bellum.

2. Aestas hominibus iucundior est quam hiems.

3. Cicero fuit orator optimus et clarissimus Romanorum.

4. Hic equus similior meo est quam ille.

5. Multi homines divites sunt infelicissimi, multi pauperes sunt beatissimi.

☺ School Mottoes

Detur gloria soli Deo. Let glory be given to God alone. *Dulwich College and Alleyn's School*

Sapere aude. Dare to be wise. *Manchester Grammar School*

Homo plantat, homo irrigat sed Deus dat incrementum. Man plants, man waters but it is God who gives increase. *Merchant Taylors' School*

Dura virum nutrix. Hard nurse of men. *Sedbergh School*

Fons vitae sapientia. Wisdom is the fount of life. *Trent College*

제26과 부사

부사란? 형용사, 동사 및 다른 부사의 뜻, 정도, 모양 같은 것을 밝히고 제한해 주는 품사이며 대부분의 부사들은 형용사로부터 만들어진다. 부사는 흔히 동사의 앞이나 뒤에 오지만 라틴어에서 부사는 그것이 수식하는 단어 앞에 오는 것이 일반적인 법칙이다. 넓은 의미로는, 동사의 직접 목적어나 간접 목적어(속격, 여격, 탈격목적어)가 아니면서 동사와 직접 연관되는 문장의 모든 구성소를 부사어(adverbiale)라고 부른다. 언어 발달사의 관점에서 보면 전치사와 접속사도 일종의 부사다.

부사의 종류

1) **장소의 부사** - '어느 곳'에 대한 대답. 예) hic(이곳), illic(그곳), hinc(이곳부터)
2) **때의 부사** - '어느 때'에 대한 대답. 예) tum(그때), nunc(지금), saepe(때때로)
3) **상태의 부사** - '어떤 모양으로'에 대한 대답. 예) sic(이렇게, 이와 같이), bene(잘, 좋게), male(나쁘게), ita(이렇게), tam(그렇게),
4) **정도의 부사** - '어느 정도, 얼마나'에 대한 대답. 예) paulo(작게), paene(거의), satis(충분히)
5) **모양, 의사의 부사** - 긍정이나 부정, 확실 등을 나타낸다. 예) non(아니), certe(확실히), forsitan(아마, 만일)

2. 부사를 만드는 방법

제1. 2변화 형용사에서 부사를 만들어 내려면 어간에 -e를 붙이고 제 3변화 형용사에서 부사를 만들어 내려면 어간에 -iter를 붙인다.

1) 제1, 2변화 형용사

형 용 사	어 간	부 사
longus, -a, -um	long-	long-e 길게
miser, -era, -erum	miser-	misr-e 불행하게

2) 제3변화 형용사

형 용 사	어 간	부 사
fortis, forte	fort-	fort-iter 강하게
audax	audac	audac-iter 대담하게
		(audac-ter)
acer, acris, acre	acr-	acr-iter 예리하게

3) 부사의 비교급과 최상급

부사 중에 성질 형용사에서 유래한 부사들은 형용사에 준하여 비교급과 최상급이 만들어진다. 부사의 비교급은 그것이 파생된 형용사의 비교급 중성단수 주격을 그대로 쓰고, 부사의 최상급은 형용사의 최상급을 사용하되 그 어미 -us(소유격은 -i)를 -e로 바꾼다.(즉 형용사의 최상급을 사용하되 그 어간에 -e를 첨가하여 만든다)

부사 원 급	부사 비교급	부사 최상급
longe	long-ius	longissim-e
libere	liver-ius	liberrim-e
similiter	simil-ius	simillium-e
saepe	saep-ius	saepissim-e
acriter	acr-ius	acerrim-e
feliciter	fellic-ius	felicissim-e
fortiter	fort-ius	fortissim-e

4) 불규칙적으로 만들어 진 비교급과 최상급

형 용 사	부사 원급	부사 비교급	부사 최상급
malus 나쁜	male	poius	pessim-e
bonus 좋은	bene	meius	optim-e
multus 많은	multum	plus	plurim-um
parvus 작은	parum	minus	minim-e
magnus 큰	magnopere	magis	maxim-e

☺ 어휘

similis, e 비슷한, 닮은 similiter 비슷하게 saepe 종종, 가끔 acriter 맹렬하게
feliciter 행복하게 fortis, e 용감한, 용기 있는, 강한 fortiter 용감하게
tracto, avi, atum, are 취급하다, 다루다, 접대하다 assiduo 끈기있게, 꾸준히,
끈질길게 benigne 친절하게, 호의를 갖고 sincere 충심[진심]으로, 성실하게
gratis 거저, 무료로 penitus[te] 철저히, 완전히 ardenter 뜨겁게, 열정적으로
diu 오래(long) diutius 더 오래(longer) rego, rexi, rectum, ere 다스리다, 지
배하다 facilis, e 쉬운, 수월한 facile 어려움 없이

☑ 연습문제

I. 다음을 번역하시오

1. Ille te tractat assidue.

2. Illa me tractat benigne.

3. Ego discipulis doceo sincere.

4. Nos laboratis gratis.

5. Illae laborant penitus.

6. Tu discipulis doces ardentere.

7. Multo diutius manebit.

8. Optime rexisti.

9. Facillime ambulat.

제27과 분사

분사는 동사어간에서 나온 동사적인 형용사로서 동사의 특성과 형용사의 특성을 동시에 가지고 있다. 동사의 특성으로서는 동사처럼 태와 시제를 가지며, 형용사의 특성으로서는 관계하는 명사나 대명사와 성, 수, 격이 일치한다. 분사는 명사나 대명사를 수식하거나 문장에서 술어적으로 쓰인다. 영어의 현재분사(예:loving)와 과거분사(예:loved)에 해당하는 것이 라틴어에서는 현재분사와 완료분사〔과거분사〕이다. 이밖에 미래분사가 있다. 현재분사에는 능동태만 있고 동작이나 상태가 계속하고 있음을 나타내고, 완료분사〔과거분사〕는 수동태만 있고 동작이나 상태가 끝났음을 나타내고, 미래분사에는 능동태와 수동태가 있고 미래에 있을 동작이나 상태를 나타낸다.

예시) amo(사랑하다)의 분사

	능 동 태	수 동 태
현재분사	amans 1)	————
미래분사	amaturus, -a, -um	amandus, -a, -um 2)
완료분사	————	amatus, -a, -um

N.B. 1) 현재분사는 형용사 제 3 변화 형식을 따른다
　　　2) 수동태 미래분사에 대한 별칭은 Gerundivus(동형사)이다. 이것은 명사를 수식하기도 하고, 술어적으로 쓰기도 하며, 또한 관계하는 명사나 대명사에 일치하여 성, 수, 격의 변화를 한다.

현재분사 만들기

현재분사는 제1변화, 제2변화, 제3-A변화는 동사어간에 -ns를 붙이고, 제3-B변화, 제4변화는 현재어간에 -ens를 붙인다.

제1변화 동사 amo의 현재분사: amans　사랑하고 있는

제2변화 동사 moneo의 현재분사: monens　충고하고 있는

제3-A변화 동사 rego의 현재분사: regens　지배하고 있는

제3-B변화 동사 facio의 현재분사: faciens　만들고 있는

제4변화 동사 audio의 현재분사: audiens　듣고 있는

현재분사의 변화

현재분사의 격 변화는 형용사 제3변화의 제3형(x, s, ns, l, r)변화를 따른다. 단수 탈격은 -e로 끝나지만 형용사로 쓰일 경우에는 -i로 쓰인다.

예시) amo의 격 변화

격	단 수		복 수	
	m f.	*n.*	*m. f.*	*n.*
주격	amans	amans	amantes	amantia
속격	amantis	amantis	amantium	amantium
여격	amanti	amanti	amantibus	amantibus
대격	amantem	amans	amantes	amantia
탈격	amante(-i)	amante(-i)	amantibus	amantibus
호격	amans	amans	amantes	amantia

3. 완료분사[과거분사] 만들기

완료분사는 동사의 목적분사 어간에 us, a, um을 붙이며,

형용사 제1, 2변화 형식을 따른다.

제1변화 동사 amo의 완료분사: amatus, a, um   사랑받은

제2변화 동사 moneo의 완료분사: monitus, a, um 충고받은, 권고받은

제3-A변화 동사 rego의 완료분사: rectus, a, um 지배받은

제3-B변화 동사 facio의 완료분사: factus, a, um 만들어진, 이루어진

제4변화 동사 audio의 완료분사: auditus, a, um 들린

4. 미래분사 만들기

1) 미래분사 능동형

능동형은 과거분사어간에 urus, a, um을 붙이고, 형용사 제1, 2변화 형식을 따른다.

제1변화 동사 amo의 미래분사: amaturus, a, um 사랑하려 하는, 사랑할

제2변화 동사 moneo의 미래분사: moniturus, a, um 충고하려 하는, 충고할

제3-A변화 동사 rego의 미래분사: recturus, a, um 지배하려 하는, 지배할

제3-B변화 동사 facio의 미래분사: facturus, a, um 만들려 하는, 만들

제4변화 동사 audio의 미래분사: auditurus, a, um   들으려 하는, 들을

2) 미래분사 수동형

수동형은 동사 제1변화, 제2변화, 제3-A변화는 동사어간에 ndus를 붙이고, 제3-B
변화, 제4변화는 현재어간에 endus를 붙이며, 형용사 제1, 2변화 형식을 따른다.

제1변화 동사 amo의 미래분사: amandus, a, um 사랑을 받아야 할

제2변화 동사 moneo의 미래분사: monendus, a, um 충고를 받아야 할

제3-A변화 동사 rego의 미래분사: regendus, a, um 지배를 받아야 할

제3-B변화 동사 facio의 미래분사: faciendus, a, um 만들어져야 할

제4변화 동사 audio의 미래분사: audiendus, a, um 들어져야 할

분사의 용법

분사는 형용사와 명사로 쓰이고 문장을 단축하는 독립 탈격으로도 쓰인다. 분사의
용법을 현재분사, 완료분사[과거분사], 미래분사로 나누어 설명한다.

1) 현재분사

현재분사는 형용사와 독립 탈격으로만 쓰이고, sum동사와 함께 사용하지 않는다.

Dux milites fortiter pugnates laudavit.

장군은 용감히 싸우고 있는 병사들을 칭찬했다.

2) 완료분사

완료분사는 형용사적으로 쓰기도 하고, 독립 탈격으로 쓰기도 하며, sum동사와 함
께 현재완료, 과거완료, 미래완료 수동형을 만들기도 한다. 또한 완료분사의 중성형 가
운데 어떤 것은 명사로도 사용한다.

Servo accusato dominus discessit. 노예를 책망한 뒤 주인은 사라졌다.

Paulus a Deo filius amatus est. 바울은 하나님으로부터 사랑 받은 아들이다.

Titus amans Deum beatus erat. 하나님을 사랑하는 티투스는 행복하였다.

Captivi, ab hostibus liberati, domum regressi sunt. 포로들은 적들로부터 풀
려나 집으로 돌아갔다.

3) 미래분사 능동태

능동태 미래분사는 sum동사와 함께 사용되고 "하려고 하는" 이라는 미래의 의미를

가지는 동사적 능동 형용사이다.

Amaturus sum. 나는 사랑하려고 한다.

Auditurus eram. 나는 들으려고 했었다.

4) 미래분사 수동태

수동태 미래분사는 "마땅히...되어야 할, ...져야 할, ...받아야 할"이라는 미래의 의미를 가지는 동사적 수동 형용사이다.

Nuntius revocandus est. 사절은 소환되어야 한다.

Liber legendus. 읽혀져야 할 책.

Leges observandae sunt. 법률은 지켜져야 한다.

N. B. laudo(칭찬하다)의 수동태 미래분사 laudandus를 명사로 사용할 경우는 "칭찬 받아야 할 사람"을 뜻하고 형용사로 사용할 때는 "칭찬 받아야 하는"의 뜻이 된다.

A avus laudanda mater mea est. 할아버지로부터 칭찬 받아야 할 사람은 나의 어머니이다.

A Deo mater mea laudanda est. 하나님으로부터 나의 어머니는 칭찬 받아야 한다.

독립 분사 구문

독립 분사 구문의 의미상의 주어는 주문장의 주어와 다르다. 이 분사구문은 문법상 주문장과 직접적인 관계는 없지만 의미상으로 관계가 있는 주문장의 동사의 동작이나 상태등을 나타내기 위해 사용한다. 의미상의 주어를 탈격으로 사용하는 이 구문은 시간, 원인, 조건, 양보 등을 의미한다.

Vento favente, navis in portum venit. 순풍이 불어서 배는 항구에 도착했다.

Deficiente vino, dicit mater Iesu ad eum. 포도주가 부족하므로 예수의 모친이 그에게 말한다.

Perentibus vivis Corinthi vivebamus. 부모님이 살아 계셨을 때에 우리들은 고린도에서 살았다.

♟ Mathematical Terms based on Latin

plus, more, increased by.

minus, less, diminished by.

multiplication, from **multiplicare,** to make manifold or many fold.

division, from **dividere** divide.

subtraction, from **subtrahere,** withdraw, draw from beneath.

addition, from **addere,** add to, or **additio,** adding.

ratio, from **ratio,** reason.,

quotient, from **quotiens,** how often, how many times.

sum, from **summa,** sum or total, or **summus,** highest.

number and numeral, from **numerus,** number.

integer, from **integer,** whole, untoched.

fraction, from **frangere,** break.

per cent, from **per centum,** by the hundred, in the hundred.

☺ 어휘

teneo, tenui, tentum, ere 잡다, 붙잡다, 견지하다 **accuso, avi, atum are** 나무라다, 비난하다; 고발하다 **discedo, cessi, cessum, ere** 해산하다, 물러가다, 사라지다 **regredior, gressus sum, gredi** 뒤로 물러나다 **regressio, onis,** *f.* 후퇴, 퇴보 **regressus, us,** *m.* 후퇴, 물러섬 **revoco, avi, atum, are** 소환하다 **lego, legi, lectum, ere** 읽다, 낭독하다 **beatus, a, um** 행복한, 축복받은 **beatum, i,** *n.* 행복 **possideo** 소유하다, 가지다, 취득하다 **dux, ducis,** *m. f.* 길잡이, 장군, 사령관 **pugno** 싸우다, 전투하다 **pugnans, antis** 싸우는 **moneo, ui, itum, ere** 알려주다, 충고하다 **vox, vocis,** *f.* 음성, 목소리 **auxilium, i,** *n.* 도움, 원조 **discipulus** 학생, 제자, 문하생 **ventus, i,** *m.* 바람, 공기 **ventis faventibus** 순풍이 불어서 **faveo, favi, fautum, ere** 호의를 보이다, 돕다 **vinum, i,** *n.* 포도주 **vino infusus** 술취한 **nobis** 우리에게, 우리의 **nobiscum** 우리와 함께

☑ 연습문제

I. 다음을 우리말로 옮기시오

1. Beati possidentes.
2. Dux milites fortiter pugnantes laudavit.
3. Petrus a Deo filius amatus est.
4. Homo amans Deum beatus erat.
5. Moniturus eram.
6. Amaturus sum.
7. A Deo mater mea amanda est.
8. Voces amicorum regantium auxilium a nobis auditae sunt.
9. Hic discipulus laudandus est.

제28과 재귀 대명사와 재귀 소유사

재귀 대명사들은 대부분 술어에서만 사용되고 주어와 관련된다는 점에서 다른 대명사들과 차이가 있다. 주어가 일으킨 동작이 직접적 혹은 간접적으로 주어로 되돌아오는 것을 나타내려면 재귀 대명사를 사용한다. 그것은 "주어를 반영한다"고 말할 수 있다.

재귀 대명사의 격변화

재귀 대명사들은 정동사(finite verb)의 주어로 쓰일 수 없으므로 주격을 갖지 않는다. 1인칭, 2인칭 재귀 대명사들의 격변화는 각각 그에 상응하는 인칭 대명사들의 격변화와 동일하다. 하지만 3인칭 재귀 대명사는 그 자체의 독특한 형태들을 갖고 있다.

제1인칭 재귀 대명사

	단수	복수
주격	—	—
속격	mei (of myself)	nostri (of ourself)
여격	mihi (to/for myself)	nobis (to/for ourself)
대격	me (myself)	nos (ourself)
탈격	me (by/with/from myself)	nobis (by/with/from ourself)

제2인칭 재귀 대명사

	단수	복수
주격	—	—
속격	tui (of yourself)	vestri (of yourself)
여격	tibi (to/for yourself)	vobis (to/for yourself)
대격	te (yourself)	vos (yourself)
탈격	te (by/with/from yourself)	vobis (by/with/from yourself)

제3인칭 재귀 대명사

	단수	**복수**
주격	—	—
속격	**sui** (of himself, herself, itself)	**sui** (of themselves)
여격	**sibi** (to/for himself, etc.)	**sibi** (to/for themselves)
대격	**se** (himself, herself, itself)	**se** (themselves)
탈격	**se** (by/with/from himself, etc.)	**se** (by/with/from themselves)

l, 2, 3인칭 재귀 대명사와 인칭 대명사의 용례들

Ego scripsi litteras mihi.　I wrote a letter to myself.

Cicero scripsit litteras mihi.　Cicero wrote a letter to me.

Tu laudavisti te.　You praised yourself.

Cicero laudavit te.　Cicero praised you.

Nos laudavimus nos.　We praised ourselves.

Cicero laudavit nos.　Cicero praised us.

Cicero laudavit se.　Cicero praised himself.

Cicero laudavit eum.　Cicero praised him (e.g., Caesar).

Romani laudaverunt se.　the Romans praised themselves.

Romani laudaverunt eos.　the Romans praised them (e.g., the Greeks).

Cicero scripsit litteras sibi.　Cicero wrote a letter to himself.

Cicero scripsit litteras ei.　Cicero wrote a letter to him (e.g., Caesar).

3. 재귀 대명사의 용법

재귀 대명사는 주어가 일으킨 동작이 어떤 양상으로든지 주어로 되돌아오는 것을 나타낼 때 사용한다.

Ego me amo.　나는 나 자신을 사랑한다.

Tu te amas.　너는 너 자신을 사랑한다.

Is se amat.　그는 그 자신을 사랑한다.

Nos nos amamus.　우리는 우리 자신을 사랑한다.

Vos vos amatis.　너희들은 너희들 자신을 사랑한다.

Ei se amant.　그들은 그들 자신을 사랑한다.

Frater gladio se cecidit.　형제는 칼로 자신을 죽였다(자살했다).

Frater ipse gladio ipso se cecidit.　형제 자신은 칼 자체로써 자신을 죽였다.

Nuntii pacem sibi postulaverunt. 사신들은 자신들을 위해 평화를 요구했다.
Nuntii ipsi pacem ipsam sibi postulaverunt. 사신 자신들은 평화 자체를 자신들을 위해 요구했다.

재귀 소유사

1인칭, 2인칭의 재귀 소유사들은 이미 친숙해진 통상적인 소유사들과 같다: meus, tuus, noster, vester. 그러나 3인칭 재귀 소유사는 다음과 같은 형용사이다: suus ⟨his(own)⟩, sua ⟨her(own)⟩, suum ⟨its(own), their(own)⟩. 이것은 주어와 관련되지 않는 비 재귀적인 소유사의 속격들인 eius, eorum, earum과 주의깊히 구별되어야 한다.

Cicero laudavit amicum suum. Cicero praised his (own) friend.
(그 자신의 친구)

Cicero laudavit amicum eius. Cicero praised his(Caesar's) friend.
(케사르의 친구)

Romani laudaverunt amicum suum. the Romans praised their (own) friend.
(그들 자신의 친구)

Romani laudaverunt amicum eorum. the Romans praised their (the Greeks')
friend. (그리이스인들의 친구)

Cicero scripsit litteras amicis suis, Cicero wrote a letter to his (own) friends.

Cicero scripsit litteras amicis eius, Cicero wrote a letter to his (Caesar's) friends.

Cicero scripsit litteras amicis eorum, Cicero wrote a letter to their (the Greeks') friends.

♟ Geometrical Terms based on Latin

perpendicular, from **per,** through, and **pendere,** hang.
circumference, from **circum,** around, and **ferre,** carry.
circle, from **circus,** circle.
radius, from **radius,** staff, rod, ray.
arc, from **arcus,** bow, arc.
tangent, from **tangere,** touch.
angle, from **angulus,** angle, corner.
obtuse, from **obtundere,** blunt.

acute, from **acuere,** sharpen.

triangle, from **tres,** three, and **angulus,** angle.

rectangle, from **rectus,** right, and **angulus,** angle.

Q.E.D., abbreviation of quod erat **demonstrandum,** which was to be demonstrated.

☺ 어휘

se 자기를, 저희들을; 자기로, 자기들로(저희들로) sibi 자기(들)에게 **suus, a, um** 자기의, 제: 자기들의, 저희들의 **parens, entis,** *m. f.* 어버이 **parentes, um,** *m. pl.* 부모, 양친 **caedo, cecidi, caesum, ere** 죽이다; 자르다 **gladius, i,** *m.* 칼 **ipse, a, um** 자신, 자체, 친히, 몸소, 바로 이[그] **magis** 더, 더욱, 더 많이 **quam** …보다, …만큼, …에 비해서(더, 덜) **nuntius, i,** *m.* 전령, 통지자 **postulo, avi, atum, are** 요구하다, 청구하다

☑ 연습문제

I. 다음을 번역하시오

1. Parentes nos magis amant quam se.

2. Omnes homines se amant.

3. Pueri dixerunt se diligenter laborare.

4. Frater eius gladio se cecidit et matrem suam terruit.

5. Non solum te amas sed eitam amicos tuos.

6. Amicus ejus matrem suam fefellit et postea se interfecit.

제29과 수사(Numeralia)

수사는 수의 개념을 나타내는 품사이며 형용사의 일부로 간주된다. 수사에는 형용사적 품사인 기수, 서수, 배분수와 부사적 품사인 횟수(또는 배수)가 있다.

수사의 종류

1) 기수 (numeralia cardinalia)의 어미 변화

사물의 수효 등을 나타내는 기수는 다음과 같이 변화한다.

(1) unus, una, umum, one

	m.	*f.*	*n.*
주격	unus	una	unum
속격	unius	unius	unius
여격	uni	uni	uni
대격	unum	unam	unum
탈격	uno	una	uno

(2) duo, duae, duo, two

	m.	*f.*	*n.*
주격	duo	duae	duo
속격	duorum	duarum	duorum
여격	duobus	duabus	duobus
대격	duos, duo	duas	duo
탈격	duobus	duabus	duobus

(3) tres, tria, three

	m. & f.	n.
주격	tres	tria
속격	trium	trium
여격	tribus	tribus
대격	tres	tria
탈격	tribus	tribus

(4) mille, thousand. milia, thousands

	m. f. n.	n.
주격	mille	milia
속격	mille	milium
여격	mille	milibus
대격	mille	milia
탈격	mille	milibus

N.B. mille, 즉 1000은 단수에서는 변화하지 않는 형용사이지만, 복수에서는 제 3변화에 속한 i-어간의 중성명사로 된다.

2) 서수(numeralia ordinalia)의 어미변화

순서, 번호 등을 나타내는 모든 서수는 bonus, a, um과 같이 어미 변화를 한다.

first - primus, prima, primum
second - secundus, secunda, secundum
third - tertius, tertia, tertium
fourth - quartus, quarta, quartum
fifth - quintus, quinta, quintum
sixth - sextus, sexta, sextum
seventh - septimus, septima, septimum
eighth - octavus, octava, octavum
ninth - nonus, nona, nonum
tenth - decimus, decima, decimum

3) 배분수(numeralia distributiva) 의 어미 변화

'몇 개씩?' 이라는 물음에 답할 때 일정한 기수로 사물을 배분하는 집합수를 배분수라고 한다. 또 이것은 각각 개별적인 것을 나타내는 수이므로 '개별 수사' 라고도 하는데 반드시 복수로 쓰인다. 즉, 어형이 bonus의 복수와 같이 변화한다. bini, binae, bina (각각 둘씩), singuli, singulae, singula (각각 하나씩), terni, ternae, terna (각각 셋씩) 등.

E.g., bini, binae, bina 각각 둘씩

	m.	*f.*	*n.*
주격	bini	binae	bina
속격	binorum	binarum	binorum (binum)
여격	binis	binis	binis
대격	binos	binas	bina
탈격	binis	binis	binis

4) 수사적 부사 (adverbia numeralia)

'몇번?' 혹은 '몇배?' 라는 질문에 답할 때 횟수 또는 배수를 말하는 부사이며 변화하지 않는다. semel(한번), bis(두번, 두배), quinquies(5번, 5배), decies(열배, 열 번), milies(천번, 천배) 등.

E.g., bis in anno (일 년에 두 번)
       semel in mense (한 달에 한 번씩)
       semel in tribus annis (십 년 마다 한 번씩)
       ter venit (그는 세 번 왔다)

(5) 로마 숫자 (Roman Numerals)

로마 숫자에서 기본이 되는 숫자는 아래와 같다.

I (1), V (5), X (10), L (50), C (100), D (500), M (1000),

두 개의 기본수가 나란히 있을 때의 숫자 계산은 더 큰 수를 중심해서 적은 수를 더하거나 빼면 된다. 기본수가 세 개 이상일 때는 가장 큰 수를 중심해서 위와 같은 방식으로 숫자 계산을 한다.

I 1 II 2 III 3 IV 4 V 5 VI 6 VII 7 VIII 8 IX 9 X 10 XI 11 XII 12 XIII 13 XIV 14 XV 15 XVI 16 XVII 17 XVIII 18 XIX 19 XX 20

XXI 21   XXX 30   XXXI 31   XL or XXXX 40   XLI 41   L 50   LI 51   LX 60
LXI 61   LXX 70   LXXI 71   LXXX or XXC 80   LXXXI or XXCI 81   XC 90
XCI 91   C 100   CI 101   CC 200   CCI 201   CCC 300   CCCI 301   CD400
CDI 401   D 500   DI 501   DC 600   DCI 601   DCC 700   DCCI 701   DCCC
or CCM 800   DCCCI or CCMI 801   CM 900   CMI 901   M 1000   MI 1001
MM 2000   MMI 2001

♟ Medical Abbreviations

R., recipe, take   bib., bibe, drink

d., da, give   cap., capsula, capsule

gtt., guttae, drops   gr., granum, grain

Lb., libra, pound   mist., mistura, mixture

ol., oleum, oil   ung., unguentum, ointment

pulv., pulvis, powder   aq., aqua., water

c, cum, with   no, numero, number

os., os, ora, mouth   p.o., per os, by mouth

Q.s., quantum sufficiat a sufficient quantity

Q.v., quantum vis, as much as you wish

a.c., ante cibum, before food, before meals

p.c., post cibum, after food, after meals

stat., statim, immediately   H., hora, hour

h.s., hora somni, at the hour of sleep, bedtime

omn. hor., omni hora, every hour

noct., nocte, at night

omn. noct., omni nocte, every night

t.i.n., ter in nocte, three times a night

q.i.n., quater in nocte, four times a night

☑ 연 습 문 제

I. 다음을 번역하시오

1. quindecim   2. novem   3. viginti   4. quinque   5. sedecim
6. decem   7. tres   8. septendecim   9. quattuor
10. undecim   11. centum   12. quattuordecim   3. octo
14. undeviginti   15. duo   16. tredecim   17. septem
18. mille   19. duodeviginti

II. 다음을 번역하시오

1. quartus   2. octavus   3. decimus   4. tertius   5. septimus
6. secundus   7. quintus   8. nonus   9. primus   10. sextus

III. 다음을 번역하시오

quattuor   duodecim   undeviginiti   triginta
quinquaginta   nonaginta   viginti tres   quadraginta

제30과 불규칙 동사

불규칙동사란 동사의 기본형이 일정한 규칙을 따르지 않고 불규칙적으로 만들어지는 동사를 말한다. 라틴어 문장을 정확히 해석하기 위해서는 불규칙동사의 모든 변화에 대해서 잘 배워두어야 한다.

Possum 동사의 변화(직설법)

'…할 수 있다'는 뜻을 가진 이 동사는 potis(할 수 있는)라는 형용사와 연계사 sum의 합성어이다. possum은 조동사로 쓰이므로 수동형이나 명령형이 없다. 목적어가 되는 부정사 다음에 오는 것이 보통이다.

E.g., Ambulare possum   나는 걸을 수 있다.
　　　Te videre possum   나는 너를 볼 수 있다.
　　　Origenes, ambulare potes?   오리게네스, 너는 걸을 수 있느냐?

Possum 동사의 어미 변화는 다음과 같다.

	현재		**미완료과거**
	1. possum		1. poteram
단수	2. potes	단수	2. poteras
	3. potest		3. poterat
	1. possumus		1. poteramus
복수	2. potestis	복수	2. poteratis
	3. possunt		3. poterant
	미래		현재완료
	1. potero		1. potui
단수	2. poteris	단수	2. potuisti
	3. poterit		3. potuit
	1. poterimus		1. potuimus
복수	2. poteritis	복수	2. potuistis
	3. poterint		3. potuerunt
	과거완료		미래완료
	1. potueram		1. potuero
단수	2. potueras	단수	2. potueris

3. potuerat   3. potuerit
1. potueramus   1. potuerimus
복수 2. potueratis   복수 2. potueritis
3. potuerant   3. potuerint

possum 동사의 변화 (접속법)

현재시제
1. possim
단수 2. possis
3. possit
1. possimus
복수 2. possitis
3. possint

미완료과거
1. possem
단수 2. posses
3. posset
1. possemus
복수 2. possetis
3. possent

현재완료
1. potuerim
단수 2. potueris
3. potuerit
1. potuerimus
복수 2. potueritis
3. potuerint

과거완료
1. potuissem
단수 2. potuisses
3. potuisset
1. potuissemus
복수 2. potuissetis
3. potuissent

3. Volo, Nolo, Malo 동사의 변화

이들은 매우 유사한 양상을 보이는 불규칙 동사로서 직설법과 접속법 현재 시제가 불규칙한 어미 변화를 하며, 나머지 시제들은 동사 제 3변화에 따르는 규칙적 변화를 한다.

volo, I wish / I am willing, 원하다 / 하고 싶다
nolo, I do not wish / I am unwilling, 원하지 않다 / 싫다
malo, I prefer, ... 을 더 원하다, 차라리 ... 하다

	직설법			접속법		
			현재			
1.	volo	nolo	malo	velim	nolim	malim
단수 2.	vis	non vis	mavis	velis	nolis	malis

3. vult	non vult	mavult	velit	nolit	malit
복수 1. volumus	nolumus	malumus	velimus	nolimus	malimus
복수 2. vultis	non vultis	mavultis	velitis	nolitis	malitis
3. volunt	nolunt	malunt	velint	nolint	malint

미완료과거

1. volebam	nolebam	malebam	vellem	nollem	mallem
단수 2. volebas	nolebas	malebas	velles	nolles	malles
3. volebat	nolebat	malebat	vellet	nollet	mallet

미래

1. volam	nolam	malam
단수 2. voles	noles	males
3. volet	nolet	malet
etc.	etc.	etc.

현재완료

1. volui	nolui	malui	voluerim	noluerim	maluerim
단수 2. voluisti	noluisti	maluisti	volueris	nolueris	malueris
3. voluit	noluit	maluit	voluerit	noluerit	maluerit
etc.	etc.	etc.	etc.	etc.	etc.

과거완료

1. volueram	nolueram	malueram	voluissem	noluissem	maluissem
단수 2. volueras	nolueras	malueras	oluisses	noluisses	maluisses
3. voluerat	noluerat	maluerat	voluisset	noluisset	maluisset
etc.	etc.	etc.	etc.	etc.	etc.

미래완료

1. voluero	noluero	maluero
단수 2. volueris	nolueris	malueris
3. voluerit	noluerit	maluerit
etc.	etc.	etc.

부정법

현재	과거	미래
velle	voluisse	–

nolle	noluisse	–
malle	maluisse	–

명령법은 nolo 동사에만 있다.

		현재	미래
단수	2인칭	noli	nolito
	3인칭	–	nolito
복수	2인칭	nolite	nolitote
	3인칭	–	nolunto

분사는 현재분사만 있다.

현재	과거	미래
volens	–	–
nolens	–	–

Eo (go) 동사의 변화

이 동사의 변화는 volo에 비해 더욱 규칙적이다. 어미 변화는 아래와 같다.

		직설법	접속법

현재

		직설법	접속법
단수	1.	eo	eam
	2.	is	eas
	3.	it	eat
복수	1.	imus	eamus
	2.	itis	eatis
	3.	eunt	eant

미완료과거

		직설법	접속법
단수	1.	ibam	irem
	2.	ibas	ires
	3.	ibat	iret
복수	1.	ibamus	iremus
	2.	ibatis	iretis
	3.	ibant	irent

미래

1. ibo=ibio
단수 2. ibis
3. ibit

현재완료

	1.	ii	ierim
단수	2.	isti=iisti	ieris
	3.	iit	ierit
	1.	iimus	ierimus
복수	2.	istis=iistis	ieritis
	3.	ierunt	ierint

과거완료

	1.	ieram	issem
단수	2.	ieras	isses
	3.	ierat	isset
	1.	ieramus	issemus
복수	2.	ieratis	issetis
	3.	ierant	issent

미래완료

1. iero=ierio
단수 2. ieris
3. ierit
1. ierimus
복수 2. ieritis
3. ierint

부정법

현재	미완료과거	미래
ire	isse=iisse=ivisse	iturum, -am, -um esse

명령법

		현재	미래
단수	2.	i	ito
	3.		ito
복수	2.	ite	itote
	3.	-	eunto

분사

현재	현재완료	미래	현재수동
iense(속 euntis)	itum	iturus, -a, -m	eundus

목적분사(supinum)：itum(능동태 대격) itu (수동태 탈격)

동명사(gerundium)：eundi(속), eundo(여), ad eundum(대), eundo(탈)

Fio (be made, be done, become) 동사의 변화

		직설법	접속법

현재

		직설법	접속법
	1.	fio	fiam
단수	2.	fis	fias
	3.	fit	fiat
	1.	fimus	fiamus
복수	2.	fitis	fiatis
	3.	fiunt	fiant

미완료과거

		직설법	접속법
	1.	fiebam	fierem
단수	2.	fiebas	fieres
	3.	fiebat	fieret
	1.	fiebamus	fieremus

복수	2.	fiebatis	fieretis
	3.	fiebant	fierent

미래

	1.	fiam
단수	2.	fies
	3.	fiet
	1.	fiemus
복수	2.	fietis
	3.	fient

현재완료

	1.	factus, a, um sum	factus, a, um sim
단수	2.	factus, a, um es	factus, a, um sis
	3.	factus, a, um est	factus, a, um sit
	1.	facti sumus	facti, ae, a, simus
복수	2.	facti estis	facti, ae, a, sitis
	3.	facti sunt	facti, ae, a sint

과거완료

	1.	factus, a, um eram	factus, a, um essem
단수	2.	factus, a, um eras	factus, a, um esses
	3.	factus, a, um erat	factus, a, um esset
	1.	facti, ae, a eramus	facti, ae, a essemus
복수	2.	facti, ae, a eratis	facti, ae, a essetis
	3.	facti, ae, a erant	facti, ae, a essent

미래완료

	1.	factus, a, um ero
단수	2.	factus, a, um eris
	3.	factus, a, um erit
	1.	facti, ae. a erimus
복수	2.	facti, ae, a eritis
	3.	facti, ae, a erunt

부정법

현재	과거	미래
fieri	factus, -a, -um esse	factum iri = futurus, -a, um esse = fore

명령법

현재 단수 2인칭 fi
복수 2인칭 fite

분사

과거 factus, -a, -um
미래 faciendus, -a, -um
목적분사(supinum): factu
당위분사(gerundivum): faciendus, -a, -um

Fero (bear, carry) 동사의 변화

능동태 직설법

		현재	미완료과거	미래
	1.	fero	ferebam	feram
단수	2.	fers	ferebas	feres
	3.	fert	ferebat	feret
	1.	ferimus	ferebamus	feremus
복수	2.	fertis	ferebatis	feretis
	3.	ferunt	ferebant	ferent

		현재완료	과거완료	미래완료
	1.	tuli	tuleram	tulero
단수	2.	tulisti	tuleras	tuleris
	3.	tulit	tulerat	tulerit
	1.	tulimus	tuleramus	tulerimus
복수	2.	tulistis	tuleratis	tuleritis
	3.	tulerunt	tulerant	tulerint

수동태 직설법

		현재	미완료과거	미래
단수	1.	feror	ferebar	ferar
	2.	ferris	ferebaris	fereris
	3.	fertur	ferebatur	feretur
복수	1.	ferimur	ferebamur	feremur
	2.	ferimini	ferebamini	feremini
	3.	feruntur	ferebantur	ferentur

		현재완료	과거완료	미래완료
단수	1.	latus, -a, -um sum	latus, -a, -um eram	latus, -a, -um ero
	2.	latus, -a, -um es	latus, -a, -um eras	latus, -a, -um eris
	3.	latus, -a, -um est	latus, -a, -um erat	latus, -a, -um erit
복수	1.	lati, -ae, -a sumus	lati, -ae, -a eramus	lati, -ae, -a erimus
	2.	lati, -ae, -a estis	lati, -ae, -a eratis	lati, -ae, -a eritis
	3.	lati, ae, -a sunt	lati, -ae, -a erant	lati, -ae,- a erint?

능동태 접속법

		현재	미완료과거	현재완료	과거완료
단수	1인칭	feram	ferrem	tulerim	tulissem
	2인칭	feras	ferres	tuleris	tulisses
	3인칭	ferat	ferret	tulerit	tulisset
복수	1인칭	feramus	feremus	tulerimus	tulissemus
	2인칭	feratis	ferretis	tuleritis	tulissetis
	3인칭	ferunt	ferrent	tulerint	tulissent

수동태 접속법

		현재	미완료과거	현재완료	과거완료
단수	1인칭	ferar	ferrer	latus sim	latus essem
	2인칭	feraris	ferreris	latus sis	latus esses
	3인칭	feratur	ferretur	latus sit	latus esset
복수	1인칭	feramur	ferremur	lati simus	lati essemus
	2인칭	feramini	ferremini	lati sitis	lati essetis
	3인칭	ferantur	ferrentur	lati sint	lati essent

		능동태		수동태	
		현재	미래	현재	미래
단수	2인칭	fer	ferto	ferre	–
	3인칭	–	ferto	–	–
복수	2인칭	ferte	fertote	ferimini	–
	3인칭	–	ferunto	–	–

부정법

	능동태	수동태
현재	ferre	ferri
미완료과거	tulisse	latus esse
미래	laturus esse	latum iri
분사		

	능동태	수동태
현재	ferens	–
미완료과거	–	latus
미래	laturus	ferendus, -a, -um

♟ Familiar Abbreviations

i.e., **id est,** that is.

pro and **con, pro et contra,** for and against.

etc., **et cetera,** and the rest; and so forth.

e.g., **exempli gratia,** for(the sake of) example.

no., **numero,** by number.

viz., **videlicet,** namely, that is to say; introduces further explanation.

d.v. or D.V., **Deo volente,** God willing; if God is willing.

vox pop., vox populi, the voice of the people.

☺ 어휘

malo, malui, malle 더 원하다, 더 좋아하다 duco, duxi, ductum, ere 인도하

다 iuvo, iuvi, iutum, are 돕다, 원조하다 odi, (osus sum), odisse 미워하다,
싫어하다 pecco, avi, atum, are 죄짓다, 범죄하다 rebello, avi, atum, are 반
란을 일으키다, 반역하다

☑ 연 습 문 제

I. 다음을 번역하시오

vult	nolunt	mavis
mavultis	ducere poterant	liberare poterit
curare possunt	docere potes	iuvare poterimus

II. 다음을 번역하시오

1. Volo tecum amare.

2. Te videre vult.

3. Nolo te odi.

4. Malo amare quam te odi.

5. Noli timere!

6. Noli peccare!

7. Nolite hoc dicere!

8. Nolite rebellare Deum.

제31과 접속법〔가정법〕

접속법이란?

라틴어에는 직설법과 더불어 말하는 이의 의향과 추측, 가정과 희망, 명령, 금지, 후회 등 현실이 아닌 사실을 나타내는 화법이 있으니 이것을 접속법(modus conjunctivus) 혹은 가정법이라고 한다. 대체로 직설법은 사실 그대로를 표현하는 체험의 법이고 접속법은 사실이 아닌 내용을 표현하는 관념의 법이다. 접속법에는 현재, 미완료(과거), 현재완료, 과거완료시제가 있다. 이 화법 자체가 희망과 염원을 나타내는 미래지향적인 것이므로 미래시제가 따로 없다.

Paulus felix est. 바울은 행복하다. (직설법)

Paulus felix sit! 바울이 행복했으면! (접속법)

2. 접속법을 만드는 방법

1) 현재시제의 능동태와 수동태

(1) 제 1 변화 – 현재어간+e+인칭어미

(2) 제 2변화 – 현재어간+a+인칭어미

(3) 제 3변화 – 현재어간+a+인칭어미

(4) 제 4변화 – 현재어간+a+인칭어미

2) 미완료과거시제의 능동태와 수동태

(1) 능동태 – 동사 원형에다가 능동태 인칭어미인 m, s, t, mus, tis, nt를 붙인다.

(2) 수동태 – 동사 원형에다가 수동태 인칭어미인 r, ris, tur, mur, mini, ntur를 붙인다.

3) 현재완료시제의 능동태와 수동태

(1) 능동태 – 완료어간+erim, eris, erit, erimus, eritis, erint

(2) 수동태 – 완료분사[과거분사]+sum동사 현재접속법

4) 과거완료시제의 능동태와 수동태

(1) 능동태 - 완료어간+issem, isses, isset, issemus, issetis, issent

(2) 수동태 - 완료분사[과거분사]+essem 이하 미완료과거 접속법

접속법의 인칭변화

1) 현재시제의 능동태와 수동태

<table>
<tr><td colspan="2" align="center">1st conjugation</td><td colspan="2" align="center">2nd conjugation</td></tr>
<tr><td></td><td>능동태</td><td>수동태</td><td>능동태</td><td>수동태</td></tr>
<tr><td rowspan="3">단수</td><td>1. amem</td><td>amer</td><td>habeam</td><td>habear</td></tr>
<tr><td>2. ames</td><td>ameris</td><td>habeas</td><td>habearis</td></tr>
<tr><td>3. amet</td><td>ametur</td><td>habeat</td><td>habeatur</td></tr>
<tr><td rowspan="3">복수</td><td>1. amemus</td><td>amemur</td><td>habeamus</td><td>habeamur</td></tr>
<tr><td>2. ametis</td><td>amemini</td><td>habeatis</td><td>habeamini</td></tr>
<tr><td>3. ament</td><td>amentur</td><td>habeant</td><td>habeantur</td></tr>
</table>

<table>
<tr><td colspan="2" align="center">3rd conjugation(A)</td><td colspan="2" align="center">3rd conjugation(B)</td></tr>
<tr><td></td><td>능동태</td><td>수동태</td><td>능동태</td><td>수동태</td></tr>
<tr><td rowspan="3">단수</td><td>1. regam</td><td>regar</td><td>capiam</td><td>capiar</td></tr>
<tr><td>2. regas</td><td>regaris</td><td>capias</td><td>capiaris</td></tr>
<tr><td>3. regat</td><td>regatur</td><td>capiat</td><td>capiatur</td></tr>
<tr><td rowspan="3">복수</td><td>1. regamus</td><td>regamur</td><td>capiamus</td><td>capiamur</td></tr>
<tr><td>2. regatis</td><td>regamini</td><td>capiatis</td><td>capiamini</td></tr>
<tr><td>3. regant</td><td>regantur</td><td>capiant</td><td>capiantur</td></tr>
</table>

<table>
<tr><td colspan="3" align="center">4th conjugation</td></tr>
<tr><td></td><td>능동태</td><td>수동태</td></tr>
<tr><td rowspan="3">단수</td><td>1. audiam</td><td>audiar</td></tr>
<tr><td>2. audias</td><td>audiaris</td></tr>
<tr><td>3. audiat</td><td>audiatur</td></tr>
<tr><td rowspan="3">복수</td><td>1. audiamus</td><td>audiamur</td></tr>
<tr><td>2. audiatis</td><td>audiamini</td></tr>
<tr><td>3. audiant</td><td>audiantur</td></tr>
</table>

N. B., 모음 a는 제 2, 3, 4변화에서 어디든지 나타난다. 그러나 e는 제 1변화에서만 나타난다.

2) 미완료 과거 시제의 능동태와 수동태

I

		능동태	수동태
	1.	amarem	amarer
단수	2.	amares	amareris
	3.	amaret	amaretur
	1.	amaremus	amaremur
복수	2.	amaretis	amaremini
	3.	amarent	amarentur

II

능동태	수동태
haberem	haber
haberes	habereris
haberet	haberetur
haberemus	haberemur
haberetis	haberemini
haberent	haberentur

III(A)

		능동태	수동태
	1.	regerem	regerer
단수	2.	regeres	regereris
	3.	regeret	regeretur
	1.	regeremus	regeremur
복수	2.	regeretis	regeremini
	3.	regerent	regerentur

III(B)

능동태	수동태
caperem	caperer
caperes	capereris
caperet	caperetur
caperemus	caperemur
caperetis	caperemini
caperent	caperentur

IV

		능동태	수동태
	1.	audirem	audirer
단수	2.	audires	audireris
	3.	audiret	audiretur
	1.	audiremus	audiremur
복수	2.	audiretis	audiremini
	3.	audirent	audirentur

N.B., 미완료과거는 현재부정법 능동태에 인칭어미가 붙는 것과 유사하다(어간에 -re-를 붙인다).

3) 현재완료시제의 능동태와 수동태

I

	능동태	수동태
1.	amaverim	amatus sim

II

능동태	수동태
habuerim	habitus sim

단수		능동태	수동태		능동태	수동태
단수	2.	amaveris	amatus sis		habueris	habitus sis
	3.	amaverit	amatus sit		habuerit	habitus sit
	1.	amaverimus	amati simus		habuerimus	habiti simus
복수	2.	amaveritis	amati sitis		habueritis	habiti sitis
	3.	amaverint	amati sint		habuerint	habiti sint

III(A) ／ III(B)

		능동태	수동태	능동태	수동태
	1.	rexerim	rectus sim	caperim	captus sim
단수	2.	rexeris	rectus sis	caperis	captus sis
	3.	rexerit	rectus sit	ceperit	captus sit
	1.	rexerimus	recti simus	caperimus	capti simus
복수	2.	rexeritis	recti sitis	ceperitis	capti sitis
	3.	rexerint	recti sint	ceperint	capti sint

IV

		능동태	수동태
	1.	audiverim	auditus sim
단수	2.	audiveris	auditus sis
	3.	audiverit	auditus sit
	1.	audiverimus	auditi simus
복수	2.	audiveritis	auditi sitis
	3.	audiverint	auditi sint

N.B., 현재완료(시제) 능동태는 완료어간에 어미 **erim, eris, erit, erimus, eritis, erint**가 붙는다. 수동태는 과거분사에 sum 동사의 접속법 현재 sim 이하를 붙인다.

4) 과거완료시제의 능동태와 수동태

I ／ II

		능동태	수동태	능동태	수동태
	1.	amavissem	amatus essem	habuissem	habitus essem
단수	2.	amavisses	amatus esses	habuisses	habitus esses
	3.	amavisset	amatus esset	habuisset	habitus esset
	1.	amavissemus	amati essemus	habuissemus	habiti essemus
복수	2.	amavissetis	amati essetis	habuissetis	habiti essetis

	3. amavissent	amati essent	habuissent	habiti essent

| | | III(A) | | III(B) |

		능동태	수동태	능동태	수동태
단수	1.	rexissem	rectus essem	capissem	captus essem
단수	2.	rexisses	rectus esses	cepisses	captus esses
단수	3.	rexisset	rectus esset	cepisset	captus esset
복수	1.	rexissemus	recti essemus	cepissemus	capti essemus
복수	2.	rexissetis	recti essetis	cepissetis	capti essetis
복수	3.	rexissent	recti essent	cepissent	capti essent

		IV	

		능동태	수동태
단수	1.	audivissem	auditus essem
단수	2.	audivisses	auditus essem
단수	3.	audivisset	auditus esset
복수	1.	audivissemus	auditi essemus
복수	2.	audivissetis	auditi essetis
복수	3.	audivissent	auditi essent

N. B., 능동태는 완료어간에 issem, isset, issemus, issetis, issent를 붙인다. 수동태는 과거분사에 접속법 미완료과거 essem 이하를 붙인다.

5) sum 동사의 변화

		현재	미완료과거	현재완료	과거완료
단수	1.	sim	essem (forem)	fuerim	fuissem
단수	2.	sis	esses (fores)	fueris	fuisses
단수	3.	sit	esset (foret)	fuerit	fuisset
복수	1.	simus	essemus (foremus)	fuerimus	fuissemus
복수	2.	sitis	essetis (foretis)	fueritis	fuissetis
복수	3.	sint	essent (forent)	fuerint	fuisse

☺ 어휘

felix, icis 행복한, 비옥한 festino, avi, atus, are 서두르다, 급히가다 hiems, hiemis, f. 겨울, 추위 quamquam 비록~일지라도 innocens, entis 무죄한, 무해한 damno, avi, atus, are 정죄하다, 처벌하다

☑ 연 습 문 제

I. 다음을 번역하시오

1. Faveas sedere.

2. Festina venire ad me cito.

3. Festina ante hiemem venire.

4. Fac venias.

5. Socrates quamquam innocens erat, damnatus est.

6. Ne timeatis.

7. Ne occidas, ne adulteres, ne fureris, ne falsum testimonium dixeris, honora patrem tuum et matrem.

8. Parentes mei beati sint!

9. Pius felix sit!

10. Utinam spem haberetis!

제32과 동명사/동형사/목적분사

동명사(Gerundium)

1) 동명사는 동사에서 나온 동사적 명사이며 성은 중성이다. 명사의 형을 가짐과 동시에 동사의 역할을 한다. 항상 능동으로 번역한다(영어에서 동사에 -ing을 부가한 동명사와 같다). 동명사는 단수에서만 사용되며 제 2변화의 중성명사의 단수와 같이 변화한다. 주격과 복수는 없다. 단수 속격 여격 대격 탈격 어미만 있다 (-i, -o, -um, -o). 부정사는 주격과 대격 밖에 없지만 동명사는 주격과 대격 외에도 속격, 여격, 탈격을 나타낼 수 있어서 부정사의 기능을 보완하는 역할을 한다. 다른 품사와 성 수 격이 일치하지 않는다. 주격이 필요한 경우에는 현재능동 부정형을 대용한다. 제 1변화 동사를 사용해서 동명사의 격에 따른 형태와 그 뜻을 설명하면 아래와 같다.

> 주격: amare   to love   사랑하는 것이, 사랑하는 것은, 사랑하기가, 사랑함이
> 속격: amandi   of loving   사랑하는 것의, 사랑하는, 사랑할
> 여격: amando   to, for loving   사랑하는 것에게, 사랑하는 것을 위하여, 사랑함에
> 대격: amandum   loving   사랑하는 것을, 사랑하기를, 사랑할 줄을
> 탈격: amando   with, by loving   사랑하는 것으로, 사랑함으로

2) 동명사의 격에 따른 기능

(1) 속격은 causa, tempus, facultas, cupido(=cupiditas), occasio, potestas, initium과 같은 명사에 걸린다. 명사나 형용사와 함께 쓰인다. causa(reason)나 gratia(favor)와 함께 쓰일 때는 'for the sake of (-하기 위하여)'라는 뜻을 나타낸다.

Disendi causa(or **gratia**) veni.   나는 배우기 위해 왔다.

Loquendi initum facio.   나는 발언을 시작한다.

Facultas bellandi.   전쟁할 능력

Cupidus bellandi.   전쟁하기를 원하는

Potestas difendendi. 방어할 권리

Occasio dicendi. 말할 기회

Videndi cupidus. 보는 것을 희망하고 있는

(2) 여격을 사용해야 하는 경우, 여격을 지배하는 동사와 형용사의 간접 목적어 역할을 한다. 여격은 자주 쓰이지 않는다.

Telum certando aptum. 싸우기 알맞는 창

Aqua utilis est bibendo. 물은 마시기에 유용하다.

(3) 대격은 반드시 전치사와 함께 쓰인다. 특히 ad와 함께 쓰일 때는 "-하기 위하여"(for the sake of) 라는 뜻을 나타낸다. ad외에 ob(때문에), inter(동안에)등과도 쓰인다. 직접 목적어는 부정사가 맡아서 하므로 대격을 지배하는 전치사와 함께 쓰이는 경우는 동명사 대격을 사용한다.

Ad discendum veni. 나는 배우기 위해 왔다.

Ad certandum paratus erat gladiator. 검투사는 싸울 준비가 되어 있었다.

Mores puerorum inter ludendum cernuntur. 아이들의 습관은 놀고 있는 동안에 드러난다

(4) 탈격은 탈격을 지배하는 동사, 형용사 또는 전치사와 함께 쓰인다. 수단이나 모양등을 표시하는 부사어로 많이 쓰인다.

Certando validior fio. 싸우면서 나는 보다 강해진다.

Consumpusi tempus legendo. 나는 독서로 시간을 다 보냈다.

In certando modum serva! 싸우는 중에도 법도는 지켜라!

In disputando tempus consumunt. 그들은 논의 하는 것에 시간을 보내고 있다.

동형사(Gerundivum)

1) 동형사는 동사에서 나온 동사적 형용사이다. 수동의 뜻을 지닌 수동적 형용사라고도 한다. 단수 및 복수 주격, 속격, 여격, 대격, 탈격이 있고 어미는 -us, -a, -um에 따른다. 항상 수동으로 번역하되 의무나 필요, 또는 강제의 개념을 첨가한다. 명사나 대명사와 성 수 격이 일치한다. 동형사는 미래수동분사라고도 일컬어진다. Gerundivum(동형사)은 미래수동분사의 라틴어 명칭이다. 미래수동분사를 명사로 쓰면 Gerundium이라 하고 형용사로 쓰면 Gerundivum이라고 한다.

2) 동형사를 만드는 방법

제1변화, 제 2변화, 제 3-A변화는 동사어간에 **-ndus**를, 제 3-B변화, 제 4변화는 현재어간에 **-endus**를 붙인다.

	동사	동형사	
1	amo	amandus, a, um	사랑 받아야 할
2	moneo	monendus, a, um	충고 받아야 할
3-A	lego	legendus, a, um	읽어져야 할
3-B	capio	capiendus, a, um	붙잡혀야 할
4	audio	audiendus, a, um	들어야 할

3) 동형사의 용법

(1) "해야 되는 일"을 나타낸다. 즉 의무나 필요의 뜻을 나타내는 수동적인 분사로서 쓰인다.

femina laudanda 칭찬 받아야 할 여자   **vir laudandus** 칭찬 받아야 할 남자
Femina laudanda est. 그 여자는 칭찬을 받아야 한다.
Vir laudandus est. 그 남자는 칭찬을 받아야 한다.
(2) 동형사에 대한 의미상의 주어는 여격으로 쓴다.
Urbs nobis capienda est. 그 도시는 우리들에 의하여 점령될 수 있다.

3. 목적분사(Supinum)

1) 목적분사는 동사에서 나온 동사적 명사이다. 명사 제 4변화에 따라서 변화하지만 단수 대격과 탈격만 사용된다. 대격은 -um(…하기 위하여)으로, 탈격은 -u(…하기에(좋은, 쉬운), …점에 있어서)로 끝난다. 대격은 동작을 나타내는 동사와 함께 사용되고 탈격은 형용사와 함께 제한의 탈격으로 사용된다. 대격 -um은 운동 형태를 띠고 능동태 의미로, 탈격 -u는 주로 형용사와 함께 수동태 의미로 사용하되 번역은 다 같이 능동태로 하는 편이 무난하다.

☺ 어휘

disco, didici, discitum, ere 배우다, 습득하다 loquor 말하다, 이야기하다 **initium**, i, *n.* 처음, 시초, 시작 **initus, us**, *m.* 시작, 처음 **facultas, atis**, *f.* 능력; 재능, 재간 **cupio, ivi, itum, ere** 원하다, 열망하다 **cupiditas, atis**, *f.* 욕망, 열망; 탐욕 **potestas,** atis, *f.* 능력; 권능, 권한 defendo, fendi, fensum, ere 방어하다, 막다 occasio, onis, 기회, 시기, 호기 dico, dixi, dictum, ere 말하다, 설명하다 aptus, a, um 알맞은, 적합한 telum, i, *n.* 창, 투창, 칼 certo, avi, atum, are 싸우다, 투쟁하다 utilis, e 쓸데있는, 유용한, 유익한 utilitas, atsi, *f.* 이익, 유용성, 유익 bibo, bibi, bibitum, ere 마시다 gladiator, oris, *m.* 검투사 mores, um, *m. pl.* 품행, 풍습, 풍속 ludo, lusi, lusum, ere 놀다, 놀이하다 cerno, crevi, cretum, ere 식별하다, 알아보다, 구별하다 validus, a, um 건장한, 강한, 힘센 sermo, onis, *m.* 말, 이야기, 설교

☑ 연습문제

I. 다음을 번역하시오

1. Ad studendum veni

2. Docendo discimus

3. Venimus sermonem auditum.

4. Eo iusum.

5. Id est difficile factu.

6. Vir laudandus est.

7. Femina laudanda est.

8. Hoc factum laudandum est.

9. Leges fecit ad Athenas reficiendas.

10. Mali expellendi gratis semper laborabat.

11. Milano veni amicorum videndorum causa.

제33과 이태(異態) 동사(Deponent Verbs)

이태 동사란?

동사 가운데 수동태 형식을 취하지만 능동의 의미를 지닌 동사가 있다. 이러한 동사를 이태 동사(형식수동의동사)라고 한다(또는 탈형(脫形)동사라고도 한다) 이태(異態)라고 번역된 'deponent'는 depono(제쳐놓다)에서 파생된 용어이다. 이태 동사들은 형태상으로는 수동임에도 불구하고, 그 수동의 의미를 제쳐 놓고 능동의 의미를 취한다. 이태 동사의 대표형은 직설법 수동태 현재 1인칭 단수형이 된다.

제 1변화 – **hortor**: 권고하다. 격려하다

제 2변화 – **vereor**: 두려워하다

제 3변화 – **sequor**: 따르다

제 4변화 – **potior**: 점령하다. 획득하다

2. 이태 동사의 활용

현재 부정사의 어미에 의해 4가지 활용형태로 구분된다. 제 1활용은 -ari, 제 2활용은 -eri, 제 3활용은 -i, 제 4활용은 -iri로 끝난다.

1) 기본형

	직설법 현재	부정사 현재	직설법 완료
제 1변화	hortor	hortari	hortatus sum
제 2변화	vereor	vereri	veritus sum
제 3변화	sequor	sequi	secutus sum
제 4변화	potior	potiri	potitus sum

N.B. 이태 동사의 기본형에서 현재 1인칭 단수의 어형은 일반동사의 경우와 동일한 어미를 붙이고 완료형은 일반동사의 수동태 완료의 경우와 마찬가지로 완료분사와 **sum**동사를 복합하여 표현한다.

2) 주요한 이태 동사

(1) 제1변화

meditor(생각하다)	meditari	meditatus sum
opinor(고려하다)	opinari	opinatus sum
arbitror(판단하다)	arbitrari	arbitratus sum

(2) 제 2변화

vereor(두려워하다)	vereri	veritus sum
reor(여기다)	reri	ratus sum
fateor(인정하다)	fateri	fassus sum

(3) 제 3변화

loquor(말하다)	loqui	locutus sum
sequor(따르다)	sequi	secutus sum
aggredior(공격하다)	aggredi	aggressus sum

(4) 제 4변화

potior(점령하다)	potiri	potitus sum
mentior(거짓말하다)	mentiri	mentitus sum
orior(오르다)	oriri	ortus sum

3) hortor와 sequor를 본보기로 한 시제에 따른 형태들

이태 동사의 모든 시제 변화는 일반 동사의 수동태 변화와 같은 방법으로 변화한다.

현 재

<table>
<tr><td>단수</td><td>1. hortor, I urge</td><td>sequor, I follow</td></tr>
<tr><td></td><td>2. hortaris, you urge</td><td>sequeris, you follow</td></tr>
<tr><td></td><td>3. hortatur, he urges</td><td>sequitur, he follows</td></tr>
<tr><td>복수</td><td>1. hortamur, we urge</td><td>sequimur, we follow</td></tr>
<tr><td></td><td>2. hortamini, you urge</td><td>sequimini, you follow</td></tr>
<tr><td></td><td>3. hortantur, they urge</td><td>sequuntur, they follow</td></tr>
</table>

미완료과거

hortabar, I was urging   **sequebar,** I was following

미래

hortabor, I shall urge   **sequar,** I shall follow

현재완료

hortatus, -a, -um sum,   **secutus, -a, -um sum,**
   I (have) urged   I (have) followed

과거완료

hortatus, -a, -um eram,   **secutus, -a, -um eram,**
   I had urged   I had followed

미래완료

hortatus, -a, -um ero,   **secutus, -a, -um ero,**
   I shall have urged   I shall have followed

접속법
현재

horter, horteris, hortetur   **sequar, sequaris, sequatur**

미완료과거

hortarer, hortareris, hortaretur   **sequerer, sequereris, sequeretur**

현재완료

hortatus, -a, -um sim   **secutus, -a, -um sim**

과거완료

hortatus, -a, -um essem   **secutus, -a, -um essem**

현재

hortans, urging   sequens, following

현재완료

hortatus, -a, -um, having urged   secutus, -a, -um, having followed

미래

hortaturus, -a, -um, about to urge   secuturus, -a, -um, about to follow

미래수동분사

hortandus, -a, -um, to be urged   sequendus, -a, -um, to be followed

부정사
현재

hortari, to urge   sequi, to follow

현재완료

hortatus, -a, -um esse,   secutus, -a, -um esse,
  to have urged   to have followed

미래

hortaturus, -a, -um esse,   secuturus, -a, -um esse,
  to be about urge   to be about follow

N. B. 시제에 따른 나머지 형태들에 대해서는 부록에 실린 패러다임을 참조하기 바란다.

4) 반(   )이태동사(Semi-Deponent Verbs)

반 이태동사의 기본형은 능동현재 1인칭 단수, 수동현재완료 1인칭 단수 및 능동동사원형의 3부분으로 되어있다. 반 이태(half deponent)라는 용어는 그 활용형들에 의해 예시되어 있는 바와 같이, 현재시상에서는 능동태가 되지만 완료시상에서는 다른 태(수동태)가 되는 소수의 동사들에 붙여진 명칭이다. 예를 들면:

현재	동사원형	현재완료
gaudeo, I rejoice	gaudere, to rejoice	gavisus sum, I (have) rejoiced
audeo, I dare	audere, to dare	ausus sum, I (habe) dared

☺ 어휘

nemo, neminis *m.* 아무도 ~않다 nascor, nasci, natus sum 태어나다 doctus, a,

um 유식한, 박학한, 배운 miror, ari, atus sum 놀라다, 감탄하다 moror, ari, atus
sum 머무르다, 지체하다 avis, is, *f.* 새

☑ 연 습 문 제

I. 다음을 번역하시오

1. Filii exempla patrum imitantur.

2. Nemo nascitur doctus.

3. Quanta beneficia adeptus es!

4. Quis non virtutem miratur.

5. Aves quaedam humanam vocem imitantur.

6. Clement biduum in his locis moratus est.

7. Multi captivi fugere conabantur.

8. Nuntius tres dies moratus est.

9. Caesar in Britanniam profectus est.

제34과 속격, 여격, 대격. 탈격의 특수한 용법

속격의 용법

1) **명사에 대하여 소속과 관계를 표시하는 수식어로 등장하는 속격의 수식어가 있다.**

    amor Dei   하나님의 사랑 (주어적 속격)

    amor Dei   하나님에 대한 사랑 (목적어적 속격)

    laudes Athenarum   아테네에 대한 사랑 (목적어적 속격)

    puellae pupa   그 소녀의 인형 (소유 속격)

    tres partes urbis   그 도시의 세 블럭 (분할 속격)

    vir prudentiae   신중한 사람 (형용 속격)

2) **다음의 동사들은 목적어를 속격으로 갖는다.**

    (1) 동사가 기억하는 대상을 속격으로 나타낸다.

    Iniuriarum acceptarum semper meministi.

    당신은 당한 수모를 항상 기억하고 있다.

    (2) sum 동사의 목적어를 속격으로 나타낸다

    Temperantiae est abstinere maledictis. 욕설을 삼가는 것은 절제이다.

    (3) 사물의 가치를 평가하는 정도를 속격으로 갖는다.

    Te plurimi facio. 나는 너를 대단하게 평가한다.

3) **어미변화가 가능한 도시명, 작은 섬 등은 소재지를 속격으로 나타낸다. 이것은 부사로서의 장소 속격이다.**

    Romae 로마에,   Deli 델로스 섬에,   domi 집에

2. 여격의 용법

  1) **타동사의 간접 목적어는 여격으로 쓰인다.**

  Numitori regnum reliquit.   그는 누미톨에게 왕국을 양보했다.

  Magister discipulis libros dedit.   선생님은 학생들에게 책들을 주었다.

2) 호의와 적의를 표현하는 자동사들은 그 호의와 적대의 대상을 여격으로 나타낸다.

Ignavis precibus Deus repugnat.   하나님은 터무니없는 기도를 뿌리친다.

3) Sum 동사와 함께 쓰이는 소유의 여격

Monstro rarum nomen erat.   괴물은 신기한 이름을 가지고 있다. (그에게 신기한 이름이 있다)

Mihi nomen est Tertullianus. 나의 이름은 테르툴리아누스입니다.

 4) 대격을 취할 것으로 당연히 예상되는 라틴어의 어떤 동사들은
   자동사로서 간접목적어의 여격을 취한다.

Servio tibi.   나는 당신을 섬긴다.

Ignosco tibi.   나는 당신을 용서한다.

Credo tibi.   나는 당신을 믿는다.

Amo tibi.   나는 당신을 사랑한다.

Persuadeo tibi.   나는 당신을 설득한다.

Cicero philosophiae studebat.   키케로는 철학을 공부하곤 했다.

(Cicero used to study philosophy)

5) Sum동사와 합성된 많은 동사들이 여격을 취한다.

Adsum amico.   나는 나의 친구를 돕는다.

Desunt mihi libri.   나 한테는 책이 없다.

 6) 앞에서 다룬 자동사처럼, 주로 호의와 적의를 표현하는 형용사들의 경우,
   그 호의와 적의 대상을 여격으로 나타낸다.

Magister discipulis suis benignus est.   그 선생님은 자기 학생들에게 너그럽다.

Omnis voluptas honestati est contraria.   일체의 탐욕은 청렴과 상반된다.

7) 다음 동사들은 뒤에 오는 목적어의 격이 달라짐에 따라서 뜻도 달라진다.

Milano, cave tibi.   밀라노여, 네 자신을 돌봐라.

Cave canem.   개를 조심해라.

8) 동사의 행위가 어떤 사람에 의해 이루어져야 함을 나타내는 경우,
   행위자를 여격으로 나타낸다.

Carthago Romanis delenda est. 카르타고는 로마인 손에 멸망해야 한다.

Pro libertate nobis pugnandum est. 자유를 위하여 우리는 싸워야 한다.

대격의 용법

대격의 주요 역할은 타동사의 직접 목적어로서의 역할이다. 그러나 대격의 특수한 용법들이 있다.

1) 대격은 시간의 길이나 거리를 나타낼 때 사용한다.

Duos annos remansit. 그는 2년 동안 머물렀다.

Flumen quattuordecim pedes altum est. 그 강의 넓이는 14피이트이다.

2) 지명은 전치사를 사용하지 않고 대격을 써서 동작의 방향이나 목적지를 나타낸다.

Hannibal cum elephantis Alpes transgressus est.
한니발은 코끼리떼를 거느리고 알프스 산맥을 넘었다.

3) 비인칭 동사의 구문에서 사람을 대격으로 표현한다.

Senem peractos labores enarrae iuvat.
성취한 일을 이야기하는 것은 노인을 기쁘게 한다.

4) 감정을 나타내는 비인칭동사들은 의미상의 주어를 대격(목적어는 속격)으로 쓴다.

Pudeat te negligentiae tuae. 너는 너의 태만함을 부끄러워 해야 한다.

5) 다음의 감정 동사들은 감정토로의 대상으로 대격으로 나타낸다.

doleo 괴로워하다 sitio 목마르다 lugeo 울다 gemo 흐느끼다 maereo 슬퍼하다 rideo 웃다

oleo 냄새를 풍기다 sapio 맛을 내다 curro 뛰어가다 ludo 놀다 depereo 죽도록 사랑하다

Meum casum luctumque doluerunt.
그들은 내 불운과 비탄을 두고 괴로워 하였다.

Sanguinem nostrum sitiebat.
그는 우리 피를 목말라 하였다.

6) 일부 명사, 형용사, 대명사의 중성 대격은 흔히 부사로 사용된다.

tantum 자주, 그 만큼 크게, 그토록 많이 multum 많이, 자주, 대단히 plurimum 가장 많이, 대단히 plus 더 많이, 더, 더 이상 quid 왜, 무엇 때문에? nihil 전혀   aliquid 약간 ceterum 그 밖에   prirus 전에   postremum 마지막으로   partim 부분적으로는 magnam partem 대부분(=magna ex parte)   summum 최고로(=ad summum) minimum 적어도(ad minimum)

Suevi maximam partem vivunt lacte et pecore.

수에비인들은 대부분 우유와 가축 고기로 산다.

7) 보어를 대격으로 취하는 동사 - 타동사의 직접 목적어는 대격을 사용한다.
그런데 아래와 같이 타동사가 보어를 대격으로 취하는 경우에 한 동사의 직접 목적어가 둘인 것처럼 보인다.

Populus Romanus Ciceronem consulem creavit.

로마 국민은 키케로를 집정관으로 선출했다.

Plato escam malorum appellat voluptatem.

플라톤은 정욕을 악의 미끼라고 부른다.

8) 제 2목적어로서의 대격 - 인물은 직접 목적어로, 사물은 제 2목적어로 하는 동사들이 있다.

Magister docet nos theologiam.   선생님은 우리에게 신학을 가르친다.

Auxilium te exoro.   나는 너에게 도움을 청한다.

탈격의 용법

1) 다음의 동사들은 그 대상을 탈격으로 나타낸다

careo 없다 egeo 부족하다 vaco 비어있다 abundo 풍부하다 abhorreo 싫어하다 gaudeo 기뻐하다 doleo 슬퍼하다 potior 점유하다 fungor 이행하다 vescor 먹고 살다 Sensu communi caret. 그는 상식이 없다.

2) 비교구문에서 정도의 차이를 표현할 경우에 탈격을 사용한다.

Hibernia insula dimidio minor est quam Britania.

아일랜드 섬은 브리튼 보다 절반이나 더 작다.

3) 비교구문에서 비교의 대상을 'quam+비교의 대상'으로 쓰는 대신에 탈격만으로 표현할 수 있다.
Nulla bestia fidelior est quam canis.

Nulla bestia fidelior est cane.

어떤 동물도 개보다 더 충실하지는 않다.

4) 이유나 원인을 의미할 때에 탈격으로 표현한다.

Multa gloriae cupiditate fecit. 그는 명예욕 때문에 많은 것을 했다.

5) 시간이나 장소를 의미할 때에 탈격으로 표현한다.

Cicero senex multum ruri vivebat. 키케로는 늙어서 주로 시골에서 살았다.

Plato uno et octogesimo anno mortuus est. 풀라톤은 81세에 사망했다.

☺ 어휘

studeo, dui, ere 추구하다, 연구하다, 공부하다 colloquium, i, *n.* 회의, 담화 dico, dixi, dictum, ere 말하다, 결정하다 recte 올바르게, 유효하게 facio, feci, factum, ere 행하다, 만들다 annus, i, *m.* 해, 년; 나이 creo, avi, atum, are 창조하다, 선출하다 senex, senis 늙은 rus, ruris, *n.* 시골, 토지 vivo, vixi, victum, ere 살다, 생활하다

☑ 연습문제

I 다음을 번역하시오

1. Liber magni est.

2. Interest omnium recte facere.

3. Omnes homines libertati student.

4. Caesar diem colloquio dixit.

5. Graeci Troiam decem annos oppugnaverunt.

6. Populus Romanus ciceronem consulem creavit.

7. Magister docet nos grammaticam.

8. Romani Germanique gladiis pugnabant.

9. Cicero senex multum ruri vivebat.

제35과 조건문

조건문이란?

si나 nisi등으로 인도되는 조건적인 문장과 그 조건의 단정을 나타내는 귀결문을 총칭하여 조건문이라 한다. 조건문은 si에 의해 인도되는 조건절과 주문에 해당하는 귀결절로 구성된다. 조건절의 긍정문은 si(if), 부정문은 nisi(if…not, unless), 혹은 si non을 쓴다.

2. 조건문들의 분류

1) 현재 또는 과거의 사실에 대한 진술

(1) 현재: 조건절과 귀결절 모두에 직설법 현재

Si id facit, prudens est; If he is doing it, he is wise. (만일 그가 그것을 하고 있다면 그는 현명하다).

(2) 과거: 조건절과 귀결절 모두에 직설법 미완료과거

Si id fecit, prudense fuit; If he did it, he was wise. (만일 그가 그것을 하였다면 그는 현명하였다).

2) 실현성이 더 가능하거나 덜 가능한 미래

(1) 더 가능한 미래: 양쪽 절들에 직설법 미래

Si id faciet, prudense erit; If he shall do it, he will be wise. (만일 그가 그것을 한다면 그는 현명할 것이다).

(2) 덜 가능한 미래: 양쪽 절들에 접속법 현재

Si id faciat, prudense sit; If he should do it, he would be wise. (만일 그가 그것을 한다면 그는 현명할 것이다)

N. B. (1)과 (2)는 우리말로 옮기면 동일한 내용의 표현이 되겠지만 (1)은 더 가능하지만 (2)는 덜 가능하다.

3) 현재 또는 과거 사실에 반대되는 진술

(1) 현재 사실에 반대되는 진술: 양쪽 절들에 접속법 미완료과거

Si me laudaret, laetus essem; If he were praising me (but he is not), I should be glad(now). (만일 그가 나를 칭찬한다면(지금) 나는 기분이 좋을 텐데(지금))

(2) 과거의 사실에 반대되는 진술: 양쪽 절들에 접속법 과거완료

Si me laudavisset, laetus fuissem; If he had praised me (but he did not), I should have been glad(then). (만일 그가 나를 칭찬했다면(과거에) 나는(그때에) 기분이 좋았을 것이다)

4) 과거의 조건에 대한 현재의 결과

과거의 사실에 반대되는 진술로서, 결과가 현재인 가정은 조건절에 접속법 과거완료를, 귀결절에 접속법 미완료과거를 쓴다.

Si me laudavisset, laetus essem: If he had praised me (but he did not), I should be glad (now). (만일 그가 나를 칭찬했다면, 나는 기분이 좋을 것이다)

☑ 어휘

si 만일…면, 만일…라면 nisi 만일…아니면 vis volo의 2인칭 단수 현재 직설법 possum, potui, posse 할 수 있다 aliter 다르게, 달리 jam 이제는, 더 이상 ~아니 sentio 느끼다 assequor 도달하다, 쫓아가다 prudens, entis 현명한, 영리한 facio, feci, factum, ere 만들다, 행하다

☑ 연습문제

I. 다음을 번역하시오

1. Si vis pacem, para bellum.

2. Si in monte est, eum videre possum.

3. Si me laudat, laetus sum.

4. Si in monte erit, eum videre potero.

5. Tu si hic sis, aliter sentias.

6. Si es Romae, jam me assequi non potes.

7. Si veniet, hoc videbit.

부 록

1. 독본편

I

1. Amo Deum.

2. Amamus Deum et hominem.

3. Amare officium hominis est.

4. Praebere auxilium virtus hominis est.

5. Gratia donum Dei est.

6. Te diligit pater et mater.

7. Filius hominis est Iesus Christus.

8. Historia est magistra vitae.

9. Ars longa, vita brevis est.

10. Populi Coreae semper industrii sunt.

11. Equus et cervus sunt pulchri.

12. Nomen Iesus Deus per Ioseph dedit.

13. Iesus Petrum apostolum declaravit.

14. Volo vivere.

15. Dixit autem ad mulierem: "Fides tua te salvam fecit; vade in pace!"

16. Magister docet nos linguam Latinam.

17. Milites vitam nationi devovent.

18. Ego te absolvo a peccatis tuis in nomine Patris et Fillii et Spiritus Sancti.

19. Nero imperator crudelis tyrannus fuit.

20. Sancti a Deo gratiam peterunt.

21. Iudaei Iesum Christum cruci fixerunt.

22. Rosa, regina floralis vere pulchra est.

23. Deus absterget omnes lacrimas ab oculis Sanctorum.

24. Deus absolvit nos paenitentes a peccatis nostris.

25. Petrus et Paulus, apostoli Christi pii servi erant.

26. Mater orat in ecclesia.

27. Amor Dei feliciter facit.

28. Primus apostolorum Petrus est.

29. Ultimus apostolorum Matthias est.

30. In principio erat Verbum et Verbum erat apud Deum, et Deus erat Verbum. Hoc erat in principio apud Deum.

31. Columba alba volat.

32. Ursa manducat.

33. Bonus praemium meret.

34. Agricola et nauta in terram habitant.

35. Tu et frater tuus epistolam patri scripsistis.

36. Deus hunc mundum creavit.

37. Gallina potest volare.

38. Debeo hoc facere sed debes hoc non facere.

39. Nolo erga te defendere.

40. Sunt mihi pecuniae.

41. Desunt mihi pecuniae.

42. Indigemus domo et agro.

43. Dedi panes et vestas mendicis.

44. Apostolus peccantes periculi (de periculo) admonebit.

45. Flumen Don vere pulchrum est.

46. Leo Papa I illustris est.

47. Senex nonaginta annorum quotidie campum ambulat.

II

Servi

1. Romani servos multos in bello occupant.

2. Ex oppidis Graeciae ad Italiam servos portant.

3. Servi sunt boni, sed in Italia saepe non sunt laeti.

4. Servi sunt praeda belli et multi servos bene curant, sed multi servos male curant.

5. Servi in agris et in casis et in viis laborant.

6. Saepe aegri sunt, sed multi* servos aegros bene curant.

7. Romani servis multa dant et curam bonam dant.

8. Servi dominos bonos et dominas bonas amant.

9. Multi servi sunt clari et filios dominorum iuvant.

10. Multi domini servos liberant et multi servi liberi sunt viri clari.

Note: 형용사 multi는 명사를 생략한 채 사용되었다. multi (without a noun), 'many peoople ;multa (without a noun), 'many things'.

Dei Antiqui

1. Romani deos multos et deas multas adorant et ad templa saepe eunt.

2. Iuppiter in caelo habitat et est bonus et magnus.

3. Mercurius est nuntius deorum. Per terram et aquam it et nuntios ad viros et deos portat.

4. Nautae Neptunum adorant quod deus oceani est.

5. In aqua habitat et amicus nautarum est.

6. Mars viros in proeliis et in bellis curat.

7. Vulcanus est deus et deis arma dat.

8. In patria nostra et in vestra deas et deos non adoramus.

9. Hodie in Italia deos multos non adorant.

Populus Romanus

1. Populus Rumanus certe clarus est.

2. Nonne populum Romanum amas? Ita.

3. Viri Romani populos terrarum multarum superant et in provinciis Romanis habitant.

4. Multae copiae in provinciis manent et incolas bene regnant.

5. Vias bonas et aedificia magna et templa pulchra ibi aedificant.

6. Incolis fortunam bonam portant.

7. Incolae provinciarum saepe sunt socii. Romani sunt domini boni.

8. Socii populo Romano auxilium dant.

Alba Longa

1. Alba Longa est oppidum in Italia antiqua.

2. In Latio est et agros latos et bonos habet.

3. Vergilius de Alba Longa in fabula sua narrat.

4. Quod populus Graecus Troiam superat, multi viri sunt clari.

5. Aeneas est vero clarus.

6. In Troia non manet, sed ad Latium navigat.

7. Latinus in Latio regnat.

8. Aeneas Latini socius est.

9 Populus Lati est Latinus et lingua est Latina.

Romulus et Remus

1. Quod Romulus et Remus filii erant dei armorum et belli, populus Romanus proelia amabat.

2. Erant etiam filii Rheae Silviae.

3. Amulius erat avunculus Rheae Silviae et Albam Longam regnbat, sed pueros non amabat.

4. Amulius filios Rheae Silviae necare parabat, sed servus in aqua in arca pueros locat et vitas puerorum servat.

5. Mars filios suos ad ripam Tiberis portat.

6. Lupa pueros ibi curabat. Tum agricola bonus ad casam suam Romulum et Remum portat.

Sabini

1. Romulus et Remus cum amicis suis Romam aedificabant, sed oppidum erat parvum et viri erant miseri quod feminae non erant.
2. Romulus ad ludos magnos Sabinos vocat. Sabini ad ludos eunt et feminas et filias suas portant.
3. Viri Romani ad casas suas puellas portant. Sabini ad arma properant.
4. In Foro Remano tum pugnabant, sed feminae erant miserae quod Sabini multos necabant.
5. Sabini vitas virorum suorum servabant, sed Romani praemium victoriae habebant.
6. Sabini ad patriam suam sine feminis et puellis eunt.
7. Feminae et filiae Sabinorum cum Romanis nunc habitabant.

Graeela

1. Gloria Graeciae et fama incolarum sunt clarae.
2. Graecia est paeninsula. Agri et silvae populo bonam fortunam et vitam laetam dabant.
3. Nautae trans oceanum ad terras multas navigabant et multa ad for a oppidorum Graecorum portabant.
4. Graecia est propinqua Italiae, sed noa est finitima.
5. Proelia et bella non erant grata incolis, sed cum populis finitimis pugnare saepe parabant.
6. Bellum prpulo non idoneum erat. Populus muitis amicus erat.
7. Roma erat inimica Graeciae et terram occupabat.
8. Tum populus Graecus erat socius populi Romani. Populus Romanus lingum et templa et aedificia Graeciae laudabat.
9. Linguam et templa Graecorum semper laudabimus.

Barbari

1. Romani multos finitimos barbaros habebant.
2. Barbari ob praedam bella et proelia saepe incitabant.
3. Nonne nuntii de periculo monebant?
4. Si nuntium portabant, socii auxilium portare atque copias suas armare debebant.
5. Romani non timebant et ad terras barbaras saepe ibant.
6. Oppida multa ibi oppugnabant et superabant.
7. Victoriae copiarum Romanarum erant clarae et magnae.
8. Copiis praemia dabant, si nuntii famas bonas de gloria in provinciis narrabant.
9. Multi fabulas de gloria Romanorum narrabunt.

Gallia

1. Gallia, patria Gallorum, erat Germaniae et Hispaniae finitima.
2. Galli proelia et bella non amabant, sed bellum non timebant.
3. Romani contra Gallos saepe pugnabant. Galli pro patria sua tum bene pugnabant.
4. Romani in Gallia legatos habebant quod Galli Romanis amici non erant.
5. Legati cum Gallis pugnare saepe parabant.
6. Caesar, vir clarus, in Gallia pugnabat et ob victorias suas gloriam magnam habebat.
7. Oppida Galliae erant clara.
8. Ibi erant oppida multa et pulchra ac silvae multae et agri boni.
9. Ob periculum belli Romani in multis terris finitimis legatos habebant.
10. Romani pro patria etiam sine praemiis magnis et praeda pugnabant.
11. Erant in Gallia multi agri lati. Agricolis idonea erat.
12. In Gallia Romani linguam Latinam semper memoria tenebant.

Germani

1. Germania Galliae finitima erat et Italiae propinqua.

2. Incolae Germaniae, terrae magnae, non in oppidis magnis et pulchris, sed in silvis aut in casis parvis habitabant, quod barbari erant.

3. Inter Germanos erant multi sagittarii boni. In silvis lupae multae sagittis Germanorum necabantur.

4. Multae terrae et patriae a Vandaliis oppugnabantur atque superabantur.

5. Germani populis finitimis non erant amici.

6. Vandalii robusti Italiam oppugnabant et populus certe terrebatur quod pro vita sua timebat.

7. Ubi Vandalii populum superabant, multi vero erant miseri.

Cincinnatus

1. Roma saepe pacem non habebat, sed in periculo erat et contra finitimos suos pugnabat.

2. Roma copias bonas atque arma habebat, sed oppugnabatur. Populus timebat quod ducem non habebat.

3. Nuntii ad Cincinnatum eunt et ubi Cincinnatum, agricolam Romanum, in agro vident, de bello et magno periculo narrant.

4. Cincinnatus agros suos bene amabat, sed Romam quoque bene amabat et ab nuntiis movebatur.

5. Populo Romano magnum auxilium dabat quod dictator erat et Romam servabat.

6. Copiae Romanae a periculo patriam suam liberant. Cincinnatus a Romanis semper memoria tenebatur.

Horatius

1. Magnae copiae hostium Romam oppugnabant.

2. Pars urbis Romae erat in periculo quod hostes pontem ibi occupare parabant.

3. Homines Romani ab Horatio, milite bono, contra hostes incitabantur sed pontem non tenebant.

4. Tum Horatius in ponte sine auxilio stat. Pro vita sua non timebat.

5. Mox gladio suo multos milites hostium necat et pontem tenet. Magna erat caedes.

6. Post Horatium milites Romani laborabant. Mox pons non stabat.

7. Romani victoriam habent et Roma servatur quod aqua inter Romam et hostes stabat.

8. Horatius trans aquam ad ripam ubi erant socii natat.

9. Horatius inter Romanos laudabatur. Multi agri Horatio dantur.

Daedalus et Icarus

1. Daedalus hominem necat et cum filio suo, Icaro, ex Graecia ad Cretam properat.

2. Pater filiusque parva in insula diu manebant. Nunc ad Graeciam volare parant.

3. Bene laborant et alas parant.

4. Pater puerum monet: 'Per caelum, sed non ad solem volabimus.'

5. Sol erat clarus. Icarus ob alas suas erat laetus.

6. Consilium patris sui non diu memoria tenebat.

7. Cum patre suo non manet, sed summo in caelo ante solem volat.

8. Cera in alis pueri non manet.

9. Pater filium suum medio in mari mox videbat.

10. Icarus non servatur. Daedalus vero dolebat quod puer consilio patris non monebatur.

Colosseum

1. Romani in urbe sua aedificia multa habebant.

2. Colosseum bene amabant quod ludos ibi spectabant.

3. Colosseum erat magnum amphitheatrum et etiam nunc stat.

4. Milites Romani bello servos captivosque obtinebant.

5. Captivi gladiatores erant et gladiis suis contra homines aut contra animalia

in Colosseo pugnabant.

6. Multi captivi virtutem magnam habebant et liberabantur quod bene pugnabant.

III

JULIA

Julia puella parva est. Prope oram maritimam habitat. Roma est Julia patria. Puellae Romanae oram maritimam amant. Nautas quoque amant puellae Romanae. Julia est filia agricolae et casam parvam habitat. Sed Juliam amant. Saepe prope oram maritimam Julia ambulat. Nautarum filiae cum Julia ambulant, et prope oram maritimam saltant. Multae rosae sunt prope Juliae casam. Rosis aquam dat Julia. Saepe Julia rosas nautis dat. Agricola Juliam non culpat sed laudat, quod rosas pulchras nautis dat. Rubrae et albae sunt Nautae puellam parvam laudant.

CASA PULCHRA

Julius. Agricola casam pulchram habet, sed casa non est magna. Casa est alba. Agricola parvam casam amat.

Marcus. Agricola parvam filiam habet. Parva filia agricolam amat, et agricola parvam filiam amat. Filia parvam casam amat.

Julius. Casa nostra est magna et alba. Casam nostram amo. Cur filia casam amat?

Marcus. Filia casam amat quod casa est alba.

Julius. Parvam casam amo; magnam casam non amo.

Marcus. Casa mea est magna. Casam meam amo quod casa mea est magna et pulchra.

Julius. Casa tua est pulchra. Casam tuam amo.

Marcus. Casam nostram amo quod casa nostra est pulchra.

TERRAE PULCHRAE

Britannia et Sardinia sunt insulae pulchrae. Saepe Britanniam et Sardiniam laudamus quod insulae sunt pulchrae. Coream et Italiam quoque laudamus, sed Corea et Italia non sunt insulae. Coream amamus quod Corea est patria nostra. Europam quoque amamus, sed Europa non est patria nostra. Europa multas et magnas silvas habet. Corea quoque multas et magnas silvas habet; silvae sunt pulchrae. Sardinia parvas silvas habet. Sardiniam amamus quod Sardinia est insula pulchra. Agricolae Sardiniam amant, sed Hispaniam quoque amant. Agricolae Hispaniam amant quod Hispania magnas silvas non habet. Agricolae silvas non amant sed agricolae terras pulchras amant.

POETA ET NAUTA

Anna. Sum filia poetae.

Fulvia et Secunda. Sumus filiae nautae.

Anna. Sardinia est patria mea. Sardinia est magna insula et multas silvas habet. Silvae non sunt magnae, sed sunt pulchrae. Incolae Sardiniae silvas pulchras amant.

Fulvia. Es incola Sardiniae, sed sumus incolae Hispaniae. Hispania non est insula, sed est terra pulchra. Hispania quoque parvas silvas habet. Incolae Hispaniae parvas silvas amant.

Anna. Nautae multas terras vident, sed vita nautarum est periculosa. Vita poetarum non est periculosa. Sum laeta quod sum filia poetae.

Secunda. Sum laeta quod sum filia nautae. Poeta fabulas bonas scribit et fabulas bene legit, sed multam pecuniam non habet. Vita nautae est periculosa, sed nauta saepe multam pecuniam habet.

Fulvia. Sum quoque lacta quod sum filia nautae. Nauta fabulas non scribit, sed fabulas bene narrat.

Anna. Vita nautarum est laeta quod nautae vitam periculosam amant. Poetae vitam quietam amant, sed vita poetarum est quoque laeta.

GALBA ET PIRATAE

Sum incola Siciliae. Incolae Siciliae sunt agricolae et nautae. Sum nauta; Galba est filius(*my son*).

Vita incolarum Siciliae est periculosa quod piratae incolas insulae saepe superant et abducunt. Interdum agricolas et nautas necant. Piratae pecuniam et gemmas incolarum amant; casas agricolarum saepe occupant.

Piratae casas nostras spectant, sed piratas non videmus. Piratae Galbam vident, sed Galba piratas non videt. Piratae Galbam abducunt, sed Galbam non necant. Galba clamat; feminas et puellas vocat. Nunc feminae et puellae clamant; Galbam et piratas monstrant.

Nautas et agricolas voco. Piratas superamus. Insulam piratarum occupamus; piratas necamus. Galbam non videmus, sed parva piratae filia Galbam monstrat.

Galbam et parvam puellam servamus. Parva puella est laeta quod piratae Galbam non necant.

Nunc piratae agricolas et nautas non abducunt; nunc pecuniam et gemmas incolarum non occupant. Feminae et puellae sunt laetae quod gemmas pulchras habent.

SICILIA

Sicilia est magna insula Europae. In Sicilia sunt multae casae et villae. Sunt multae silvae quoque, sed silvae Siciliae non sunt magnae.

Incolae orae maritimae sunt nautae, sed casae agricolarum orae maritimae propinquae non sunt.

Aetna est in insula Sicilia. Incolae Siciliae Aetnam timent. Cur incolae insulae Aetnam timent? Incolae Aetnam timent quod flammas Aetnae saepe vident.

Sicilia Italiae propinqua est, Ex Sicilia Italiam videmus. Incolae Italiae quoque Siciliam vident. Flammas Aetnae vident. Aqua Siciliam ab Italia separat, sed aqua est angusta.

Messana est in ora maritima Siciliae, et incolae Messana oram maritimam

Italiae vident. Casas et villas vident. Incolae Italiae insulam Siciliam quoque vident.

Sicilia est insula amoena. Incolae Aetnam timent, sed Siciliam amant, quod est insula amoena.

DEAE NOTAE

Marcus. Ubi incolae Italiae et Graeciae templa aedificabant?

Lucius. Templa in oppidis et in ora maritima et in silvis aedificabant. Interdum erant arae pro templis, sed multae erant in viis et in casis. Saepe dona incolarum erant in aris.

Marcus. Cur erant dona in aris?

Lucius. Deae dona amabant et saepe praemia incolis dabant.

Marcus. Nonne erant multae deae in Italia?

Lucius. Ita, erant multae deae. Ceres et Minerva erant deae notae. Ceres erat dea agriculturae. Ceres templa in Italia et in Sicilia habebat. Ceres Siciliam amabat, quod incolae Siciliae erant agricolae.

Marcus. Eratne Minerva quoque dea agriculturae?

Lucius. Minime, Minerva oppida amabat et multa templa in oppidis habebat.

Marcus. Nonne spectavisti templum Minervae?

Lucius. Ita, templum Minervae spectavi. In templo erat statua deae. Fama templiest magna.

DOLUS BELLI

Olim Israelitae cum Midianitis pugnabant. Midianitae erant multi. sed Israelitae magnas copias non habebant. Israelitae bonos gladios et scuta valida habebant et bene pugnabant, sed Israelitae consilia belli satis bona non habebant.

Denique Gideon, Israelita, dolum bonum Habebat. Ubi consilium Israelitis narravit, consilium laudaverunt. Viri defessi erant, sed laeti erant quod dolus erat bonus.

Gideon viris tubas et urnas et lucenas dedit. Noctu cum viris defessis a tabernaculis celeriter properavit. Viri lucernas in urnis portabant. Nullus Midianita Israelitas vidit, quod luna non erat clara.

Subito Gideon tubam inflavit et clamavit. Viri tubas inflaverunt, clamaverunt, urnas fregerunt (*broke*). Subito erant lumina(*lights*).

Corpiae Israelitarum non erant magnae, sed lumina erant multa et clara. Midianitae erant territi et celeriter fugerunt(*fled*).

Itaque Istaelitae oppida et agros pulchros Midianitarum miserorum occupaverunt.

2. 변 화 표

사

명사 제 1 변화

rosa, rosae f. 장미

	단 수	복 수
nom.	rosa	rosae
gen.	rosae	rosarum
dat.	rosae	rosis
acc.	rosam	rosas
abl.	rosa	rosis
voc.	rosa	rosae

N. B. anima (영혼), dea (여신), filia (딸), famula (하녀)의 복수 여격 탈격어미는 -is 대신에 -abus 를 쓴다.

명사 제2변화

	제 1 식		제 2 식	
amicus, amici m. 친구			**puer, pueri m. 소년**	
	단수	복수	단수	복수
nom.	amicus	amici	puer	pueri
gen.	amici	amicorum	pueri	puerorum
dat.	amico	amicis	puero	pueris
acc.	amicum	amicos	puerum	pueros
abl.	amico	amicis	puero	pueris
voc.	amice	amici	puer	pueri

	단 수	복 수		단 수	복 수
nom.	amicus	amici		puer	pueri
gen.	amici	amicorum		pueri	puerorum
dat.	amico	amicis		puero	pueris
acc.	amicum	amicos		puerum	pueros
abl.	amico	amicis		puero	pueris
voc.	amice	amici		puer	pueri

제 2 식

ager, agri *m.* 들, 밭

제 3 식

bellum, belli *n.* 전쟁

	단 수	복 수		단 수	복 수
nom.	ager	agri		bellum	bella
gen.	agri	agrorum		belli	bellorum
dat.	agro	agris		bello	bellis
acc.	agrum	agros		bellum	bella
abl.	agro	agris		bello	bellis
voc.	ager	agri		bellum	bella

명사 제 3 변화

제 1식 (남성 및 여성 명사)

labor, laboris *m.* 일, 노동

miles, militis *m.* 군인

	단 수	복 수		단 수	복 수
nom.	labor	labores		miles	milites
gen.	laboris	laborum		militis	militum
dat.	labori	laboribus		militi	militibus
acc.	laborem	labores		militem	milites
abl.	labore	laboribus		milite	militibus
voc.	labor	labores		miles	milites

homo, hominis *m.* 사람, 인간

lex, legis *f.* 법(률)

	단 수	복 수		단 수	복 수
nom.	homo	homines		lex	leges

gen.	hominis	hominum	legis	legum
dat.	homini	hominibus	legi	legibus
acc.	hominem	homines	legem	leges
abl.	homine	hominibus	lege	legibus
voc.	homo	homines	lex	leges

2식 (중성 명사)

corpus, corporis *n.* 봄, 신체   iter, itineris *n.* 길, 여행

	단 수	복 수	단 수	복 수
nom.	corpus	corpora	iter	itinera
gen.	corporis	corporum	itineris	itinerum
dat.	corpori	corporibus	itineri	itineribus
acc.	corpus	corpora	iter	itinera
abl.	corpore	corporibus	itinere	itineribus
voc.	corpus	corpora	iter	itinera

제3식 (복수 속격에서 -ium을 취하는 명사)

ignis, ignis *n.* 불   nubes, nubis *f.* 구름

	단 수	복 수	단 수	복 수
nom.	ignis	ignes	nubes	nubes
gen.	ignis	ignium	nubis	nubium
dat.	igni	ignibus	nubi	nubius
acc.	ignem	ignes(-is)	nubem	nubes(-is)
abl.	igne(-i)	ignibus	nube	nubibus
voc.	ignis	ignes	nubes	nubes

형용사

제 1, 2 변화

multus, multa, multum 많은

	단 수			복 수		
	m.	*f.*	*n.*	*m.*	*f.*	*n.*
nom.	multus	multa	multum	multi	multae	multa
gen.	multi	multae	multi	multorum	multarum	multorum
dat.	multo	multae	multo	multis	multis	multis
acc.	multum	multam	multum	multos	multas	multa
abl.	multo	multa	multo	multis	multis	multis
voc.	multe	multa	multum	multi	multae	multa

miser, misera, miserum 불쌍한

	단 수			복 수		
	m.	*f.*	*n.*	*m.*	*f.*	*n.*
nom.	miser	misera	miserum	miseri	miserae	misera
gen.	miseri	miserae	miseri	miserorum	miserarum	miserorum
dat.	misero	miserae	misero	miseris	miseris	miseris
acc.	miserum	miseram	miserum	miseros	miseras	misera
abl.	misero	misera	misero	miseris	miseris	miseris
voc.	miser	misera	miserum	miseri	miserae	misera

pulcher, pulchra, pulchrum 아름다운

단 수   복 수

	m.	f.	n.	m.	f.	n.
nom.	pulcher	pulchra	pulchrum	pulchri	pulchrae	pulchra
gen.	pulchri	pulchrae	pulchri	pulchrorum	pulchrarum	pulchrorum
dat.	pulchro	pulchrae	pulchro	pulchris	pulchris	pulchris
acc.	pulchrum	pulchram	pulchrum	pulchros	pulchras	pulchra
abl.	pulchro	pulchra	pulchro	pulchris	pulchris	pulchris
voc.	pulcher	pulchra	pulchrum	pulchri	pulchrae	pulchra

제3변화

acer, acris, acre 날카로운

단 수			복 수		
	m.	f.	n.	m.	f.	n.

	m.	f.	n.	m.	f.	n.
nom.	acer	acris	acre	acres	acres	acria
gen.	acris	acris	acris	acrium	acrium	acrium
dat.	acri	acri	acri	acribus	acribus	acribus
acc.	acrem	acrem	acre	acres	acres	acria
abl.	acri	acri	acri	acribus	acribus	acribus
voc.	acer	acris	acre	acres	acres	acria

fortis, forte 강한, 용감한

단 수		복 수	

	m. f.	n.	m. f.	n.
nom.	fortis	forte	fortes	fortia
gen.	fortis	fortis	fortium	fortium
dat.	forti	forti	fortibus	fortibus
acc.	fortem	forte	fortes	fortia
abl.	forti	forti	fortibus	fortibus
voc.	fortis	forte	fortes	fortia

felix, felicis 행복한

	단 수		복 수	
	m. f.	*n.*	*m. f.*	*n.*
nom.	felix	felix	felices	felicia
gen.	felicis	felicis	felicium	felicium
dat.	felici	felici	felicibus	felicibus
acc.	felicem	felix	felices	felicia
abl.	felici	felici	felicibus	felicibus
voc.	felix	felix	felices	felicia

분사

amo, amans, amantis 사랑하는

	단 수		복 수	
	m. f.	*n.*	*m. f.*	*n.*
nom.	amans	amans	amantes	amantia
gen.	amantis	amantis	amantium	amantium
dat.	amanti	amanti	amantibus	amantibus
acc.	amantem	amans	amantis(es)	amantia
abl.	amante(i)	amante(i)	amantibus	amantibus
voc.	amans	amans	amantes	amantia

hortor, hortans, hortantis 권고하는, 격려하는

	단 수		복 수	
	m. f.	*n.*	*m. f.*	*n.*
nom.	hortans	hortans	hortantes	hortantia
gen.	hortantis	hortantis	hortantium	hortantium
dat.	hortanti	hortanti	hortantibus	hortantibus

acc.	hortantem	hortans	hortantes(is)	hortantia
abl.	hortante(i)	hortante(i)	hortantibus	hortantibus
voc.	hortans	hortans	hortantes	hortantia

비교

형용사의 비교급과 최상급

원급	비교급	최상급
acer, acris, acre 날카로운	acrior, acrius	acerrimus, a, um
brevis 짧은	brevior, brevius	brevissimus, a, um
longus, a, um 긴	longior, longius	longissimus, a, um
latus, 넓은	latior, latius	latissimus, a, um
audax, 담대한	audacior, audacius	audacissimus, a, um
durus, 딱딱한	durior, durius	durissimus, a, um
miser, 불쌍한	miserior, miserius	miserrimus, a, um
facilis, e 쉬운	facilior, facilius	facillimus, a, um

형용사의 불규칙적인 비교급과 최상급

원급	비교급	최상급
bonus, a, um 좋은	melior, melius	optimus, a, um
magnus, a, um 큰	maior, maius	maximus, a, um
malus, a, um 나쁜	peior, peius	pessimus, a, um
multus, a, um 많은	plus, pluris	plurimus, a, um
parvus, a, um 작은	minor, minus	minimus, a, um
exterus, a um 외부의	exterior, ius	extremus, a, um/extimus
inferus, a, um 아래의	inferior, ius	infimus, a, um/imus
posterus, a, um 후의	posterior, ius	postremus, a, um/postumus
superus, a, um 위에 있는	superior, ius	supremus, a, um/summus

부사를 겸한 형용사의 불규칙적인 비교급과 최상급

원급	비교급	최상급
cis, citra 이 쪽에	citerior, ius	citimus, a, um
extra 밖에	exterior, ius	extremus, a, um
in, intra 안에	interior, ius	intimus, a, um
infra 아래	inferior, ius	infimus, a, um
prae, pro 앞에	prior, ius	primus, a, um
post 후에	posterior, ius	postremus, a, um
prope 가까이	propior, ius	proximus, a, um
super 위에	superior, ius	supremus, a, um
ultra 멀리	ulterior, ius	ultimus, a, um

비교급의 격변화

latus, a, um 넓은 / latior, latius 더욱 넓은

	단 수		복 수	
	m. f.	*n.*	*m. f.*	*n.*
nom.	latior	latius	latioes	latiora
gen.	latioris	latioris	latiorum	latiorum
dat.	latiori	latiori	latioribus	latioribus
acc.	latiorem	latius	latiores(is)	latiora
abl.	latiore	latiore	latioribus	latioribus

부사의 비교

부사의 비교급과 최상급

원급	비교급	최상급
longe (far)	longius	longissime
fortiter (bravely)	fortius	fortissime
feliciter (happily)	felicius	felicissime

sapienter (wisely)	sapientius	sapientissime
facile (easily)	facilius	facillime
libere (freely)	liberius	liberrime
pulchre (beautifully)	pulchrius	pulcherrime
acriter (keenly)	acrius	acerrime

부사의 불규칙적인 비교급과 최상급

원급	비교급	최상급
bene (well)	melius	optime
magnopere (greatly)	magis	maxime
male (badly)	peius	pessime
multum (much)	plus	plurimum
parum (little)	minus	minime
diu (a long time)	diutius	diutissime
prae (before)	prius	primum;primo

대명사

대명사

ego 나, tu 너, se 자기

	1인칭	2인칭	3인칭		1인칭	2인칭	3인칭
	단 수				**복 수**		
nom.	ego	tū			nōs	vos	–
gen.	meī	tuī	suī		nostrī (nostrum)	vestrī (vestrum)	suiī
dat.	mihi(mī)	tibi	sibi		nōbīs	vōbīs	sibi
acc.	mē	tē	sē		nōs	vōs	sē
abl.	mē	tē	sē		nōbis	vōbīs	sē

	1인칭		2인칭		3인칭	
	단수	복수	단수	복수	단수	복수
nom.	–	–	–	–	–	–
gen.	mei	nostri	tui	vestri	sui	sui
dat.	mihi	nobis	tibi	vobis	sibi	sibi
acc.	me	nos	te	vos	se(sese)	se(sese)
abl.	me	nobis	te	vobis	se(sese)	se(sese)

소유 대명사

단 수				복 수			
meus,	mea,	meum	나의, 내	noster,	nostra,	nostrum	우리의
tuus,	tua,	tuum	너의 , 네	vester,	vestra,	vestrum	너희의
suus,	sua,	suum	자기의	sui,	suae,	sua	자기들의
ejus,	그의, 그 여자의, 그것의			eorum,	earum,	eorum	그들의

지시 대명사

hic, haec, hoc 이, 이 사람, 이 여자, 이것

	단 수			복 수		
	m.	*f.*	*n.*	*m.*	*f.*	*n.*
nom.	hic	haec	hoc	hi	hae	haec
gen.	huius	huius	huius	horum	harum	horum
dat.	huic	huic	huic	his	his	his
acc.	hunc	hanc	hoc	hos	has	haec
abl.	hoc	hac	hoc	his	his	his

iste, ista, istud 이, 저, 그

	단 수			**복 수**		
	m.	*f.*	*n.*	*m.*	*f.*	*n.*
nom.	iste	ista	istud	isti	istae	ista
gen.	istius	istius	istius	istorum	istarum	istorum
dat.	isti	isti	isti	istis	istis	istis
acc.	istum	istam	istud	istos	istas	istos
abl.	isto	ista	isto	istis	istis	istis

ille, illa, illud 저, 그, 저 사람, 저것

	단 수			**복 수**		
	m.	*f.*	*n.*	*m.*	*f.*	*n.*
nom.	ille	illa	illud	illi	illae	illa
gen.	illius	illius	illius	illorum	illarum	illorum
dat.	illi	illi	illi	illis	illis	illis
acc.	illum	illam	illud	illos	illas	illa
abl.	illo	illa	illo	illis	illis	illis

is, ea, id 그, 그 사람, 그 여자, 그것

	단 수			**복 수**		
	m.	*f.*	*n.*	*m.*	*f.*	*n.*
nom.	is	ea	id	ei[ii, I]	eae	ea
gen.	eius	eius	eius	eorum	earum	eorum
dat.	ei	ei	ei	eis(iis, is)	eis(iis, is)	eis(iis, is)
acc.	eum	eam	id	eos	eas	ea
abl.	eo	ea	eo	eis(iis, is)	eis(iis, is)	eis(iis, is)

ipse, ipsa, ipsum 그 사람, 자신, 자체, 바로 그, 친히

	단 수	**복 수**

	m.	f.	n.	m.	f.	n.
nom.	ipse	ipsa	ipsum	ipsi	ipsae	ipsa
gen.	ipsius	ipsius	ipsius	ipsorum	ipsarum	ipsorum
dat.	ipsi	ipsi	ipsi	ipsis	ipsis	ipsis
acc.	ipsum	ipsam	ipsum	ipsos	ipsas	ipsos
abl.	ipso	ipsa	ipso	ipsis	ipsis	ipsis

idem, eadem, idem 동일한, 동등한, 같은 그 사람

단 수 / 복 수

	m.	f.	n.	m.	f.	n.
nom.	idem	eadem	idem	eidem	eaedem	eadem
gen.	eiusdem	eiusdem	eiusdem	eorundem	earundem	eorundem
dat.	eidem	eidem	eidem	eisdem	eisdem	eisdem
acc.	eundem	eandem	idem	eosdem	easdem	eadem
abl.	eodem	eadem	eodem	eisdem	eisdem	eisdem

대명사

단 수 / 복 수

	m.	f.	n.	m.	f.	n.
nom.	qui	quae	quod	qui	quae	quae
gen.	cuius	cuius	cuius	quorum	quarum	quorum
dat.	cui	cui	cui	quibus	quibus	quibus
acc.	quem	quam	quod	quos	quas	quae
abl.	quo	qua	quo	quibus	quibus	quibus

의문 대명사

quis, quis, quid 누가?, 누구?, 무엇?

	단 수			**복 수**		
	m.	*f.*	*n.*	*m.*	*f.*	*n.*
nom.	quis	quis	quid	qui	quae	quae
gen.	cuius	cuius	cuius	quorum	quarum	quorum
dat.	cui	cui	cui	quibus	quibus	quibus
acc.	quem	quam	quod	quos	quas	quae
abl.	quo	qua	quo	quibus	quibus	quibus

qui, quae, quod 어느?, 어떤?, 무슨?

	단 수			**복 수**		
	m.	*f.*	*n.*	*m.*	*f.*	*n.*
nom.	qui	quae	quod	qui	quae	quae
gen.	cuius	cuius	cuius	quorum	quarum	quorum
dat.	cui	cui	cui	quibus	quibus	quibus
acc.	quem	quam	quod	quos	quas	quae
abl.	quo	qua	quo	quibus	quibus	quibus

* 의문 대명사는 의문형용사로 사용하며, 관계대명사의 변화와 똑 같다.

uter, utra, utrum 둘 중 누구?, 둘 중 어느 것?

	단 수			**복 수**		
	m.	*f.*	*n.*	*m.*	*f.*	*n.*
nom.	uter	utra	utrum	utri	utrae	utra
gen.	utrius	utrius	utrius	utrorum	utrarum	utrorum
dat.	utri	utri	utri	utris	utris	utris
acc.	utrum	utram	utrum	utros	utras	utra
abl.	utro	utra	utro	utris	utris	utris

대명사[형용사]

quidam, quaedam, quiddam /quoddam 어떤(사람, 것), 어느(것)

* 부정형용사의 경우 중성 단수 주격과 대격의 어형이 quoddam으로 된다.

단 수

	m.	*f.*	*n.*
nom.	quidam	quaedam	quiddam/quoddam
gen.	cuiusdam	cuiusdam	cuiusdam
dat.	cuidam	cuidam	cuidam
acc.	quendam	quandam	quiddam/quoddam
abl.	quodam	quadam	quodam

복 수

	m.	*f.*	*n.*
nom.	quidam	quaedam	quaedam
gen.	quorundam	quarundam	quorundam
dat.	quibusdam	quibusdam	quibusdam
acc.	quosdam	quasdam	quaedam
abl.	quibusdam	quibusdam	quibusdam

aliquis, aliquae, aliquid 누가, 어떤 것

* 부정형용사의 경우 남성 단수 주격이 aliqui, 여성 단수 주격이 aliqua, 중성 단수 주격과 대격이 aliquod가 된다.

	단 수		복 수		
	m. f.	*n.*	*m.*	*f.*	*n.*
nom.	aliquis	aliquid	aliqui	aliquae	aliqua
gen.	alicuius	alicuius	aliquorum	aliquarum	aliquorum
dat.	alicui	alicui	aliquibus	aliquibus	aliquibus
acc.	aliquem	aliquid	aliquos	aliquas	aliquae
abl.	aliquo/aliqua	aliquo	aliquibus	aliquibus	aliquibus

일람표

수	기수	서수	로마 숫자	횟수
1	unus, a, um	primus, a, um	I	semel
2	duo, duae, duo	secundus[alter]	II	bis
3	tres, tria	tertius	III	ter
4	quattuor	quartus	IV	quater
5	quinque	quintus	V	quinquies
6	sex	sextus	VI	sexies
7	septem	septimus	VII	septies
8	octo	octavus	VIII	octies
9	novem	nonus	IX	novies
10	decem	decimus	X	decies
11	undecim	undecimus	XI	undecies
12	duodecim	duodecimus	XII	duodecies
13	tredecim	tertius decimus	XIII	ter decies
14	quattuordecim	quartus decimus	XIV	quater decies
15	quindecim	quintus decimus	XV	quindecies
16	sedecim	sextus decimus	XVI	sedecies
17	septendecim	septimus decimus	XVII	speties decies
18	duodeviginti	duodevicesimus	XVIII	octies decies
19	undeviginti	undevicesimus	XIX	novies decies
20	viginti	vicesimus	XX	vicies
21	unus et viginti (viginti unus)	vicesimus primus	XXI	vicies semel
28	duodetriginta	duodetricesimus	XXVIII	duodetricies
29	undetriginta	undetricesimus	XXIX	undetricies
30	triginta	tricesimus	XXX	tricies
40	quadraginta	quadragesimus	XL	quadragies

50	quinquaginta	quinquagesimus	L	quinquagies
60	sexaginta	sexagesimus	LX	sexagies
70	septuaginta	septuagesimus	LXX	septuagies
80	octoginta	octogesimus	LXXX	octogies
90	nonaginta	nonagesimus	XC	nonagies
100	centum	centesimus	C	centies
101	centum(et)unus	centesimus(et)primus	CI	centies semel
200	ducenti, ae, a	ducentesimus	CC	ducenties
300	trecenti, ae, a	trecentesimus	CCC	trecenties
400	quadringenti,	quadringentesimus	CCCC	quadringenties
500	quingenti,	quingentensimus	D	quingenties
600	sescenti	sescentesimus	DC	sescenties
700	septingenti	septingentesimus	DCC	septingenties
800	octingenti	octingentesimus	DCCC	octingenties
900	nongenti	nongentesimus	DCCCC	nongenties
1000	mille	millesimus	M	milies
2000	duo milia	bis millesimus	MM	bis milies

격변화

	m.	*f.*	*n.*	*m.*	*f.*	*n.*
nom.	unus	una	unum	duo	duae	duo
gen.	unius	unius	unius	duorum	duarum	duorum
dat.	uni	uni	uni	duobus	duabus	duobus
acc.	unum	unam	unum	duos(duo)	duas	duo
abl.	uno	una	uno	duobus	duabus	duobus

	m.	*f.*	*n.*	*m.*	*f.*	*n.*
nom.	tres	tres	tria	mille	mille	milia
gen.	trium	trium	trium	mille	mille	milium
dat.	tribus	tribus	tribus	mille	mille	milibus

acc.	tres[tris]	tres[tris]	tria	mille	mille	milia
abl.	tribus	tribus	tribus	mille	mille	milibus

동사

동사

직 설 법

sum, es, fui, -, esse   ~이다, ~있다

		현재	미완료과거	미래
	1	sum	eram	ero
단수	2	es	eras	eris
	3	est	erat	erit
	1	sumus	eramus	erimus
복수	2	estis	eratis	eritis
	3	sunt	erant	erunt
		현재완료	**과거완료**	**미래완료**
	1	fui	fueram	fuero
단수	2	fuisti	fueras	fueris
	3	fuit	fuerat	fuerit
	1	fuimus	fueramus	fuerimus
복수	2	fuistis	fueratis	fueritis
	3	fuerunt[fuere]	fuerant	fuerint

접 속 법   명 령 법

		현재	미완료과거	현재
	1	sim (siem)	essem [forem]	-
단수	2	sis (sies)	esses [fores]	es
	3	sit (siet)	esset [foret]	-

		현재완료	과거완료	
복수	1	simus	essemus	–
	2	sitis	essetis	este
	3	sint (sient)	essent[forent]	–

		현재완료	**과거완료**	**미래**
단수	1	fuerim	fuissem	–
	2	fueris	fuisses	esto
	3	fuerit	fuisset	esto
복수	1	fuerimus	fuissemus	–
	2	fueritis	fuissetis	estote
	3	fuerint	fuissent	sunto

부정사

현재 esse

과거 fuisse

미래 futurum, am, um esse[fore]

futuros, as, a esse[fore]

분사

–

–

미래 futurus, a, um

Possum 동사

직 설 법

possum, potes, potui, posse 할 수 있다

		현재	**미완료과거**	**미래**
단수	1	possum	poteram	potero
	2	potes	poteras	poteris
	3	potest	poterat	poterit
복수	1	possumus	poteramus	poterimus
	2	potestis	potratis	poteritis
	3	possunt	poterant	poterunt

		현재완료	과거완료	미래완료
	1	potui	potueram	potuero
단수	2	potuisti	potueras	potueris
	3	potuit	potuerat	potuerit
	1	potuimus	potueramus	potuerimus
복수	2	potuistis	potueratis	potueritis
	3	potuerunt	potuerant	potuerint

접 속 법   명 령 법

		현재	미완료과거	현재
	1	possim	possem	
단수	2	possis	posses	
	3	possit	posset	
	1	possimus	possemus	
복수	2	possitis	possetis	
	3	possint	possent	

		현재완료	과거완료	미래
	1	potuerim	potuissem	
단수	2	potueris	potuisses	
	3	potuerit	potuisset	
	1	potuerimus	potuissemus	
복수	2	potueritis	potuissetis	
	3	potuerint	potuissent	

부 정 사   분 사

현재 posse   potens, potentis

과거 potuisse

제1변화 능동태

직 설 법

amo, amas, amavi, amatum, amare 사랑하다, 좋아하다

		현재	미완료과거	미래
	1	amo	amabam	amabo
단수	2	amas	amabas	amabis
	3	amat	amabat	amabit
	1	amamus	amabamus	amabimus
복수	2	amatis	amabatis	amabitis
	3	amant	amabant	amabunt

		현재완료	과거완료	미래완료
	1	amavi	amaveram	amavero
단수	2	amavisti	amaveras	amaveris
	3	amavit	amaverat	amaverit
	1	amavimus	amaveramus	amaverimus
복수	2	amavistis	amaveratis	amaveritis
	3	amaverunt	amaverant	amaverint

접 속 법   명 령 법

		현재	미완료과거	현재
	1	amem	amarem	–
단수	2	ames	amares	ama
	3	amet	amaret	–
	1	amemus	amaremus	–
복수	2	ametis	amaretis	amate
	3	ament	amarent	

		현재완료	과거완료	미래
	1	amaverim	amavissem	–

단수 2	amaveris	amavisses	amato
3	amaverit	amavisset	amato
1	amaverimus	amavissemus	–
복수 2	amaveritis	amavissetis	amatote
3	amaverint	amavissent	amanto

부 정 사   분 사

현재 amare   amans, antis

과거 amavisse

미래 amaturus, a, um esse   amanturus, a, um

동 명 사   목 적 분 사

속격 amandi

여격 amando

대격 ad amandum   amatum

탈격 amando   amatu

제 I 변화 수동태

직 설 법

amor, amaris, amatus sum, amari   사랑받다

	현재	미완료과거	미래
1	amor	amabar	amabor
단수 2	amaris	amabaris	amaberis
3	amatur	amabatur	amabitur
1	amamur	amabamur	amabimur
복수 2	amamini	amabamini	amabimini
3	amantur	amabantur	amabuntur
	현재완료	**과거완료**	**미래완료**

	1	amatus, a, um sum	amatus, a, um eram	amatus, a, um ero
단수	2	amatus, a, um es	amatus, a, um eras	amatus, a, um eris
	3	amatus, a, um est	amatus, a, um erat	amatus, a, um erit
	1	amati, ae, a sumus	amati, ae, a eramus	amati, ae, a erimus
복수	2	amati, ae, a estis	amati, ae, a eratis	amati, ae, a eritis
	3	amati, ae, a sunt	amati, ae, a erant	amati, ae, a erunt

접 속 법   명령법

현재			**미완료과거**	**현재**
	1	amer	amarer	–
단수	2	ameris	amareris	amare
	3	ametur	amaretur	–
	1	amemur	amaremur	–
복수	2	amemini	amaremini	amamini
	3	amentur	amarentur	–

현재완료			**과거완료**	**미래**
	1	amatus, a, um sim	amatus, a um essem	–
단수	2	amatus, a, um sis	amatus, a, um esses	amator
	3	amatus, a, um sit	amatus, a, um esset	amator
	1	amati, ae, a simus	amati, ae, a essemus	–
복수	2	amati, ae, a sitis	amati, ae, a essetis	–
	3	amati, ae, a sint	amati, ae, a essent	amantor

부 정 사   ## 분 사

현재 amari

과거 amatum, am, um esse

　　　amatos, as, a esse

미래 amatum iri

과거 amatus, a, um

목 적 분 사	당 위 분 사
amatu	amandus, a, um

제2변화 능동태

직 설 법

moneo, mones, monui, monitum, monere 충고하다, 권유하다

		현재	미완료과거	미래
	1	moneo	monebam	monebo
단수	2	mones	monebas	monebis
	3	monet	monebat	monebit
	1	monemus	monebamus	monebimus
복수	2	monetis	monebatis	monebitis
	3	monent	monebant	monebunt

		현재완료	과거완료	미래완료
	1	monui	monueram	monuero
단수	2	monuisti	monueras	monueris
	3	monuit	monuerat	monuerit
	1	monuimus	monueramus	monuerimus
복수	2	monuistis	monueratis	monueritis
	3	monuerunt	monuerant	monuerint

		접 속 법		명 령 법
		현재	미완료과거	현재
	1	moneam	monerem	–
단수	2	moneas	moneres	mone
	3	moneat	moneret	–

	1	moneamus	moneremus	–
복수	2	moneatis	moneretis	monete
	3	moneant	monerent	–

		현재완료	**과거완료**	**미래**
	1	monuerim	monuissem	–
단수	2	monueris	monuisses	moneto
	3	monuerit	monuisset	moneto
	1	monuerimus	monuissemus	–
복수	2	monueritis	monuissetis	monetote
	3	monuerint	monuissent	monento

부 정 사

현재 monere
과거 monuisse
미래 moniturum, am, um, esse
monituros, as, a esse

분 사

현재 monens, entis

미래 moniturus, a, um

동 명 사

속격 monendi
여격 monendo
대격 ad monendum
탈격 monendo

목 적 분 사

monitum

제 2 변화 수동태

직 설 법

moneor, moneris, monitus sum, moneri 충고 받다, 권유 받다

		현재	**미완료과거**	**미래**
	1	moneor	monebar	monebor
단수	2	moneris	monebaris	moneberis
	3	monetur	monebatur	monebitur

	1	monemur	monebamur	monebimur
복수	2	monemini	monebamini	monebimini
	3	monentur	monebantur	monebuntur

		현재완료	과거완료	미래완료
단수	1	monitus, a, um sum	monitus, a, um eram	monitus, a, um ero
	2	monitus, a, um es	monitus, a, um eras	monitus, a, um eri
	3	monitus, a, um est	monitus, a, um erat	monitus, a, um erit
복수	1	moniti, ae, a sumus	moniti, ae, a eramus	moniti, ae, a erimus
	2	moniti, ae, a estis	moniti, ae, a eratis	moniti, ae, a eritis
	3	moniti, ae, a sunt	moniti, ae, a erant	moniti, ae, a erunt

접 속 법   명 령 법

		현재	미완료과거	현재
단수	1	monear	monerer	–
	2	monearis	monereris	monere
	3	moneatur	moneretur	–
복수	1	moneamur	moneremur	–
	2	moneamini	moneremini	monemini
	3	moneantur	monerentur	–

		현재완료	과거완료	미래
단수	1	monitus, a, um sim	monitus, a, um essem	–
	2	monitus, a, um sis	monitus, a, um esses	monetor
	3	monitus, a, um sit	monitus, a, um esset	monetor
복수	1	moniti, ae, a simus	moniti, ae, a essemus	–
	2	moniti, ae, a sitis	moniti, ae, a essetis	–
	3	moniti, ae, a sint	moniti, ae, a essent	monentor

부 정 사   분 사

현재 moneri   과거 monitus, a, um

과거 monitum, am, um esse

monitos, as, a esse

미래 monitum, iri

목 적 분 사

monitu

당 위 분 사

monendus, a, um

제 3 변화 [제1식] 능동태

직 설 법

rego, regis, rexi, rectum, regere 지배하다, 군림하다

		현재	미완료과거	미래
	1	rego	regebam	regam
단수	2	regis	regebas	reges
	3	regit	regebat	reget
	1	regimus	regebamus	regemus
복수	2	regitis	regebatis	regetis
	3	regunt	regebant	regunt
		현재완료	**과거완료**	**미래완료**
	1	rexi	rexeram	rexero
단수	2	rexisti	rexeras	rexeris
	3	rexit	rexerat	rexerit
	1	reximus	rexeramus	rexerimus
복수	2	rexistis	rexeratis	rexeritis
	3	rexerunt	rexerant	rexerint

접 속 법

명 령 법

		현재	미완료과거	현재
	1	regam	regerem	–

단수 2	regas	regeres		rege
3	regat	regeret		–
1	regamus	regeremus		–
복수 2	regatis	regeretis		regite
3	regant	regerent	–	

		현재완료	**과거완료**	**미래**
	1	rexcrim	rexissem	–
단수	2	rexeris	rexisses	regito
	3	rexerit	rexisset	regito
	1	rexerimus	rexissemus	–
복수	2	rexeritis	rexissetis	regitote
	3	rexerint	rexissent	regunto

부 정 사

현재 regere

과거 rexisse

미래 recturum, am, um esse

recturos, as, a esse

분 사

현재 regens, entis

미래 recturus, a, um

목 적 분 사

rectum

동 명 사

속격 regendi 탈격 regendo

여격 regendo

대격 ad regendum

제 3 변화 [제1식] 수동태

직 설 법

regor, regeris, rectus sum, regi 지배받다

현재	**미완료과거**	**미래**

	1	regor	regebar	regar
단수	2	regeris	regebaris	regeris
	3	regitur	regebatur	regetur
	1	regimur	regebamur	regemur
복수	2	regimini	regebamini	regemini
	3	reguntur	regebantur	regentur

		현재완료	**과거완료**	**미래완료**
	1	rectus, a, um sum	rectua, a, um eram	rectus, a, um ero
단수	2	rectus, a, um es	rectus, a, um eras	rectus, a, um eris
	3	rectus, a, um est	rectus, a, um erat	rectus, a, um erit
	1	recti, ae, a sumus	recti, ae, a eramus	recti, ae, a erimus
복수	2	recti, ae, a, estis	recti, ae, a eratis	recti, ae, a eritis
	3	recti, ae, a sunt	recti, ae, a erant	recti, ae, a erunt

접 속 법   명 령 법

		현재	**미완료과거**	**현재**
	1	regar	regerer	–
단수	2	regaris	regereris	regere
	3	regatur	regeretur	–
	1	regamur	regeremur	–
복수	2	regamini	regeremini	regimini
	3	regantur	regerentur	–

		현재완료	**과거완료**	**미래**
	1	rectus, a, um sim	rectus, a, um essem	–
단수	2	rectus, a, um sis	rectus, a, um esses	regitor
	3	rectus, a, um sit	rectus, a, um esset	regitor
	1	rectus, ae, a simus	rectus, ae, a essemus	–
복수	2	rectus, ae, a sitis	rectus, ae, a essetis	–
	3	rectus, ae, a sint	rectus, ae, a cssent	reguntor

<table>
<tr><td>

부 정 사

현재 regi

과거 rectum, am, um esse

　　 rectos, as, a esse

미래 rectum iri
</td><td>

분 사

과거 rectus, a, um
</td></tr>
</table>

<table>
<tr><td>

목 적 분 사

rectu
</td><td>

당 위 분 사

regendus, a, um
</td></tr>
</table>

제3변화 [제2식] 능동태

직 설 법

capio, capis, cepi, captum, capere 붙잡다, 점령하다

		현재	미완료과거	미래
	1	capio	capiebam	capiam
단수	2	capis	capiebas	capies
	3	capit	capiebat	capiet
	1	capimus	capiebamus	capiemus
복수	2	capitis	capiebatis	capietis
	3	capiunt	capiebant	capient
		현재완료	**과거완료**	**미래완료**
	1	cepi	ceperam	cepero
단수	2	cepisti	ceperas	ceperis
	3	cepit	ceperat	ceperit
	1	cepimus	ceperamus	ceperimus
복수	2	cepistis	ceperatis	ceperitis
	3	ceperunt	ceperant	ceperint

접 속 법　　　　　　　　명 령 법

	현재	미완료과거	현재
단수 1	capiam	caperem	–
단수 2	capias	caperes	cape
단수 3	capiat	caperet	–
복수 1	capiamus	caperemus	–
복수 2	capiatis	caperetis	capite
복수 3	capiant	caperent	–
	현재완료	과거완료	미래
단수 1	ceperim	cepissem	–
단수 2	ceperis	cepisses	capito
단수 3	ceperit	cepisset	capito
복수 1	ceperimus	cepissemus	–
복수 2	ceperitis	cepissetis	capitote
복수 3	ceperint	cepissent	capiunto

부 정 사

현재 capere

과거 cepisse

미래 capturum, am, um esse

capturos, as, a esse

분 사

현재 capiens, entis

미래 capturus, a, um

목 적 분 사

captum

동 명 사

속격 capiendi   대격 ad capiendum

여격 capiendo   탈격 capiendo

제 3 변화[제2식] 수동태

직 설 법

capior, caperis, captus sum, capi 붙잡히다, 잡히다

		현재	미완료과거	미래
	1	capior	capiebar	capiar
단수	2	caperis	capiebaris	capieris
	3	capitur	capiebatur	capietur
	1	capimur	capiebamur	capiemur
복수	2	capimini	capiebamini	capiemini
	3	capiuntur	capiebantur	capientur

		현재완료	과거완료	미래완료
	1	captus, a, um sum	captus, a, um eram	caputus, a, um ero
단수	2	captus, a, um es	captus, a, um eras	captus, a, um eris
	3	captus, a, um est	captus, a, um erat	captus, a, um erit
	1	capti, ae, a sumus	capti, ae, a eramus	capti, ae, a erimus
복수	2	capti, ae, a estis	capti, ae, a eratis	capti, ae, a eritis
	3	capti, ae, a sunt	capti, ae, a erant	capti, ae, a erunt

접 속 법　　　　　　　　　　　　명 령 법

		현재	미완료과거	현재
	1	capiar	caperer	−
단수	2	capiaris	capereris	capere
	3	capiatur	caperetur	−
	1	capiamur	caperemur	−
복수	2	capiamini	caperemini	capimini
	3	capiantur	caperentur	−

		현재완료	과거완료	미래
	1	captus, a, um sim	captus, a, um essem	−
단수	2	captus, a, um sis	captus, a, um esses	capitor
	3	captus, a, um sit	captus, a um esset	capitor

	1	capti, ae, a simus	capti, ae, a essemus	–
복수	2	capti, ae, a sitis	capti, ae, a essetis	–
	3	capti, ae, a sint	capti, ae, a essent	capiuntor

부정사

현재 capi
과거 captum, am, um esse
captos, as, a esse
미래 captum, iri

분사

과거 captus, a, um

목적분사

captu

당위분사

capiendus, a um

제4변화 능동태

직설법

audio, audis, audivi, auditum, audire 듣다

		현재	미완료과거	미래
	1	audio	audiebam	audiam
단수	2	audis	audiebas	audies
	3	audit	audiebat	audiet
	1	audimus	audiebamus	audiemus
복수	2	auditis	audiebatis	audietis
	3	audiunt	audiebant	audient
		현재완료	**과거완료**	**미래완료**
	1	audivi	audiveram	audivero
단수	2	audivisti	audiveras	audiveris
	3	audivit	audiverat	audiverit

	1	audivimus	audiveramus	audiverimus
복수	2	audivistis	audiveratis	audiveritis
	3	audiverunt	audiverant	audiverint

접속법 · 명령법

현재 · 미완료과거 · 현재

		현재	미완료과거	현재
단수	1	audiam	audirem	–
	2	audias	audires	audi
	3	audiat	audiret	–
복수	1	audiamus	audiremus	–
	2	audiatis	audiretis	audite
	3	audiant	audirent	–

현재완료 · 과거완료 · 미래

		현재완료	과거완료	미래
단수	1	audiverim	audivissem	–
	2	audiveris	audivisses	audito
	3	audiverit	audivisset	audito
복수	1	audiverimus	audivissemus	–
	2	audiveritis	audivissetis	auditote
	3	audiverint	audivissent	audiunto

부정사

현재 audire
과거 audivisse
미래 auditurum, am, um esse
audituros, as, a esse

분사

현재 audiens, entis

미래 auditurus, a, um

목적분사

auditum

동명사

속격 audiendi   대격 ad audiendum

여격 audiendo   탈격 audiendo

제 4 변화 수동태

직 설 법

audior, audiris, auditus sum, audiri 들리다

	현재	**미완료과거**	**미래**
1	audior	audiebar	audiar
단수 2	audiris	audiebaris	audieris
3	auditur	audiebatur	audietur
1	audimur	audiebamur	audiemur
복수 2	audimini	audiebamini	audiemini
3	audiuntur	audiebantur	audientur

	현재완료	**과거완료**	**미래완료**
1	auditus, a, um sum	auditus, a, um eram	auditus, a, um ero
단수 2	auditus, a, um es	auditus, a, um eras	auditus, a, um eris
3	auditus, a, um est	auditus, a, um erat	auditus, a, um erit
1	auditi, ae, a sumus	auditi, ae, a eramus	auditi, ae, a erimus
복수 2	auditi, ae, a estis	auditi, ae, a eratis	auditi, ae, a eritis
3	auditi, ae, a sunt	auditi, ae, a erant	auditi, ae, a erunt

접 속 법   명 령 법

	현재	**미완료과거**	**현재**
1	audiar	audirer	–
단수 2	audiaris	audireris	audire
3	audiatur	audiretur	–
1	audiamur	audiremur	–
복수 2	audiamini	audiremini	audimini

	현재완료	과거완료	미래
3	audiantur	audirentur	–

	현재완료	과거완료	미래
1	auditus, a, um sim	auditus, a, um essem	–
단수 2	auditus, a, um sis	auditus, a, um esses	auditor
3	auditus, a, um sit	auditus, a, um esset	auditor
1	auditi, ae, a simus	auditi, ae, a essemus	–
복수 2	auditi, ae, a sitis	auditi, ae, a essetis	–
3	auditi, ae, a sint	auditi, ae, a essent	audiuntor

부 정 사

현재 audiri
과거 auditum, am, um esse
　　　auditos, as, a esse
미래 auditum, iri

분 사

과거 auditus, a, um

목 적 분 사

auditu

동 명 사

audiendus, a, um

이태동사 제 1 변화

직 설 법

hortor, hortaris, hortatus sum, hortari 권고하다, 격려하다

	현재	미완료과거	미래
1	hortor	hortabar	hortabor
단수 2	hortaris	hortabaris	hortaberis
3	hortatur	hortabatur	hortabitur
1	hortamur	hortabamur	hortabimur
복수 2	hortamini	hortabamini	hortabimini

3	hortantur	hortabantur	hortabuntur

		현재완료	**과거완료**	**미래완료**
	1	hortatus, a, um sum	hortatus, a, um eram	hortatus, a, um ero
단수	2	hortatus, a, um es	hortatus, a, um eras	hortatus, a, um eris
	3	hortatus, a, um est	hortatus, a, um erat	hortatus, a, um erit
	1	hortati, ae, a sumus	hortati, ae, a eramus	hortati, ae, a erimus
복수	2	hortati, ae, a estis	hortati, ae, a eratis	hortati, ae, a eritis
	3	hortati, ae, a sunt	hortati, ae, a erant	hortati, ae, a erunt

접 속 법　　　　　　　　　　　　　　　　명 령 법

		현재	**미완료과거**	**현재**
	1	horter	hortarer	–
단수	2	horteris	hortareris	hortare
	3	hortetur	hortaretur	–
	1	hortemur	hortaremur	–
복수	2	hortemini	hortaremini	hortamini
	3	hortentur	hortarentur	–

		현재완료	**과거완료**	**미래**
	1	hortatus, a, um sim	hortatus, a, um essem	–
단수	2	hortatus, a, um sis	hortatus, a, um esses	hortator
	3	hortatus, a, um sit	hortatus, a, um esset	hortator
	1	hortati, ae, a simus	hortati, ae, a essemus	–
복수	2	hortati, ae, a sitis	hortati, ae, a essetis	(hortabimini)
	3	hortati, ae, a sint	hortati, ae, a essent	hortantor

부 정 사　　　　　　　　　　　　　　　　분 사

현재 hortari　　　　　　　　　　　　　**현재 hortans, antis**

과거 hortatum, os esse　　　　　　　　**과거** hortatus, a, um

미래 hortaturum, os esse

미래 hortaturus, a, um

수동형 당위 hortandus, a, um

목 적 분 사

능동 hortatum

수동 hortatu

동 명 사

속격 hortandi   대격 ad hortandum

여격 hortando   탈격 hortando

이태동사 제 2 변화

직 설 법

vereor, vereris, veritus sum, vereri   경외하다, 두려워하다

	현재	**미완료과거**	**미래**
단수 1	vereor	verebar	verebor
2	vereris	verebaris	vereberis
3	veretur	verebatur	verebitur
복수 1	veremur	verebamur	verebimur
2	veremini	verebamini	verebimini
3	verentur	verebantur	verebuntur

	현재완료	**과거완료**	**미래완료**
단수 1	veritus, a, um sum	veritus, a, um eram	veritus, a, um ero
2	veritus, a, um es	veritus, a, um eras	veritus, a, um eris
3	veritus, a, um est	veritus, a, um erat	veritus, a, um erit
복수 1	veriti, ae, a sumus	veriti, ae, a eramus	veriti, ae, a erimus
2	veriti, ae, a estis	veriti, ae, a eratis	veriti, ae, a eritis
3	veriti, ae, a sunt	veriti, ae, a erant	veriti, ae, a erunt

접 속 법   ## 명 령 법

현재   **미완료과거**   **현재**

	1	verear	vererer	–
단수	2	verearis	verereris	verere
	3	vereatur	vereretur	–
	1	vereamur	vereremur	–
복수	2	vereamini	vereremini	veremini
	3	vereantur	vererentur	–

		현재완료	**과거완료**	**미래**
	1	veritus, a, um sim	veritus, a um essem	–
단수	2	veritus, a, um sis	veritus, a um esses	veretor
	3	veritus, a, um sit	veritus, a, um esset	veretor
	1	veriti, ae, a simus	veriti, ae, a essemus,	–
복수	2	veriti, ae, a sitis	veriti, ae, a essetis	(verebimini)
	3	veriti, ae, a sint	veriti, ae, a essent	verentor

부 정 사

현재 vereri
과거 veritum, os esse
미래 veriturum, os esse

분 사

현재 verens, entis
과거 veritus, a, um
미래 veriturus, a, um
수동형 당위 verendus, a, um

목 적 분 사

능동 veritum
수동 veritu

동 명 사

속격 verendi   대격 ad verendum
여격 verendo   탈격 verendo

제3변화[제1식]

직 설 법

loquor, loqueris, locutus sum, loqui 말하다

| 현재 | 미완료과거 | 미래 |

단수	1	loquor	loquebar	loquar
	2	loqueris	loquebaris	loqueris
	3	loquitur	loquebatur	loquetur
복수	1	loquimur	loquebamur	loquemur
	2	loquimini	loquebamini	loquemini
	3	loquuntur	loquebantur	loquentur

현재완료 / 과거완료 / 미래완료

		현재완료	과거완료	미래완료
단수	1	locutus, a, um sum	locutus, a, um eram	locutus, a, um ero
	2	locutus, a, um es	locutus, a, um eras	locutus, a, um eris
	3	locutus, a, um est	locutus, a, um erat	locutus, a, um erit
복수	1	locuti, ae, a sumus	locuti, ae, a eramus	locuti, ae, a erimus
	2	locuti, ae, a estis	locuti, ae, a eratis	locuti, ae, a eritis
	3	locuti, ae, a sunt	locuti, ae, a erant	locuti, ae, a erunt

접 속 법 　　　　　명 령 법

		현재	미완료과거	현재
단수	1	loquar	loquerer	–
	2	loquaris	loquereris	loquere
	3	loquatur	loqueretur	–
복수	1	loquamur	loqueremur	–
	2	loquamini	loqueremini	loquemini
	3	loquantur	loquerentur	–

		현재완료	과거완료	미래
단수	1	locutus, a, um sim	locutus, a, um essem	–
	2	locutuc, a, um sis	locutus, a, um esses	loquitor
	3	locutus, a, um sit	locutus, a, um esset	loquitor
복수	1	locuti, ae, a simus	locuti, ae, a essemus	–
	2	locuti, ae, a sitis	locuti, ae, a essetis	locuimini)
	3	locuti, ae, a sint	locuti, ae, a essent	loquuntor

부 정 사	분 사
현재 loqui	**현재** loquens, entis
과거 locutum, os esse	**과거** locutus, a, um
미래 locuturum, os esse	**미래** locuturus, a, um
	수동형 당위 loquendus, a, um

목 적 분 사	동 명 사
능동 locutum	속격 loquendi 대격 ad loquendum
수동 locutu	여격 loquendo 탈격 loquendo

제 3 변화[제2식]

직 설 법

patior, pateris, passus sum, pati 당하다, 참다, 견디다

		현재	미완료과거	미래
	1	patior	patiebar	patiar
단수	2	pateris	patiebaris	patieris
	3	patitur	patiebatur	patietur
	1	patimur	patiebamur	patiemur
복수	2	patimini	patiebamini	patiemini
	3	patiuntur	patiebantur	patientur

		현재완료	과거완료	미래완료
	1	passus, a, um sum	passus, a, um eram	passus, a, um ero
단수	2	passus, a, um es	passus, a, um eras	passus, a, um eris
	3	passus, a, um est	pssus, a, um erat	passus, a, um erit
	1	passi, ae, a sumus	passi, ae, a eramus	passi, ae, a erimus
복수	2	passi, ae, a estis	passi, ae, a eratis	passi, ae, a eritis
	3	passi, ae, a sunt	passi, ae, a erant	passi, ae, a erunt

		접 속 법		명 령 법
		현재	**미완료과거**	**현재**
단수	1	patiar	paterer	–
	2	patiaris	patereris	patere
	3	patiatur	pateretur	–
복수	1	patiamur	pateremur	–
	2	patiamini	pateremini	patimini
	3	patiantur	paterentur	–
		현재완료	**과거완료**	**미래**
단수	1	passus, a, um sim	passus, a um essem	–
	2	passus, a um sis	passus, a um esses	patitor
	3	passus, a um sit	passus, a um esset	patitor
복수	1	passi, ae, a simus	passi, ae, a essemus	–
	2	passi, ae, a sitis	passi, ae, a essetis	(patimini)
	3	passi, ae, a sint	passi, ae, a essent	patiuntor

부 정 사

현재 pati

과거 passum, os esse

미래 passurum, os esse

분 사

현재 patiens, entis

과거 passus, a, um

미래 passurus, a, um

수동형 당위 patiendus, a, um

목 적 분 사

능동 passum

수동 passu

동 명 사

속격 patiendi   대격 ad patiendum

여격 patiendo   탈격 patiendo

제4변화

직 설 법

partior, partiris, partitus sum, partiri   나누다, 분배하다

		현재	미완료과거	미래
	1	partior	partiebar	partiar
단수	2	partiris	partiebaris	partieris
	3	partitur	partiebatur	partietur
	1	partimur	partiebamur	partiemur
복수	2	partimini	partiebamini	partiemini
	3	partiuntur	partiebantur	partientur

		현재완료	과거완료	미래완료
	1	partitus, a, um sum	partitus, a, um eram	partitus, a, um ero
단수	2	partitus, a, um es	partitus, a, um eras	partitus, a, um eris
	3	partitus, a, um est	partitus, a, um erat	partitus, a, um erit
	1	partiti, ae, a sumus	partiti, ae, a eramus	partiti, ae, a erimus
복수	2	partiti, ae, a estis	partiti, ae, a eratis	partiti, ae, a eritis
	3	partiti, ae, a sunt	partiti, ae, a erant	partiti, ae, a erunt

접 속 법   명 령 법

		현재	미완료과거	현재
	1	partiar	partirer	–
단수	2	partiaris	partireris	partire
	3	partiatur	partiretur	–
	1	partiamur	partiremur	–
복수	2	partiamini	partiremini	partimini
	3	partiantur	partirentur	–

		현재완료	과거완료	미래
	1	partitus, a, um sim	partitus, a, um essem	–
단수	2	partitus, a um sis	partitus, a, um esses	partitor

	3	partitus, a, um sit	partitus, a, um esset	partitor
	1	partiti, ae, a simus	partiti, ae, a essemus	–
복수	2	partiti, ae, a sitis	partiti, ae, a essetis	(partimini)
	3	partiti, ae, a sint	partiti, ae, a essent	partiuntor

부 정 사

현재 partiri
과거 partitum, os esse
미래 partiturum, os esse

분 사

현재 partiens, entis
과거 partitus, a, um
미래 partiturus, a, um
수동형 당위 partiendus, a, um

목 적 분 사

능동 partitum
수동 partitu

동 명 사

속격 partiendi   대격 ad partiendum
여격 partiendo   탈격 partiendo

동사 Fero [능동태]

직 설 법

fero, fers, tuli, latum, ferre 운반하다, 겪다, 가져오다 (bear)

		현재	미완료과거	미래
	1	fero	ferebam	feram
단수	2	fers	ferebas	feres
	3	fert	ferebat	feret
	1	ferimus	ferebamus	feremus
복수	2	fertis	ferebatis	feretis
	3	ferunt	ferebant	ferent
		현재완료	**과거완료**	**미래완료**
	1	tuli	tuleram	tulero

단수 2	tulisti	tuleras	tuleris
3	tulit	tulerat	tulerit
1	tulimus	tuleramus	tulerimus
복수 2	tulistis	tuleratis	tuleritis
3	tulerunt	tulerant	tulerint

접 속 법 명 령 법

현재		**미완료과거**	**현재**
1	feram	ferrem	–
단수 2	feras	ferres	fer
3	ferat	ferret	–
1	feramus	ferremus	ferte
복수 2	feratis	ferretis	–
3	ferant	ferrent	

현재완료		**과거완료**	**미래**
1	tulerim	tulissem	–
단수 2	tuleris	tulisses	ferto
3	tulerit	tulisset	ferto
1	tulerimus	tulissemus	–
복수 2	tuleritis	tulissetis	fertote
3	tulerint	tulissent	ferunto

부 정 사

현재 ferre
과거 tulisse
미래 laturum, am, um esse
　　　laturos, as, a esse

분 사

현재 ferens, entis

미래 laturus, a, um

목 적 분 사	동 명 사
latum	속격 ferendi 대격 ad ferendum
	여격 ferendo 탈격 ferendo

동사 Fero [수동태]

직 설 법

feror, ferris, latus sum, ferri 실려오다, 당하다

		현재	미완료과거	미래
단수	1	feror	ferebar	ferar
	2	ferris	ferebaris	fereris
	3	fertur	ferebatur	feretur
복수	1	ferimur	ferebamur	feremur
	2	ferimini	ferebamini	feremur
	3	feruntur	ferebantur	ferentur

		현재완료	과거완료	미래완료
단수	1	latus, a, um sum	latus, a, um eram	latus, a, um ero
	2	latus, a, um es	latus, a, um eras	latus, a, um eris
	3	latus, a, um est	latus, a, um erat	latus, a, um erit
복수	1	lati, ae, a sumus	lati, ae, a eramus	lati, ae, a erimus
	2	lati, ae, a estis	lati, ae, a eritis	lati, ae, a eritis
	3	lati, ae, a sunt	lati, ae, a erant	lati, ae, a erunt

접 속 법 　　명 령 법

		현재	미완료과거	현재
단수	1	ferar	ferrer	－
	2	feraris	ferreris	ferre
	3	feratur	ferretur	－

1	feramur	ferremur	–
복수 2	feramini	ferremini	ferimini
3	ferantur	ferrentur	–

	현재완료	**과거완료**	**미래**
1	latus, a, um sim	latus, a, um essem	–
단수 2	latus, a, um sis	latus, a, um esses	fertor
3	latus, a, um sit	latus, a um esset	fertor
1	lati, ae, a simus	lati, ae, a essemus	–
복수 2	lati, ae, a sitis	lati, ae, a essetis	–
3	lati, ae, a sint	lati, ae, a essent	feruntor

부 정 사

현재 ferri

과거 latum, am, um esse

  latos, as, a esse

미래 latum iri

분 사

과거 latus, a, um

목 적 분 사

latu

당 위 분 사

ferendus, a, um

동사 Volo & Nolo

직 설 법

volo, vis, volui, velle 원하다 (wish, be willing)

nolo, non vis, nolui, nolle 원하지 않다 (not to wish, be unwilling)

현재	**미완료과거**	**미래**

단수	1	volo	nolo	volebam	nolebam	volam	nolam
	2	vis	non vis	volebas	nolebas	voles	noles
	3	vult	non vult	volebat	nolebat	volet	nolet
복수	1	volumus	nolumus	volebamus	nolebamus	volemus	nolemus
	2	vultis	non vultis	volebatis	nolebatis	voletis	noletis
	3	volunt	nolunt	volebant	nolebant	volent	nolent

		현재완료		과거완료		미래완료	
단수	1	volui	nolui	volueram	nolueram	voluero	noluero
	2	voluisti	noluisti	volueras	nolueras	volueris	nolueris
	3	voluit	noluit	voluerat	noluerat	voluerit	noluerit
복수	1	voluimus	noluimus	volueramus	nolueramus	voluerimus	noluerimus
	2	voluistis	noluistis	volueratis	nolueratis	volueritis	nolueritis
	3	voluerunt	noluerunt	voluerant	noluerant	voluerint	noluerint

접 속 법　　　　　　　　　명 령 법

		현재		미완료과거		현재	
단수	1	velim	nolim	vellem	nollem	-	-
	2	velis	nolis	velles	nolles	-	noli
	3	velit	nolit	vellet	nollet	-	-
복수	1	velimus	nolimus	vellemus	nollemus	-	-
	2	velitis	nolitis	velletis	nolletis	-	nolite
	3	velint	nolint	vellent	nollent	-	-

		현재완료		과거완료		미래	
단수	1	voluerim	noluerim	voluissem	noluissem	-	-
	2	volueris	nolueris	voluisses	noluisses	-	nolito
	3	voluerit	noluerit	voluisset	noluisset	-	-
복수	1	voluerimus	noluerimus	voluissemus	noluissemus	-	-
	2	volueritis	nolueritis	voluissetis	noluisseti-		nolitote
	3	voluerint	noluerint	voluissent	noluissent	-	-

	부 정 법		분 사

부 정 법

현재 velle   nolle
과거 voluisse noluisse

분 사

현재 volens, entis   nolens, entis

동사 Fio

직 설 법

fio, fis, factus sum, fieri 이루어지다, 되다(be made, be done, become)

현재	**미완료과거**	**미래**
1 fio	fiebam	fiam
단수 2 fis	fiebas	fies
3 fit	fiebat	fiet
1 fimus	fiebamus	fiemus
복수 2 fitis	fiebatis	fietis
3 fiunt	fiebant	fient

현재완료	**과거완료**	**미래완료**
1 factus, a, um sum	factus, a, um eram	factus, a, um ero
단수 2 factus, a, um es	factus, a, um eras	factus, a, um eris
3 factus, a, um est	factus, a, um erat	factus, a, um erit
1 facti, ae, a sumus	facti, ae, a eramus	facti, ae, a erimus
복수 2 facti, ae, a estis	facti, ae, a eratis	facti, ae, a eritis
3 facti, ae, a sunt	facti, ae, a erant	facti, ae, a erunt

접 속 법		**명 령 법**
현재	**미완료과거**	**현재**
1 fiam	fierem	–

단수 2	fias	fieres	fi
3	fiat	fieret	-
1	fiamus	fieremus	-
복수 2	fiatis	fieretis	fite
3	fiant	fierent	-

	현재완료	**과거완료**	**미래**
1	factus, a, um sim	factus, a, um essem	-
단수 2	factus, a, um sis	factus, a, um esses	fito
3	factus, a, um sit	factus, a, um esset	fito
1	facti, ae, a simus	facti, ae, a essemus	-
복수 2	facti, ae, a sitis	facti, ae, a essetis	fitote
3	facti, ae, a, sint	facti, ae, a um essent	-

부 정 사	**분 사**
현재 fieri	**과거** factus, a um
과거 factum, os esse	
미래 futurum, os esse [fore]	**미래** futurus, a, um
factum iri	

목 적 분 사	**당 위 분 사**
factu	faciendus, a, um

동사 Eo

직 설 법

eo, is, ii, itum, ire 가다 (go)

	현재	**미완료과거**	**미래**
1	eo	ibam	ibo
단수 2	is	ibas	ibis

3	it	ibat	ibit
1	imus	ibamus	ibimus
복수 2	itis	ibatis	ibitis
3	eunt	ibant	ibunt

현재완료	**과거완료**	**미래완료**
1 ii (ivi)	ieram (iveram)	iero (ivero)
단수 2 isti (iisti, ivisti)	ieras	ieris
3 iit (it, ivit)	ierat	ierit
1 iimus (ivimus)	ieramus	ierimus
복수 2 istis (iistis, ivistis)	ieratis	ieritis
3 ierunt (iverunt, iere)	ierant	ierint

접 속 법　　　　　　　　　　명 령 법

현재	**미완료과거**	**현재**
1 eam	irem	–
단수 2 eas	ires	i
3 eat	iret	–
1 eamus	iremus	–
복수 2 eatis	iretis	ite
3 eant	irent	–

현재완료	**과거완료**	**미래**
1 ierim (iverim)	issem (iissem, ivissem)	–
단수 2 ieris	isses	ito
3 ierit	isset	ito
1 ierimus	issemus	–
복수 2 ieritis	issetis	itote
3 ierint	issent	eunto

부 정 사　　　　　　　　　　　분 사

현재 ire   **현재** iens, euntis

과거 isse (iisse, ivisse)

미래 iturum, am, um esse   **미래** iturus, a, um

목 적 분 사   동 명 사

능동 itum   속격 eundi   대격 ad eundum

수동 itu   여격 eundo   탈격 eundo

3. 교회 / 신학 용어

abbas 대수도원장

absolutio 사죄

actus fidei 신앙 행위

adoratio 예배, 경배

Agnus Dei 하나님의 어린양 (요 1:29)

amor Dei 하나님의 사랑

angelus Dei 하나님의 천사

ante Christum natum (약) a. Chr. n.

apostasia 배교

ascetismus 금욕주의

attributa divina 하나님의 속성

baptismus parvulorum 유아세례

benedictio 찬미, 축복(benediction); 은혜

candidatus ministerii 성직 후보자, 지망자

canticum 찬가, 성가

Catechismus 교리서

chorus 성가대

christianus 그리스도인

clericalis 성직자

Concilium 공의회

crux 십자가, 십자가상

De Civitate Dei 신국론

Deismus 이신론

diaspora 디아스포라

dioecesis 교구

dogma 교의

Ecclesia 교회, 성당

Ecclesia orthodoxa 정교회

episcopus 감독, 주교

Eucharistia 성찬

evangelium 복음, 복음서

abbatissa 대수도원장(여자)

actio missionalis 선교 활동

adoptianismus 그리스도 양자론

agape 아가페

alumnus seminarii 신학생

ancilla theologiae 신학의 시녀

annunciatio (성모 마리아) 수태고지

Apocrypha 위경

Ascensio Domini 주님의 승천

atheismus 무신론

Ave Maria 마리아 송[성모송]

Biblia Sacra 성서

bona fide 선한 믿음

canon biblicus 정경

cardinalis 추기경

catechumenus 예비 신자

Christianitas 그리스도교

Christus 그리스도

coelum 천국

Corpus Christi 그리스도의 몸

decimae 십일조

De gratia 은총론

Deus Pater 성부, 하나님 아버지

dies dominica 주일

doctrina 교리

dominus 주님

Ecclesia matrix 모교회

ecclesiologia 교회론

Eschatologia 종말론

evangelismus 복음주의

evangelizatio 복음화

excommunicatio 파문

expiatio 속죄

fides et ratio 신앙과 이성

filius hominis 인자, 사람의 아들

finis mundi 종말

fructus 과실, 결실

fundatio 기금

fundator 창설자

funus 장례

gentes 이방인

Gnosis 그노시스

Gnosticismus 영지주의

gratia sanctificans 성화의 은총

haeresis 이단

historia dogmatum 교의사

historia Ecclesiae 교회사

homilia 설교, 강론

homiliarius 설교집

honorarium 사례비

hymnus 찬미가

idololatria 우상 숭배

imago Dei 하나님의 모상

impositio manuum 안수

imputabilitas 죄책

indulgentia 은사, 대사

infallibilitas 무류성

infernus 지옥

inquisitio 종교 재판, 조사

ius canonicum 교회법

ius divinum 하나님의 법

Jesus Christus 예수 그리스도

jus conscientiae 양심법

konsubstantiation 공재설.

konzil (종교) 회의.

kurat 보좌신부.

kurie 로마 교황청.

laicus 평신도

Legatus pontificius 교황 사절

lex Mosaica 모세의 법, 구약의 율법

lex naturalis 자연법.

liberum arbitrium 자유의지, 자유의사

libertas evangelica 복음의 자유.

literae apostolicae 사도의 서신들.

litterae papales 교황 문서.

locus sacer 거룩한 장소

Logia Jesu 예수의 어록[언행].

malum 악

Manichaeismus 마니교

manna 만나

Maria Virgo 동정녀 마리아

martyr 순교자

martyrium 순교

mediatio 중재

mediator 중재자

mendicantes 탁발 수도자

millenarismus 천년 왕국설

minister 교역자, 하인, 종

ministerium 교역

ministerium sacramenttorum 성례전 집행의 직무.

missa 미사.

missa major(summa) 대미사.

missa minor(matutinalis) 소미사.

mission Dei 하나님의 선교.

munus propheticum 예언자적인 직무.

munus sacerdotale (그리스도의) 대제사장적 직무.

munus triplex 그리스도의 삼중 직무.

Nativitas 성탄일

neophytus 새신자

nomen baptismatis 세례명

non credens 비신자

obitus 사망

oblatio 봉헌기도

oboedientia activa (그리스도의) 능동적 복종.

oecumenismus 일치 운동

omniscientia 전지

ordo salutis 구원의 길, 구원의 단계.

oratio dominica 주의 기도

pastor 목자, 목사, (교구)주교, 주임신부.

pastor primarius 주임 목사.

Pater Ecclesiae 교부

patres apostolici 사도적 교부들.

pax Dei 하나님의 평화

peccatum actuale 행위의 죄.

peccatum ignorantiae 무지의 죄.

peccatum originis 원죄.

peccatum voluntarium 고의적인 죄.

Pontifex 사교, 주교

potentia absoluta 절대적 능력

propaganda 선전, 포교단.

providentia universalis 우주 전체에 대한 섭리

pro vivis et pro defunctis 산자와 죽은 자를 위하여

Quadragesima 사순절

rationalis 합리적인, 이성적인, 논리적.

Reformatio (Protestantica) 종교개혁

religio Christiana 그리스도교

revelatio 계시(revelation)

revelatio naturalis 자연 계시.

sacerdotium 사제직; 특별사제단.

sanctus 거룩한;성도; 성인, 성자

sensus litteralis 자구적[자의적] 의미.

sic et non 예와 아니요(*yes and no*)

S. J. (Societas Jesu) 예수회.

sola gratia 은혜로만 (오직 은혜).

spiritus sanctus 성령.

status perfectionsis 완전의 상태.

status viac 죽음 이전의 생명 상태.

theologia crucis 십자가 신학.

verbum Dei 하나님의 말씀

observantia, ae 준수

omnipotentia 전능

ordo 질서, 계급, 서열

oratio 기도

oratio mentalis 묵도

pastor loci 교구[지방] 목사.

pater 아버지. 영부, 신부

Pater Noster 주기도문.

pax 평화, 평화의 여신, 평화의 인사.

Pax Romana 로마의 평화.

peccatum capitale 중죄.

peccatum mortale 대죄.

peccatum veniale 소죄

perfectio 완전성.

Pontifex Maximus[Summus] 교황.

professio fidei 신앙고백[선언].

providentia divina 하나님의 섭리.

provocatio, onis 도발.

purgatorium 연옥

ratio 이성, 원인, 교훈.

rector ecclesiae 교구 목사.

reformator 개혁자, 개조자, 혁신자

remissio peccatorum 죄의 면제[사면].

revelatio generalis 일반 계시.

revelatio specialis 특별 계시.

sanctificatio 성화, 거룩하게 함.

sensus allegoricus 풍유적[우의적]의미.

sensus parabolicus 비유적 의미.

signatio crucis 십자표.

sola fide 믿음으로만 (오직 믿음).

sola scriptura 성서로만.

status corruptionis 타락 상태

status termini 죽음 이후의 상태.

Summa Theologia 스콜라 철학.

theologia gleriae 영광의 신학.

verbum visibile 볼 수 있는 말씀.

veritas 진리, 진실

Via crucis 십자가의 길

vinum 포도주

visitatio 방문

vita beata 축복된 삶.

vocatio generalis 일반 소명.

voluntas Dei 하나님의 (구원)의지.

Zelus 열정

via 길, …을 통하여.

Vicarius Christi 그리스도의 대리자

virgo 동정녀

vita 생명, 생활

vitium originis 원죄.

vocatio specialis 특수 소명.

votum 서원, 의견

Zionismus 시오니즘

4. 의학 용어

A

ab-articulamentum, i, *n.* 관절

ablepsia, ae, *f.* 맹목, 실명

accidens, entis, *n.* 병의 발작, 징후

afferentia, orum, *n.* 임파관

altera, ius, *f.* 간헐열

anaemia, ae, *f.* 빈혈

analgetica, orum, *n., pl.* 진통약

anatomia, ae, *f.* 해부

antidotum, i, *n.* 해독제

aorta, ae, *f.* 대동맥

apoplexia, ae, *f.* 중풍

ascaris, is, *f.* 회충

asthma, atis, *n.* 천식

abdomen, inis, *n.* 배, 복부

abscessus, us, *m.* 농양

achromotopsia, ae, *f.* 색맹증

agria, ae, *f.* 화농증

amygdala, ae, *f.* 편도선

anaesthesia, ae, *f.* 무감각, 마취법

anaspasis, is, *f.* 위경련

angina, ae, *f.* 인후통

anus, i, *m.* 항문

aphasia, ae, *f.* 실어증

arteria, ae, *f.* 동맥

asthenia, ae, *f.* 무력, 쇠약

B

bacteriologia, ae, *f.* 세균학

beriberia, ae, *f.* 각기

biotomia, ae, *f.* 생체해부학

bronchia, orum, *n., pl.* 기관지

bursa, ae, *f.* 점액낭

bacterium, i, *n.* 세균, 분열균

bilis, is, *f.* 담즙

brachium, i, *n.* 위팔, 앞팔

bulla, ae, *f.* 물집

C

caecitas, atis, *f.* 야맹증

caecum, i, *n.* 맹장

canalis, is, *m.* 관

capsula, ae, *f.* 낭

cardimona, ae, *f.* 위경련

carpus, i, *m.* 손목뼈

castratio, onis, *f.* 거세

cephalagria, ae, *f.* 두통

caecitis, tidis, *f.* 맹장염

calculatio, onis, 결석병

cancer, cri, *m.* 암

cardialgia, ae, *f.* 위통

carditis, tidis, *f.* 심장염

cartilago, ginis, *f.* 연골

catharticum, i, *n.* 하제, 도사제

cephalitis, tidis, *f.* 뇌염

cerebrum, i, *n.* 대뇌

cholelithiais, is, *f.* 담석병

cholera, ae, *f.* 콜레라

clyster, eris, *m.* 관장, 관장제

collum, i, *n.* 목

conjunctiva, ae, *f.* 결막

consumptio, onis, 폐결핵

corneitis, tidis, *f.* 각막염

coryza, ae, *f.* 급성비카타르, 코감기

cutis, is, *f.* 피부

chirurgia, ae, *f.* 외과의술

choleplania, ae, *f.* 황달

clinice, es, *f.* 임상, 임상강의

colica, ae, *f.* 복통, 장통

colon, i, *n.* 대장

constrictor, oris, *m.* 활약근, 수축

cornea, ae, *f.* 각막

cortex, ticis, 피질

crus, cruris, *n.* 다리, 아래넓적다리

cystitis, tidis, *f.* 방광염

D

delirium, i, *n.* 알콜 중독에 의한 정신병

dermatologia, ae, *f.* 피부병학

diphtheria, ae, *f.* 디프테리아

dormitiva, orum, *n., pl.* 진정제, 최면제

duodenum, i, *n.* 십이지장

dyspepsia, ae, *f.* 소화불량

dyspnoea, ae, *f.* 호흡곤란

dermatitis, titidis, *f.* 피부염

diabetes, is, *n.* 당뇨병

diuresis, is, *f.* 이뇨

ductus, us, *m.* 관

dysenteria, ae, *f.* 이질

dysphrenia, ae, *f.* 정신병

dysuria, ae, *f.* 배뇨곤란

E

embryo, onis, *m.* 태아

empyema, atis, 축농

encephalitis, tids, *f.* 뇌염

epidemia, ae, *f.* 유행병, 전염병

exatalis, is. *m.* 직장

emesis, is, *f.* 구토

empyesis, is, *f.* 화농

enteron, i, *n.* 소장

epigastrium, i, *n.* 상복부

F

faredo, dinis, *f.* 괴양

fibrocartilago, ginis, *f.* 섬유연골

fistulani 치질, 치루

femur, moris *n.* 넓적다리

fissura, ae, *f.* 열상

fomentatio, onis, *f.* 찜질, 찜질법

G

gastrodynia, ae, *f.* 위통

gingiva, ae, *f.* 잇몸

glabella, atis, *n.* 미간

gutturina, ae, *f.* 인후병

glucosum, i, *n.* 포도당

H

haematuria, ae, *f.* 혈뇨

haemorrhoida, ae, *f.* 치질

heliosis, is, *f.* 일사병

hemicrania, ae, *f.* 편두통

hernia, ae, *f.* 탈장, 헤르니아

hilla, ae, *f.* 소장

hydrophobia, ae, *f.* 공수병, 광견병

hypnoticum, i, *n.* 최면제

hystera, ae, *f.* 자궁

haemoptysis, is, *f.* 각혈

haemostaticum, i, *n.* 지혈제

hemeralopia, ae, *f.* 야맹증

hepar, atis, *n.* 간장

herpes, etis, *m.* 발진

hydragyrum, i, *n.* 수은

hypermetropia, ae, *f.* 원시

hypophysis, is, *f.* 뇌하수체

hysteria, ae, *f.* 히스테리아

I

ictericus, i, m. 황달

immukologia, ae, *f.* 면역학

insultus, us, *m.* 발작

ischaemia, ae, *f.* 빈혈

ileotyphus, i, *m.* 장티푸스

inguen, inguinis, *n.* 하복

intestina, orum, *n.*, pl. 내장

ischias, adis 좌골신경통

L

lactes, ium, *f.*, *pl.* 소장

lalopathia, ae, *f.* 언어장해

laxans, antis, *n.* 하제, 완하제

leucaemia, ae, *f.* 백혈병

lien, enis, *m.* 비장

lumbus, i, *m.* 허리

lymphoglandula, ae, *f.* 임파선

laesio, onis, *f.* 외상

laparotomia, ae, *f.* 개복술

lepra, ae, *f.* 나병

leucocytus, i, *m.* 백혈구

lumbago, ginis, *m.* 요통

lympha, ae, *f.* 임파, 임파액

lyssa, ae, *f.* 광견병

M

mandibulum, i, *n.* 턱

medicus, i, *m.* 의사

melancholia, ae, *f.* 우울증

meninx,ingis, *f.* 뇌막

medicatio, onis, *f.* 투약, 약물치료

medulla, ae, *f.* 골수, 척수

membrum, i, *n.* 사지

menses, ium, *m.*, *pl.* 월경

mictio, onis, *f.* 배뇨
mortalitas, atis, *f.* 사망률
musculatura, ae, *f.* 근육조직
myrinx, ingis, *f.* 고막

monstrum, i, *m.* 선천기형
mucus, i, *m.* 점액
myopia, ae, *f.* 근시

N

narcosis, is, *f.* 마취
naupathia, ae, *f.* 뱃멀미
necrobiosis, is, *f.* 체내 세포의 사멸
neonatus, us, *m.* 신생아
nervus, i, *m.* 신경
neurasthenia, ae, *f.* 신경쇠약증
neuroparalysis, is, *f.* 신경마비
nostalgia, ae, *f.* 향수병
nyctalopia, ae, *f.* 야맹증

narcoticum, i, *n.* 마취제
nausea, ae, *f.* 메스꺼운, 구역질
necropsia, ae, *f.* 시체해부
nephropathia, ae, *f.* 신장질환
neuralgia, ae, *f.* 신경통
neuritis, tidis, *f.* 신경염
neurosis, is, *f.* 신경증, 노이로제
nucleus, i, *m. dim.* 신경핵
nymphomania, ae, *f.* 여자색정광

O

obesitas, atis, *f.* 비만증
oesophagus, i, *m.* 식도
omphalos, i, *m.* 배꼽
organum, i, *n.* 기관, 장기
otitis, otitidis, *f.* 이염
otologia, ae, *f.* 이과학

ocularius, i, *m.* 안과의사
oligophrenia, ae, *f.* 정신박약
ophthalmologia, ae, *f.* 안과학
osteomyeletis, tidis, *f.* 골수염
otitis media 중이염
ozaena, ae *f.* 축농증

P

paediatria, ae, *f.* 소아과학
paralysis, is, *f.* 마비
parturitio, onis, *f.* 출산
pervigilium, i, *n.* 불면증
phrenasthenia, ae, *f.* 정신박약
phrenitis, tidis, *f.* 뇌염
pneumonia, ae, *f.* 폐염
prosopoplegia, ae, *f.* 안면마비
psychopathia, ae, *f.* 정신병
purulentia, ae, *n.* 고름, 곪음, 화농

pancreas, atis. *n.* 췌장
parasitologia, ae, *f.* 기생충학
pelvis, is, *f.* 골반
pestis, is, *f.* 페스트, 흑사병
phrenesia, is, *f.* 정신착란
pleuritis, tidis, *f.* 늑막염
pons, pontis, *m.* 다리
prostata, ae, *f.* 전립선
purgans, antis, *n.* 하제
pustula, ae, *f.* 물집, 농포

R

rabies, ei, *f.* 광견병

rectum, i, *n.* 직장

ren, renis, *f.* 신장

rhachitis, idis, *f.* 곱추병

rhinitis, tidis, *f.* 비염

ramex, micis, *m.* 탈장

refrigerans, antis, *n.* 해열제

resectio, onis, *f.* 절제(술)

rheumatismus, i, *n.* 류우머티즘

ruptura, ae, *f.* 파열

S

saliva, ae, *f.* 침, 타액

sapraemia, ae, *f.* 패열증

sciatica, ae, *f.* 좌골신경통

sedativum, i, *n.* 진정제

serum, i, *n.* 혈청

skeleton, i, *n.* 골격

spasmus, i, *m.* 경련

sphincter, eris, *m.* 괄약근

splen, enis, *m.* 비장

stomachus, i, *m.* 위

stypticum, i, *n.* 지혈제

synanche, es, *f.* 인후염

santoninum, i, *n.* 산토닌(회충약)

seabies, ei, *f.* 옴(피부병)

sectio, onis, *f.* 절개

sepsis, is, *f.* 패혈증

siriasis, is, *f.* 일사병

spaniaemia, ae, *f.* 빈혈

sperma, atis, *n.* 정액

spiritus, us, *m.* 알코홀

stenocardia, ae, *f.* 협심증

stomatitis, tidis, *f.* 구강염

suppositorium, i, *n.* 좌약

syncope, es, *f.* 기절, 기사

T

tabulettae, arum, *f., pl.* 정제

tela, ae, *f.* 조직

testiculus, i, *m., dim.* 불알

thermoplegia, ae, *f.* 일사병

thrombus, i, *m.* 혈전

tonicum, i, *n.* 강장제

trachea, ae, *f.* 기관

transmissio, onis, *f.* 전염

tuberculosis, is, *f.* 결핵

tussis, is, *f.* 기침

typhlon, i, *n.* 맹장

taenia, ae, *f.* 촌충

temperamense, entis, *n.* 진정제

therapia, ae, *f.* 치료, 요법

thorax, acis, *m.* 흉곽

thyreoidea, ae, *f.* 갑상선

tonsillae, arum, *f., pl.* 편도선

transfusio, onis, *f.* 수혈

trauma, atis, *n.* 외상

tumor, oris, *m.* 종양

tympanum, i, *n.* 중이, 고막

thypus, i, *m.* 티푸스

U

ulcus, ceris, *n.* 궤양

umbilicus, i, *m.* 배꼽

unguentum, i, *n.* 연고

uragogum, i, *n.* 이뇨제

urologia, ae, *f.* 비뇨기과학

ulcus ventriculi, 위궤양

unctio, onis, *f.* 연고

unguis, is, *m.* 손톱, 발톱

ureter, eris, *m.* 뇨관

uterus, i, *m.* 자궁

V

vaccinatio , onis, *f.* 종두

vas, vasis, *n.* 맥관, 혈관

vermifugum, i, *n.* 구충제

virus, i, *n.* 병독, 병원체

visio, onis, *f.* 시각

vitium, i, *n.* 질환, 장해

vomitivum, i, *n.* 토제

vulnus, neris, *n.* 상처

variola, ae, *f.* 천연두

vena, ae, *f.* 정맥

vertigo ginis, *f.* 현기

viscera, um, *n. pl.* 내장

visus, us, *m.* 시력, 시각

vitium cordis 심장질환

vomitus, us *m.* 구토

X

xerosis, is, *f.* 건조증

5. 단어집(Vocabularium Latinum)

A

ab(a, abs) *praep. c. abl.* …에서, …로부터

abditus, a, um 숨은, 감추어진; 비밀의

abduco, duxi, ductum, ere 끌어내다, 데리고 가다

abhorreo, ui, ere 혐오하다, 싫어하다; 거역하다

abluo, ui, utum, ere 씻다; 속죄하다, 죄를 씻다

abripio, ripui, reptum, ere 빼앗다, 잡아채다

absens, entis 결석한, 부재의, 없는

abstergo, tersi, tersum, ere 씻어주다, 닦다

abstraho, axi, actum, ere 떼어놓다, 갈라놓다

abundans, antis 넘쳐흐르는, 풍부한, 많은

abutor, usus sum. uti 소비하다; 남용하다

accedo, cessi, cessum, ere 접근하다, 가까이 가다

accido, cidi, ere 생기다, 일어나다; 떨어지다

accommodatus, a, um 적절한, 적합한, 알맞은

acer, cris, cre 날카로운, 예민한

acerbus, a, um 떫은, 신, 쓰라린

acquiro, quisivi, quisitum, ere 얻다, 습득하다

actor, oris, *m.* 실행자, 원고, 출연자

aculeus, i, *m.* 침, 바늘, 자극

acus, us, *f.* 바늘, 침, 핀, 머리핀

addictus, a, um 정해진, …할 책임 있는

ademptus, a, um 빼앗긴, 박탈당한

adhibeo, bui, bitum, ere 이용하다, 사용하다, 쓰다

adimo, emi, emptum, ere 뺏다, 가져가다

adiungo, iunxi, iunctum, ere 연결시키다, 결합시키다

administrare 섬기다, 협조하다, 관할하다, 집행하다

admiraror 탄복하다, 놀라다, 경탄하다

admissio, onis, *f.* 허가, 인허

admitto, misi, missum, ere 승낙하다, 받아들이다

adnuntiare 알리다, 통고하다

abavus, i, *m.* 고조부, 고조 할아버지

abdo, didi, ditum, ere 숨겨놓다; 치우다

abeo, ii, itum, ire 떠나가다, 사라지다

abjicio, jeci, jectum, ere 버리다, 포기하다

aboleo, evi, litum, ere 지우다, 지워버리다

absconditus, a, um 숨겨진, 비밀의

absolvo, solvi, solutum, ere 사면하다

abstinentia, ae, *f.* 절제, 금욕; 단식

absum, abfui[afui], abesse 결석하다

abusus, us, *m.* 악용, 남용, 소비

ac=atque 그리고, 또, 더욱이

accendo, di, sum, ere 불 놓다, 불켜다

accipio, cepi, ceptum, ere 받다, 받아들이다,

accusare 나무라다, 고발하다, 고소하다

acerbitas, atis, *f.* 떫음, 냉정, 모짐

acies, ei, *f.* 전열, 진지, 전선, 일선

actio, onis, *f.* 소송, 행동, 작용

actus, us, *m.* 행위, 행동

acuo, ui, utum, ere 예리하게 만들다

ad, *praep. c. acc.* …으로, …에게로

adduco, duxi, ductum, ere 인솔하다, 이끌다

adeo, ii, itum, ire 나아가다, 다가가다

adhuc 지금까지, 그밖에, 아직도

adipiscor, adeptus sum, adipisci 얻다

adiuvare 돕다, 거들다, 격려하다

admirabilis, e 놀라운, 탄복할, 감탄할

admiratio, onis, *f.* 경의, 감탄

admissum, i, *n.* 저지른 잘못, 악행

admoveo, movi, motum, ere 일으키다

adnuo, nui, nutum, ere 끄덕이다, 시인하다

adoptare 입양하다, 골라잡다, 선택하다

adsum, adfui[affui], adesse 돕다, 출석하다

adulescentia, ae, f 청춘, 젊은 시절

advena, ae, m 이방인, 외국인

adventus, us, m 다가움, 도착, 당도

adversarius, a, um 앞에 놓인, 반대하는

adversus, prae. c. ace. 거스리는, 반대하여

advesperascit, vit, ere 저녁이 되다

advolare 날아가다, 급히 가다

aedicula, ae f 사당, 작은 방

aeger, aegra, aegrum 앓는, 병든, 힘든

aegrotus, i m 환자, 병자

aequalis, e 같은, 평등한

aequare 같게하다, 동등하게 하다

aequitas, atis f 평면, 평등, 공정

aequuus, a, um 공정한, 공평한

aerius, a, um 공중의, 공기의

aes, aeris n 청동, 화평, 돈, 급료

aestimare 평가하다, 값을 매기다

aestuare 열이 나다, 뜨거워지다

aeternitas, atis f 영원, 불사불멸

aevum, i n 시대, 시기, 생애

affectio, onis f 애정, 호의, 영향

afficio, feci, fectum, ere 작용하다, 끼치다

affinitas, atis f 연고, 가까움, 인척관계, 이웃

ager, gri m 밭, 공유지

aggredior, gressus sum, gredi, 가다, 공격하다

agmen, inis n 떼, 대열, 전열, 전서

agnomen, minis n 아호, 별명

ago, egi, actum, ere 행동하다, 행위하다

aio, ait 긍정하다, 말하다

alacritas, atis f 명민, 활발한

alea, ae f 주사위, 주사위 놀이; 운수, 재수

alienus, a, um 남에게 속하는, 외국의

aliquis, quid 누가, 어떤것

alius, a, ud 다른, 또 하나의

adoptio, onis, f 입양, 채용

adulescens, entis, m f 청소년, 젊은이

adulterare 더럽히다, 간통하다, 위조하다

advenio, veni, ventum, ire 도착하다

adversaria, orum, n 비망록, 성적표

adversitas, atis, f 불행, 재난

adversus, a, um 맞은편의, 반대의

advocatus, i m 변호인, 조수

aedes, ium f pl. 저택, 가옥, 집

aedificare 세우다, 건축하다, 건설하다

aegritudo, dinis f 병, 근심

aequabilitas, atis f 불편부당, 평등

aequalitas, atis, f 같음; 같은 나이; 동등

aequinoctium, i n 주야 평분선, 춘(추)분

aequor, oris n 평지, 평야, 바다

aer, aeris n 공기, 공중

aerumna, ae f 고생, 번민

aestas, atis f 여름, 무더위

aestimatio, onis f 존경, 평가

aetas, atis f 세월, 시대, 나이

aeternus, a, um 영원한, 끝없는

affari 말을 걸다, …를 향하여 말하다

affero, attuli, allatum, afferre 가져오다

affines, um m pl. 인척

affirmare 주장하다, 확인하다

agger, eris m 보루, 더미, 둑

agitare 몰다, 흔들다, 훑어가다, 손대다

agnatio, onis f 부계 혈족

agnus, i m 어린양, 새끼양

agricola, ae m 농부, 경작자

alacer, cris, cre 민첩한, 재빠른, 활발한

albus, a, um 흰, 창백한, 맑은

algeo, alsi , ere 춥다, 시리다, 감기 걸리다

aliquando 때대로, 종종

aliter 다르게, 달리

allicio, lexi, lectum, ere 끌다, 매혹하다

almus, a, um 생명을 주는, 싱싱한

aloe, es f 알로에, 용설란

alter, altera, alterum (둘 중의) 다른 하나

altus, a, um 키가 큰, 높은, 깊은

alvus, i m 하복부, 중심, 선창

amare 사랑하다, 좋아하다, 연애하다

ambiguus, a, um 모호한, 망설이는

amens, ntis 미친, 정신 이상의

amica, ae f 여자 친구, 동무

amicitia, ae f 우애, 우정, 교분

amicus, i m 친구, 벗; 충성스러운 신하

amitto, misi, missum, ere 잃다, 지다

amor, oris m 사랑, 애정, 연애

amplector, plexus sum, plecti 포옹하다

an 둘째 (이하)의 물음에는 an을 씀: …이냐?

angelus, i m 천사, 사자

angulus, i m 구석, 모퉁이

angustus, a, um 좁은, 빠듯한, 곤란한

animadversio, onis f 관찰, 주의

animans, ntis, animal, alis n 생물, 동물

annona, ae f 햇곡식, 추수, 곡물 가격

anquiro, quisivi, quisitum, ere 뒤쫓다, 캐다

antecedo, cessi, cessum, ere 앞서다, 앞서가다

antenna, ae f 깃대, 삼각돛의 활대

antiquitus 예로부터, 옛날에

anulus, i m 반지, 도장

anxius, a, um 걱정하는, 근심하는

aperio, perui, pertum, ire (문을)열다, 파다

apex, icis m 정점, 왕관, 붓

apodyterium, ii n 탈의실

appellare 부르다, 말 건네다, 상고하다

apprehendo, di, sum, ere 붙잡다, 파악하다

appropinquare 다가가다, 접근하다

aptus, a, um 동여매인, 적합한

aqua, ae f 물, 비, 수도

aquila, ae f 독수리, 독수리 군기

alo, alui, altum, ere 키우다, 기르다, 치다

altar(e), is n 제단, 제대

altitudo, inis f 높이, 깊이

alumnus, i m 생도, 학생, 제자

amabilis, e 사랑스러운, 귀여운

amarus, a, um 쓴, 불쾌한

ambulare 걷다, 걸어다니다, 산책하다

amentia, ae f 발광, 우매, 광기

amicio, amixi, amictum, ire 가리다, 옷 입다

amicus, a, um 친밀한, 친근한, 우호적인

amita, ae f 고모, 아버지의 누이

amnis, is m f 강물, 큰 강

amphitheatrum, i n 원형 극장, 경기장

amplus, a, um 큰, 거대한, 넓은

ancilla, ae f 하녀, 여종, 여자노예

Anglia. ae f 영국

angustiae, arum f pl. 협소, 궁색, 협곡

anima, ae f 공기, 혼, 정신, 마음, 영혼

animadverto, verti, versum, ere 주의하다

animus, i m 정신, 마음, 생각, 뜻

annus, i m 해, 년, 나이

ante, praep.c. acc. 전에, 앞에, 더

antefero, tuli, latum, ferre 더 낫게 여기다

antequam conj. …하기 전에

antiquuus, a, um 오래된, 낡은, 으뜸가는

anus, us f 노파, 할머니

aper, apri, m 멧돼지, 산돼지

apertus, a, um 열린, 드러난, 맑은

apis, is m 벌, 꿀벌

appareo, ui, itum, ere 나타나다, 드러나다

appeto, ivi, titum, ere 다가오다, 탐내다

approbare 승인하다, 인가하다

aptitudo, inis f 적성, 재능

apud, praep. c. acc. 옆에, 근처에, 앞에

aquaeductus, us m 상수도, 수로

aquilifer, feri m 기수

ara, ae *f* 제단, 제대, 묘석

aratrum, i *n* 쟁기

arbitrari 여기다, 목격하다, 심판하다

arca, ae *f* 상자, 궤짝, 감방

arcus, us *m* 활, 대궁, 아치

ardeo, arsi, arsum, ere 불붙다, 빛나다

arduus, a, um 가파른, 험난한

arena, ae *f* 모래, 사막, (원형극장) 마당

argumentum, i *n* 논증, 논거, 주제

aridus, a, um 메마른, 무미건조한

arma, orum *n pl* 도구, (방어) 무기

ars, artis *f* 예술, 기교, 솜씨, 기술

arx, arcis *f* 정상 요새, 포대

aspectus, us *m* 바라봄, 면모, 시야

aspicio, spexi, spectum, ere 바라보다

assiduitas, atis *f* 곁을 떠나지 않음, 항구함

assisto, astiti, ere 옆에 서다, 모시다

assuetus, a, um 낯익은, 익숙한

astrum, i *n* 별, 성좌, *pl.* 하늘

atavus, i *m* 고조부, 선조

atque (ac) …과, 그리고, 또, 더욱이

atrium, ii *n* (거실에 해당하는) 현관, 저택

attamen 그러나, 그러면서도

attente 조심해서, 주의하여

attollo, ere 들어올리다, 들어 높이다

auctor, oris *m* 제창자, 건설자, 소유자

audax, acis 과감한, 대담한, 담대한

audio, ivi, itum, ire 듣다, 경청하다, 허가하다

auditor, oris *m* 생도, 청강자

augeo, auxi, auctum, ere 증가시키다

aula, ae *f* 현관, 저택, 강당

aureus, a, um 황금의, 금으로 만든

auris, is *f* 귀, 청각

aurum, i *n* 금, 황금, 금화

auster, austri *m* 남풍

autem 그러나, 그런데, …은

arare 경작하다, 밭 갈다, 농사 짓다

arbiter, tri *m* 중재인, 배심원

arbor, oris *f* 나무, 수목

arcesso, ivi, itum, ere 부르다, 끌다

ardens, entis 불타는, 열렬한, 뜨거운

ardor, oris *m* 화염, 정열, 사랑

area, ae *f* 마당, 뜰, 공지, 광장

argentum, i *n* 은, 은화

arguo, gui, gutum, ere 밝히다, 주장하다

aries, etis *m* 숫양

arripio, pui, reptum, ere 잡아당기다, 붙잡다

articulus, i *m* 관절, 마디, 절, 순간

asinus, i *m* 당나귀, 바보

asper, era, erum 거친, 험한

assentior, sensus sum, in 동의하다

assiduus, a, um 붙어 다니는, 끈기 있는

assuefacio, feci, factum, ere 길들이다

assumo, sumpsi, sumptum, ere 받아들이다

at 그래도, 그러나, 그런데

atomus, i *f* 원자, 아톰

atqui 그런데, 그래도

atrox, ocis 가혹한, 격심한, 포악한

attendo, tendi, tactum, ere 주목하다

attingo, tigi, taetum, ere 접촉하다, 다다르다

auctoritas, atis *f* 권위, 정권, 소유권

audacia, ae *f* 과감, 용감, 대담, 담대함

audeo, ausus sum, ere 감행하다

auditorium, ii *n* 감상실, 객석, 강당

aufero, abstuli, ablatum, auferre 가져가다

aula, ae *f* 남비

aura, ae *f* 미풍, 공기, 광채

auriga, ae *m* 마부, 전차 경기자

aurora, ae *f* 새벽, 서광

auscultare 귀담아 듣다

aut 혹은, …든지

autumnum, i *n* 가을

autumnus, i *m* 가을, 연, 해

auxilium, ii *n* 도움, 원조

avaritia, ae *f* 인색 탐욕, 물욕

avarus, a, um 인색한, 욕심 많은

avia, ae *f* 할머니, 조모

aviditas, atis *f* 탐욕, 갈망

avidus, a, um 열망하는, 인색한

avis, avis *f* 새, 징조

avunculus, i *m* 외삼촌, 아저씨

avus, i *m* 할아버지, 조부

axix, is *m* 축, 극

B

barbarus, a, um 야만의, 외국의, 거칠은

basilica, ae *f* 공관, 공회당

basis, is *f* 기초, 토대, 저변

basium, ii *n* 입맞춤

beare 축복하다, 기쁘게 하다

beatus, a, um 행복한, 축복받은, 복된

bellum, i *n* 전쟁, 교전, 적개심

bellus, a, um 아름다운, 어여쁜

belua, ae *f* 짐승, 맹수, 괴물

bene 잘, 훌륭하게, 좋게

beneficium, ii *n* 친절, 호의, 은혜

benevolentia, ae *f* 호의, 선의, 친절, 환심

benignitas, atis *f* 호의, 혜택

benignus, a, um 관대한, 인자한

bestia, ae *f* 짐승

bibliotheca, ae *f* 도서관, 책장, 서가

bibo, bibi, bibitum, ere 마시다

bis 두 번, 두 배로

blandior, itus sum, iri 아첨하다, 유혹하다

blanditia, ae *f* 애교, 아첨, 유혹

blandus, a, um 아첨하는, 매혹적인

bonum, i *n* 선 pl. 재산

bonus, a, um 좋은, 착한, 훌륭한

bos, bovis *m* *f* 소

brachium, ii *n* 팔, 위팔

brevis, e 짧은, 간결한

bruma, ae *f* 동지, 겨울, 겨울 추위

bulla, ae *f* 수포, 향주머니

buris, is *m* 쟁기자루

C

cadaver, veris *n* 시체, 썩은 고기

cado, cecidi, casum, ere 떨어지다, 넘어지다

caducus, a, um 넘어지는, 덧없는

caecus, a, um 눈먼, 맹목적, 어두운

caedes, is *f* 살육, 때림, 넘어뜨림

caedo, cecidi, caesum, ere 베다, 죽이다

caelestis, e 하늘의, 천상적

caelum, i *n* 하늘, 창공, 천국

calamitas, atis *f* 재앙, 재난, 패전

calamitosus, a, um 불운한

calamus, i *m* 갈대, 펜, 갈피리

calceus, i *m* 구두, 신

calefacio, feci, factum, ere 데우다, 뜨겁게하다

calidus, a, um 따뜻한, 열렬한, 경솔한

caligo, inis *f* (짙은)안개, 연무, 어두움

calliditas, atis *f* 노련, 교활, 간교

callidus, a, um 능란한, 교활한

calor, oris *m* 더위, 태양열

campester, tris, tre 들판의, 평탄한

campus, i *m* 들, 평야, 분야. 광장

candela, ae *f* 밀초, 촛불

candidus, a, um 흰, 눈부신, 깨끗한

canis, is m. 개

cano, cecini, cantum, ere 노래하다

cantus, us *m* 노래, 가곡, 음악

capio, cepi, captum, ere 잡다, 사로잡다

caput, itis *n* 머리, 수령, (책의) 장

carcer, eris *m* 감옥, 마차 경주 출발점

caritas, atis *f* 사랑, 귀함, 자선

caro, carnis *f* 고기, 살, 육체

carrus, i *m* 짐마차

casa, ae *f* 초가집, 농가

castigare 꾸짖다, 비난하다,, 징벌하다

castus, a, um 순결한, 깨끗한, 양심적인

catena, ae *f* 사슬, 감옥, 구금

cathedra, ae *f* (팔걸이) 의자, 강단

cautus, a, um 보증받은, 조심성 잇는

cedo, cessi, cessum, ere 가다, 양보하다

celeber, celebris, celebre 유명한, 변화한

celer, celeris, celere 빠른, 신속한

cella, ae *f* 골방, 창고

censeo, sui, sum, ere 헤아리다, 생각하다

census, us *m* 호구조사, 국세조사

centuria, ae *f* 백인대, 중대

cerno, crevi, cretum, ere 여기다, 판단하다

certare 싸우다, 다투다, 겨루다

cervix, icis *f* 목, 목덜미, 어깨

ceteri, ae, 그밖의, 나머지의

cieo, civi, citum, ciere 쑤시다, 자극하다

cinis, neris *m f* 재, 잿더미, 유골

circiter 대략, 약··, ···쯤

circumeo, ii, itum, ire 두루 다니다, 에워싸다

circumvenio, veni, ventum, ire 에워싸다

cista, ae *f* 궤, 상자, 투표함

citharista, ae *m* 비파 악사

citra[+acc.] 이편에, 이쪽으로, 외에

candeo, ui, ere 불에 달구어지다, 작열하다

candor, oris *m* 광택, 솔직, 명쾌

cannsbis, is *f* 대마, 삼

cantare 노래 부르다, 연주하다

capesso, ivi, itum, ere 붙들다, 떠받치다

captivus, i *m* 포로

carbo, onis *m* 숯, 석찬, 먹

careo, ui, ere ···이 없다, 부족하다

carmen, inis *n* 노래, 시가

carpo, carpsi, carptum, ere 따다, 즐기다

carus, a, um 귀한, 귀중한, 사랑스러운

castellum, i *n* 성, 요새, 촌락

castra, orum *n,* pl. 진영, 진지, 행군

casus, us *m* 사건, 사고, 경우

caterva, ae *f* 떼, 군중, 군대

causa *f* 원인, 구실, 사건, 소송사건

caveo, cavi, cautum, ere 주의하다, 삼가다

celare 숨기다, 은폐하다

celebrare 거행하다, 찬양하다, 축하하다

celeritas, atis *f* 재빠름, 신속,, 속도, 속력

cena, ae *f* 저녁 식사, 만찬

censor, oris *m* 감찰관, 검열관

centum[indecl] 백, 100

cera, ae f. 밀랍

certamen, inis *n* 결투, 싸움, 시합

certus, a, um 확실한, 안정된, 일정한

cessare 그치다, 중지하다, 효력을 잃다

cibus, i *m* 식량, 음식, 먹이, 자양분

cingo, cinxi, cinctum, ere 두르다, 차다

circenses, ium *pl. m* 곡예, 서커스

circum, circa[+acc.] 주위에, 주위로, 무렵에

circumfero, tuli, latum, ferre 돌아다니다

circus, i *m* 원, 궤도(마차), 경주장

citare 재촉하다, 흥분시키다, 소환하다

cito 빨리, 갑자기

civilis, e 시민의, 국민의, 국가의

245

civis, is *m f* 시민, 자유시민

clades, is *f* 패전, 재앙

clamare 소리지르다, 외치다

clarus, a, um 환한, 밝은, 맑은

classis, is *f* 함대, 선단, 학급, 등급

claudus, a, um 발을 저는

clavus, i *m* 못, 키, 튜닉의 자색 줄무늬

clementia, ae *f* 인자, 관용, 자비

clipeus, i *m* (둥근)방패

codex, icis *m* (,낱장들로 된) 양피지 책

coeo, ii, itum, ire 함께 가다, 모이다, 맺다

coerceo, ui, itum, ere 가두다, 단속하다

cogitatio, onis *f* ,사고력, 사유, 사상

cognitio,, onis *f* 인식, 이해, 지식

cognosco, cognovi, cognitum, ere 인식하다

cohors, rtis, *f* 울안, 행렬, 대대

collegium, ii *n* 조합, 단체

collis, is *m* 언덕, 구릉, 야산

colloquium, ii *n* 대화, 담화

collustratre 밝게 비추다, 둘러보다

colonus, i *m* 농부, 소작인, 식민

culumba, ae *f* 비둘기

comburo, bussi, bustum, ere 불태우다

cometes, ae *m* 혜성

comitare 동행하다

comitium, ii *n* 공동 회합, 집회 장소

commendatio, onis, *f* 추천, 충고, 위임

committo, misi, missum, ere 합치다, 범하다

commonefacio, ere 생각나게 하다, 환기시키다

commoveo, movi, motum, ere 움직이게 하다

communis, e 보통의, 일반적인, 공동의

comoedia, ae *f* 희극, 희극물

compello, puli, pulsum, ere 몰아넣다

compluvium, ii *n* 현관(의 토인) 지붕

compos, potis 갖춘, 향유한, 지배하는

conari 힘쓰다, 해보다, 시도하다

civitas, atis *f* 도시, 국가, (전체)시민

clam 몰래

clandestinus, a, um 비밀의, 몰래 하는

classiarii, orum *m pl* 수병(水兵)

claudo, clausi, clausum, ere 닫다, 잠그다

clavis, is *f* 열쇠, 빗장

clemens, entis 관대한, 어진, 온화한

cliens, entis *m* 피보호자, 의뢰인

coarguo, ui, utum, ere 공격하다, 반증하다

coelum, i *n* 하늘, 천국, 천계

coepi, coepisse 시작하다(현재 의미)

cogitare 생각하다, 상상하다

cognatio, onis *f* 혈족, 친척

cognomen, inis *n* 가족 이름

cogo, coegi, coactum, ere 집합, 강요하다

collabor, lapsus sum, labi 쓰러지다, 망하다

colligo, legi, lectum ere 모으다, 수집하다

collocare 놓다, 위치하다

colloquor, cutus sum, qui 대화하다

colo, colui, cultum, ere 가꾸다, 받들다

color, oris *m* 색, 빛깔, 외관

columna, ae *f* 석주, 기둥, 지주

comes, itis *m f* 동반자, 수행원, 배우자

comis, e 상냥한, 쾌활한

comitas, atis *f* 유순, 호감, 쾌활

commemorare 기억하다, 기념하다

commentarius, ii *m* 비망록, 회고록

commodus, a, um 알맞은, 편리한

commorari 잠시 머물다, 체류하다

communicare 털어놓다, 전달하다

commutare 변화시키다, 교환하다

comparare 마련하다, 비교하다

compleo, plevi, pletum, ere 완수하다

compono, posui, positum, ere 작성하다

comprehendo, di, sum, ere 붙잡다, 파악하다

concedo, cessi, cessum, ere 허용하다

conciliare 모으다, 화해시키다

concludo, clusi, clusum, ere 닫다, 결론짓다

concors, cordis 화목하는, 합심하는

concurro, curri, cursum, ere 달려들다

condicio, onis f 조건, 약정, 형편

condonare 내어주다, 면하다, 면제하다

confessio, onis f 자백, 인정, 증거

confido, confisus sum, ere 믿다, 신뢰하다

confiteor, fessus sum, eri 고백하다, 예찬하다

congregare 모으다, 수집하다

conicio, ieci, iectum, ere 던지다, 처넣다

coniunctus, a, um 연결된, 결합된

conscientia, ae f 의심, 양심, 도의심

conscribo, psi, ptum, ere 징집하다, 작성하다

consectari 따라가다, 추적하다

consensus, us m 동의, 일치

consequor, secutus sum, sequi 탐구하다

considerare 살펴보다, 고찰하다

consolari 위로하다, 진정시키다.

constans, antis 확고한, 항구한

constare 지탱하다, 서 있다, 부합하다

consuetudo, dinis f 제도, 관습, 버릇, 조직

consulatus, us m 집정관직

consulo, sului, sultum, ere 궁리하다, 돌보다

consumo, sumpsi, sumptum, ere 소비하다

contemno, tempsi, temptum, ere 멸시하다

contendo, di, tum, ere 힘쓰다, 추격하다

contero, trivi, tritum, ere 닳다, 소모하다

continens, entis f 대륙, 본토

continentia, ae f 절제, 절도, 내용

contingo, tigi, tactum, ere 만지다, 생기다

contio, onis f 회합, 회동, 집합

contra 맞은편에, 반대로

contraho, traxi, tractum, ere 죄다, 체결하다

contumelia, ae f 경멸, 능멸, 학대

convenio, veni, ventum, ire 만나다, 어울리다

concilium, ii n 결합, 회합, 평의회

concordia, ae f 화합, 조화, 화목, 평화협정

concubitus, us m 동침, 동거

condemnare 단죄하다, 비난하다

condo, didi, ditum, ere 짓다, 간직하다

confero, tuli, latum, ferre 참조하다

conficio, feci, fectum, ere 만들다, 제작하다

confirmare 굳히다, 강화하다, 확인하다

confusio, onis f 혼동

congruens, entis 알맞는, 적합한

coniectura, ae f 추정, 가정

coniunx, iugis m f 배우자 pl. 부부

conscius, a, um 내막을 알고 있는

conscriptio, onis f 징집, 기록, 작성

consensio, onis f 공감, 합의, 조화

consentio, sensi, sensum, ire 동의하다

conservare 보존하다, 기키다

consilium, ii n 결정, 견해, 의견, 계획

conspicio, spexi, spectum, ere 쳐다보다

constantia, ae f 꾸준함, 용기

constituo, ui, utum, ere 설립하다, 세우다

consularis, is m 전임 집정관

consul, is m 집정관

consultor, oris m 조언자, 고문

contactus, us m. 만짐, 접촉

contemplari 관찰하다, 명상하다

contentus, a, um 만족해하는, 포함된

continens, entis 붙어있는, 이어지는

continenter 끊임없이, 절도 있게

contineo, nui, tentum, ere 포함하다, 참다

continuus, a, um 이어진, 계속하는

contorqueo, torsi, tortum, ere 박아 넣다

contra[+acc] 맞은편에, 반대로, 거슬러

contrarius, a, um 반대의, 상반된, 거스르는

convalesco, lui, ere 튼튼해지다, 회복되다

converto, verti, versum, ere 바꿔놓다

conviva, ae *m. f.* 식구, 회식자

copia, ae *f* 다량 *pl.* 군대, 무리, 식량

coquo, coxi, coctum, ere 끓이다, 익히다

cor, cordis *n* 심장, 마음

corona, ae, *f* 화관, 왕관, 영예

corrigo, rexi, rectum, ere 교정하다

corvus, i *m* 까마귀

creare 만들다, 창조하다, 선출하다

corditor, oris *m* 채권자

credulus, a, um 믿는, 믿을 만한

crepo, pui, pitum, pare 타닥타닥 소리를 내다

crimen, inis *n* 죄, 범죄, 죄과, 망신

crudelis, e 잔혹한, 무자비한, 포악한

cruor, oris *m* (상처에서 나는) 선혈, 살육

cubiculum, i *n* 침실

cubitum, i *n* 팔꿈치, 완치

cudo, di, cusum, ere 금속을 두들기다

culmus, i *m* 이삭, 줄기, 초가 지붕

culpare 꾸짖다, 비난하다, 탓하다

cultus, us *m* 경작, 재배; 숭배

cum(conj.) …할 때에, …할지라도

cunctatio, onis *f* 망설임, 연기, 지연

cupiditas, atis *f* 욕망, 탐욕, 야심

cupidus, a, um 탐하는, 열망하는, 욕정적인

cura, ae *f* 조심, 노력, 관심, 보살핌

curatio, onis *f* 돌봄, 보살핌, 치료법

curia, ae *f* 고대 로마 언로원, 의회

curro, cucurri, cursum, ere 달리다, 서두르다

cursus, us *m* 경기, 달리기, 궤도, 진로

custodia, ae *f* 수호, 경비 *pl.* 호위병

custos, odis *m* 감시자, 수위, 수호자

convocare 함께부르다, 초청하다, 소집하다

copiosus, a, um 풍부한, 부유한

coram[+abl.] 앞에, 마주보고

cornu, us *n* 뿔, 촉각, 촉수, (좌우)익

corpus, corporis *n* 몸, 신체, 육체

corrumpo, rupi, ruptum, ere 변질시키다

cras 내일, 장래에

creber, bra, brum 빽빽한, 빈번한

credo, credidi, creditum, ere 믿다, 신뢰하다

cremare 불태우다, 불사루다, 화장하다

cresco, crevi, cretum, ere 자라다, 성장하다

cruciatus, us *m* 형벌, 고문, 파멸

crudelitas, atis *f* 잔학, 잔인

crux, crucis *f* 십자가, 십자가 형틀

cubile, is *n* 침상, 침대, 잠자리

cubo, bui, bitum, bare 눕다, 누워 자다

culmen, inis *n* 꼭대기, 절정, 지붕

culpa, ae *f* 탓, 유죄, 죄과

cultura, ae *f* 경작, 문명, 문화

cum(abl) 함께, 가지고, 거느리고

cunctari 주저하다

cunctus, a, um 모든, 전부의, 온

cupido, inis *f* 갈망, 욕망, 정욕

cupio, ivi, itum, ere 열망하다, 탐하다

curare 고치다, 치료하다, 돌보다

cur[conj] 왜? …하기 때문에

curiosus, a, um 호기심을 갖는

currus, us *m* 수레, 차

curvus, a, um 굽은, 비뚤어지

custodio, ivi, itum, ire 지키다, 수호하다

cycnus, i *m* 백조; 시인

D

damnar 비난하다, 욕하다, 단죄하다

damnum, i *n* 손해, 피해, 벌금

de[+albl.] 대하여, …로부터

damnosus, a, um 해로운, 손해되는

dea, ae *f* 여신

debellare 정복하다, 싸워 이기다

debeo, debui, debitum, debere 해야 하다

debitus, a, um 빚진, 의무 잇는

decem[indecl.] 열, 10

decemvir, viri m 십인관의 한사람

decerno, crevi, cretum, ere 판결, 결정하다

decido, cidi, ere 떨어지다, 죽다, 빠지다

decipio, cepi, ceptum, ere 속이다, 기만하다

decus, oris n 분수, 품위, 위엄, 영예

deditio, onis f 항복

defectus, us m 결함, 결핍, 쇠약

defensor, oris m 옹호자, 방어자

defessus, a, um 지친, 사기를 잃은

definio, ivi, itum, ire 정의하다, 제한하다

defungor, functus sum, fungi 쇠하다, 죽다

deicio, ieci, iectum, ere 쓰러뜨리다, 뻿다

delectare 재미있다, 즐겁게 하다

deleo, delevi, deletum, ere 파괴하다, 지우다

deliciae, arum f pl. 쾌락, 기쁨

deligo, legi, lectum, ere 선출하다

demergo, mersi, mersum, ere 침몰시키다

demitto, misi, missum, ere 내려보내다

demorari 가로막다, 지체하다

denique 드디어, 결국, 그러니까, 도대체

densus, a, um 짙은, 두꺼운, 빽빽한

depereo, perii, peritum, ire 없어지다

deprecari 애걸하다

derideo, risi, risum, ere 비웃다

descendo, scendi scensum, ere 내려오다

desiderare 원하다, …하고 싶어하다

desino, sivi, situm, ere 그만두다, 중단하다

destituo, tui, tutum, ere 중단하다

desum, defui, desse 없다, 등한하다

deterior, ius 열등한, 못한

detrimentum, i n 손해, 손상, 불리

deveho, vexi, vectum, ere 실어 가다

devolare 날아가 버리다

debilis, e 연약한, 허약한

decedo, cessi, cessum, ere 물러가다, 죽다

decemviri, orum pl. m 십인관[법률 제정]

decens, entis 합당한, 예쁜, 어울리는

decet, decurit, ere 적합하다, 어울리다

decima, ae, f 10분의 1; 10분의 1세

decorus, a, um 아름다운 ,멋있는, 어울리는

dedecus, oris n 불명예, 수치

deduco, duxi, ductum, ere 끌어내다

defendo, di, sum, ere 지키다, 옹호하다

defe개, tuli, latum, ferre 가져가 버리다

deficio, feci, fectum, ere 부족하다

defunctus, i m 죽은 이

degero, gessi, gestum, ere 갖다 주다

deinde=dein 거기서부터, 그 다음에

delegare 대표로 보내다, 위임하다, 양도하다

deliberatio, onis f 반성, 고찰, 도의

delictum, i n 범죄, 과실

dementia, ae f 무사려, 경솔, 정신이상

demeto, messui, messum, ere 추수하다

demonstrare 지적하다, 지시하다, 설명하다

denarius, ii m 화폐 단위, 돈

dens, dentis m 이, 치아

dependo, pendi, pensum, ere 의존하다

depono, posui, positum, ere 내놓다

deputare 생각하다, 여기다, 임명하다

derisor, oris m 비웃는 사람

desero, serui, sertum, ere 버리다

desiderium, ii n 원의

destinare 붙잡아매다, 지정하다, 선정하다

desuetudo, inis f 상용중지, 폐기

desuper 위로부터

deterreo, ui, itum, ere 위협하다, 말리다

deus, i m 하나님

deversorium, ii n 여관, 여인숙

devorare 삼키다, 잡아먹다

devotio, onis *f* 서원으로 바친 사물, 헌신

dexter, tra, trum 오른편의, 능숙한

dico, dixi, dictum, ere 말하다, 긍정하다

dictum, i *n* 말, 명언, 정언

dies fasti 길일, 법정일

differens, entis 다른, 차이 나는

difficilis, e 어려운, 까다로운

diffido, diffisus sum, diffidere 불신하다

digitus, i *m* 손가락, 발가락, 잔가지

dignor, gnatus sum, ari 자격있다

dilabor, lapsus sum, labi 없어지다, 흩어지다

diligens, entis 부지런한, 주의 깊은

diligo, lexi, lectum, ere 고르다, 사랑하다

diluvium, ii *n* 범람, 홍수

dimidius, a, um 이분된, 반쪽의

direptio, onis *f* 약탈, 강탈

diruo, rui, rutum, uere 파괴하다, 부수다

discerno, crevi, cretum, ere 구별하다, 가르다

disciplina, ae *f* 지식, 학문, 학과, 교과, 규율

disco, didici, ere 배우다, 습득하다

discrimen, minis *n* 구별, 위기, 분계선

disertus, a, um 언변 있는, 명료한

displiceo, ui, citum, ere 마음에 들지 않다

disputare 토론하다, 계산하다, 논하다

dissimilis, e 닮지 않은, 비슷하지 않은

distantia, ae *f* 거리, 간격, 차이

distinctus, a, um 다른, 구별된

distribuo, bui, butum, ere 분배하다

diversus, a, um 반대 방향의, 서로 다른

divido, visi, visum, ere 가르다, 나누다

divinus, a, um 신성한, 신적인, 점치는

divortium, ii *n* 옆길, 분기점, 이혼

doceo, cui, ctum, ere 가르치다 일러주다

doctor, oris, *m* 교수, 교사, 박사, 의사

doctus, a, um 배운, 유식한, 박학한

doleo, lui, liturus, ere 고통받다, 아프다

devoveo, vovi, votum, ere 바치다, 희생하다

dialectus, i *f* 방언, 사투리

dictator, oris *m* 독재자, 비상 대권자

dies, ei *m f* 날, 하루, 날짜, 요일, 낮

dies nefasti 흉일

differo, distuli, dilatum, differre 미루다

difficultas, atis *f* 어려움, 곤란

diffundo, fudi, fusum, ere 퍼붓다, 퍼뜨리다

dignitas, atis, *f* 품위, 존엄, 자격

dignus, a, um 가치있는, 당연한

dilatio, onis *f* 지연, 유예

diligentia, ae *f* 근면, 열성, 용의주도

diluo, lui, lutum, ere 씻어 지우다, 해결하다

dimicare 전투하다, 싸우다

dimitto, misi, missum, ere 내쫓다

dirigo, rexi, rectum, ere 지도하다

discedo, cessi, cessum, ere 떠나다

discessus, us, *m* 출발, 갈라짐, 후퇴

discipulus, i *m* 학생, 제자, 견습생

discordia, ae *f* 불화, 불일치

dis, dite, ditis=dives 풍부한, 부유한

dispar, aris 같지 않은, 불균등한

dispono, posui, positum, ere 배열하다

dissensio, onis *f* 의견차이, 불화

dissimilitudo, inis *f* 상이함

distare 떨어져 있다, 구별되다

distinguo, stinxi, stinctum, ere 구별하다

diu 왜   diutius 더 오래

dives, itis 부유한, 풍요한

divinatio, onis *f* 신통, 점술

divitiae, arum *f pl.* 재산, 재물, 부

divus, a, um 신의, 신적인, 신성한

docilis, e 순응하는, 유순한

doctrina, ae *f* 학습, 학문, 학설

do, dedi, datum, are 주다, 돌리다

dolor, oris *m* 아픔, 고동, 슬픔, 비애

domina, ae *f* 여주인, 주부

dominatio, onis *f* 통치, 주권

domitare 길들이다, 억제하다

domus, us *f* 집, 주택, 가정

donatio, onis *f* 증여, 선사

donum, i *n* 선물, 선사

dos, dotis, *f* 지참금, 혼수, 특징, 재능

dubitatio, onis *f* 회의, 의혹

duco, duxi, ductum, ere 이끌다, 인솔하다

dulcesco, ui, ere 단맛을 내다

dum, *conj.* …하는 동안에, 즈음에

duo, duae, duo 둘, 2

duplicare 두 배로 하다, 늘리다

durus, a, um 모진, 집요한

dominari 주인노릇하다, 다스리다

dominus, i *m* 주인, 우두머리

domo, domui, domitum, domare 길들이다

donare 선물로 주다, 허락하다, 부여하다

donec, *conj.* …한 동안, …하기까지

dormio, ivi, itum, ire 잠자다

dubitare 의심하다, 숙고하다, 망설이다

dubium, ii *n* 의심, 의문

dulcedo, inis *f* 단맛, 상냥함

dulcis, e 단, 감미로운, 유쾌한

dummodo 하기만 하면

duplex, plicis 이중의, 두배의

durare 견고히 하다, 오래가다

dux, ducis m. *f* 길잡이, 통솔자, 장군

E

ebrius, a, um 술취한, 도취한

edictum, i *n* 법령, 고시

edo, edi, esum, ere 먹다

e[ex] *praep. c. abl.* 에서(부터), 한테서

effero, extuli, elatum, efferre 가지고 나가다

efficio, feci, fectum, ere 만들다, …하게 하다

efflagitare 애걸하다, 조르다

effundo, fudi, fusum, ere 퍼붓다

egredior, gressus sum, gredi 나가다

elabor, lapsus sum, labi 빠져나가다, 도망가다

elegans, antis 뛰어난, 정교한

elephantus, i *m* 코끼리

eloquentia, ae *f* 웅변, 웅변술

emendare 교정하다, 고치다, 개선하다

emo, emi, emptum, ere 사다, 매수하다

enarrare 이야기하다, 자세히 설명하다

ensis, is *m* 칼, 검

eo, ii, itum, ire 가다, 오다, 이르다

epitome, es *f* 개요, 대강

eques, equitis *m* 기사, 기병

ecclesia, ae *f* 집회, 교회, 성당

edo, didi, ditum, ere 내보내다, 공표하다

educo, duxi, ductam, ere 교육하다

effectus, us *m* 결과, 완성

efficax, acis 효과를 내는, 유능한

effigies, ei *f* 모습, 모상, 초상, 영상

effugio, fugi, fugitum, ere 피하다

egenus, a, um 궁핍한, 없는

eicio, ieci, iectum, ere 배척하다, 몰아내다

electus, a, um 뽑힌, 훌륭한

elementum, i *n* 원소, 요소, 기초

eligo, elegi, electum, ere 고르다, 선택하다

elequor, cutus sum, qui 말해버리다

emitto, misi, missum, ere 내보내다, 쏘다

emptor, oris *m* 구매자

enim 물론, 암, 실제로, 실은

enuntiatum, i *n* 발언, 명제

epistola, ae *f* 편지, 서한, 공문서

equa, ae *f* 암말

equester, stris, stre 기병의, 기사의

equitatus, us *m.* 기병대, 승마

erga *praep. c. acc.* …에 대하여, 맞은 편에

erigo, rexi, rectum, ere 세우다, 짓다, 북돋다

errare 실수하다, 잘못하다

erubesco, ui, ere 얼굴을 붉히다, 부끄러워하다

esca, ae *f* 먹이, 모이, 음식, 미끼

etiam, *conj.* 도 또한, 까지도, …마저

everto, ti, sum, ere 뒤집다, 파괴하다

exarare 땅 일구다, 경작하다

excello, celsi, celsum, ere 뛰어나다

excitare 자극하다, 세우다

excutio, cussi, cussum, ere 터뜨리다

exemplar, is *n* 표본, 모범

exeo, ii, itum, ire 나가다, 끝나다, 죽다

exercitatio, onis *f* 연습, 실행, 숙련

exercitus, us *m* 군대, 군, 무리

exhorreo, ui, ere 혐오하다

exiguus, a, um 미소한, 쬐그만, 좁은

eximius, a, um, 출중한, 비상한

existimare 판단하다, 평가하다, 여기다

exitium, ii *n* 재난, 파멸

exorior, ortus sum, oriri 나오다, 발생하다

expavesco, pavi, ere 무서워하다

expedio, ivi, itum, ire 풀어주다

expergiscor, perrectus sum, gisci 깨어나다

expers, ertis …이 없는

explicare 펼치다, 설명하다

explorator, oris *m* 척후병

expressio, onis *f* 표현, 노출

expugnare 공격하다, 함락시키다.

exsilium, ii *n* 귀양, 유배

exspectare 기다리다, 기다리다, 예상하다

extenuare 줄이다, 깎다

extollo, extuli, elatum, extollere 들어 높이다

extremus, a, um 최후의, 극단의, 가장 먼

equus, i *m* 말 pl. gen. equum

ergo 그러므로, 따라서

eripio, pui, reptum, ere 빼앗다, 빼내다

error, oris *m* 오류, 틀림, 잘못된 생각

erumpo, rupi, ruptum, ere 터뜨리다

er …와, 그리고, 또

evenio, veni, ventum ire 일어나다, 나오다

evolvo, volvi, volutum, ere 굴려내다, 펴다

exardesco, arsi, arsum, ere 간절해지다

excelsus, a, um 드높은, 숭고한

excusare 용서하다, 변명하다

ex[e], *praep. c. abl.* …로부터, …이후로

exemplum, i *n* 본보기, 예, 모범

exerceo, cui, citum, ere 훈련시키다

exercitium, ii *n* 연습, 단련, 체조

exhibeo, bui, bitum. ere 내세우다

exigo, egi, actum, ere 내몰다, 요구하다

exilium=exsilium 귀양, 유배; 유배지

eximo, emi, emptum, ere 꺼내다, 구출하다

exitiosus, a, um 파멸적인, 불행한

exitus, us *m* 출구, 발굴, 결과

exosus, a, um. 미움받는, 혐오하는

expectare 기다리다, 기대하다

expello, pulsi, pulsum, ere 몰아내다

experior, pertus sum, iri 시험하다, 경험하다

expeto, ivi, itum, ere 간절히 바라다

explorare 탐색하다, 살피다

expono, posui, positum, ere 내놓다

exprimo, pressi, pressum, ere 표현하다

exsecrari 저주하다, 욕하다

exsisto, stiti, stitum, ere 나오다, 존재하다

exstinguo, nxi, nctum, ere 소멸되다, 꺼지다

externus, a, um 밖의, 외부의

extra, *praep. c. acc.* 밖에, 이외에, 제외하고

exuo, ui, utum, ere 벗기다, 벗다

F

faber, fabri *m.* 목수, 제조업자, 장인

facies, ei *f* 얼굴, 미모, 형태

facilis, e 쉬운, 용이한

facio, feci, factum, ere 만들다, 행하다

factiosus, a, um 많이 하는, 파벌을 짓는

facultas, atis *f* 능력, 기능, 효력

fallacia, ae *f* 거짓 술수, 기만, 허위 논증

fallo, fefelli, falsum, ere 속이다, 몰래 하다

falsus, a, um 거짓의, 위조의

fames, is *f* 굶주림, 기아, 기근

familiaris, e 가정의, 친밀한, 익은

famula, ae *f* 하녀, 여종

farcio, farsi, fartum, ire 채우다, 틀어막다

fas *n. indecl.* 신의 계명, 신법, 도리에 맞음, 적법

fatalis, e 치명적, 운명의

fatigatus, a, um 지친

fauces, ium *f pl.* 협곡, 목구멍

favor, oris *m.* 호의, 지지, 보호

febris, is *f* 신열, 열병

feles, is *f* 고양이, 족제비

felicitas, atis *f* 행복, 비옥

femen, minis(=femur) *n* 넓적다리, 대퇴부

fera, ae *f* 사나운 짐승, 맹수, 야수

ferio, ivi, itum, ire 때리다, 상처 입히다

fero, tuli, latum, ferre 운반하다, 쳐들다, 참다

ferox, ocis 격렬한, 사나운, 대담한

ferus, a, um 야생의, 길들이지 않은, 사나운

festivitas, atis *f* 명랑, 활달, 축제 기분

fibula, ae *f* 끈, 줄

fides, ei *f* 믿음, 신앙, 신의, 신덕

fiducia, ae *f* 신뢰, 신의

figo, fixi, fixum, ere 꽂다, 매달다, 공표하다

filia, ae *f* 딸

filius, ii *m.* 아들, 자식

finalis, e 최종의, 목적의

fabula, ae *f* 동화, 신화, 희곡, 우화

facile 쉽게

facinus, oris *n* 행위, 악행, 범죄

factio, onis *f* 행위, 당파, 작당

factum, i *n* 사실, 논쟁, 행위

facundus, a, um 구변 좋은, 웅변적

fallax, cis 거짓된, 속이는

falsum, i *n* 거짓, 허위, 위조

fama, ae *f* 명성, 명예, 평판, 소문

familia, ae *f* 가족, 가정

familiaritas, atis *f* 친밀, 우정

famulus, i *m.* 하인, 머슴

fasces, ium *m pl.* 집정관 패찰봉

fasti, orum *m. pl.* 공식 달력, 공판일

fateor, fassus sum, fateri 말하다, 고백하다

fatum, i *n* 운명, 숙명, 재앙

faveo, favi, fautum, ere 호의를 쏟다, 돕다

fax, facis *f* 횃불, 유성

fecundus, a, um 비옥한, 다산의

fel, fellis *n* 쓸개, 쓴 맛

felix, icis 비옥한, 행복한

femina, ae *f* 여자, 부인

fere 거의, 모든, 대개

fermentum, i *n* 누룩, 효소

ferocia, ae *f* 사나움, 야수성, 기백

ferrum, i *n* 쇠, 철, 무기

festinare 서두르다, 급히 가다

festus, a, um 축일의, 공휴일의

fidelis, e 믿을 만한, 충실한

fido, fisus sum, ere 믿다, 신뢰하다

fidus, a, um 믿음직한, 안전한

figura, ae *f* 형태, 모양, 그림

filiola, ae *f* 어린 딸

filum, i *n* 실, 섬유

fingo, finxi, fictum, ere 빚다, 모양을 만들다

finio, ivi, itum, ire 끝내다, 끝나다

fio, factus sum, fieri 되다, 이루어지다, 생기다

firmus, a, um 굳센, 든든한, 믿을 만한

flagitium, ii n 범죄, 파렴치, 치욕

flare 내쉬다, 내뱉다, 바람 불다

flavus, a, um 노란, 금빛의, 누런

fleo, flevi, fletum, ere 울다, 통곡하다

flos, oris m 꽃, 꽃다발, 청춘, 한창(때)

flumen, inis n 강, 흐름, 강물

fluvius, ii m 강, 강물

focus, i m 화덕, 부엌, 가정

foeditas, atis f 추루한, 추잡

foedus, eris n 동맹 조약, 연합

fons, fontis m. 샘, 원천

forensis, e 공공장소의, 법정의, 시장의

for, fatus sum, fari 말하다

formare 모양을 만들다, 양성하다

forsan, fortasse 아마, 혹시, 어쩌면

fortis, e 힘센, 용감한, 건강한

fortuna, ae f 운, 행운, 운명, 운수

forum, i n 광장, 시장

foveo, fovi, fotum, ere 감싸다, 풀어주다

frango, fregi, fractum, ere 부수다, 깨뜨리다

fraus, fraudis f 사기, 범죄, 손해

frenum, i n 재갈, 굴레, 통제

frico, cui, ctum, are 문지르다, 비비다

frigus, oris n 추위, 냉기

frons, frontis f 얼굴, 정면, 이마

frugalitas, atis f 검소, 소박

fruor, fructus sum, frui 향유하다

fuga, ae f 도주, 도주, 패퇴

fugax, acis 달아나려고 하는, 비겁한

fulcio, fulsi, fulsum, ire 괴다, 지탱하다

fulgur, uris n 번개, 벼락

fumare 연기 나다, 연기 뿜다

funda, ae f 투석기, 거미발

finis, is m 끝, 목적, 종말 pl. 국경, 경계

firmamentum, i n 기초, 토대, 지주

flagitiosus, a, um 방탕한, 추잡한

flamen, inis m (각신의) 제관[15인]

flatus, us m 호흡, 숨, 바람

flecto, flexi, flexum, ere 굽히다, 돌리다

floreo, rui, ere 꽃피다, 번성하다, 흥왕하다

fluctus, us m 파도, 물결, 동요

fluo, fluxi, fluxum, ere 흐르다, 퍼지다

fluxus, a, um 흘러가는, 약한, 덧없는

fodio, fodi, fossum, ere 파다, 찌르다

foedus, a, um 더러운, 흉한, 추한

folium, ii n 잎, 잎사귀, 낱장

foras 밖으로, 밖에

foris, is, f 현관문, 출입문; 입구, 통로

forma, ae f 형태, 자태, 형상, 용모

formosus, a, um 잘생긴, 아름다운

fors, fortis f 기회, 행운, 운수

fortitudo, inis f 용기, 용감, 용맹, 담대

fortunatus, a, um 행운의, 운좋은

fossa, ae f 도랑, 구덩이

fragilis, e 부서지기 쉬운, 연약한

frater, fratris m 형제, 오라비

fremo, mui, mitum, ere 진동하다, 포효하다

fretus, a um 믿는, 신뢰하는, 의지하는

frigidus, a, um 추운, 찬 냉담한

frons, frondis f 잎, 나뭇잎, 잎새

fructus, us m 열매, 과일, 편의

frumentum, i n 곡식, 식량

frustra 헛되이, 쓸데없이

fugare 뒤좇다, 추방하다, 몰아내다

fugio, fugi, fugitum, ere 도망하다, 피하다

fulget, fulsit, fulgere 번개 치다

fulminat, avit, are 번개 치다, 벼락 치다

fumus, i m 연기, 증기, 김

funditus 뿌리째

fundo, fudi, fusum, ere 붓다, 주조하다

fungor, functus sum, fungi 역할을 하다

furca, ae *f* 쇠갈퀴

furia, ae *f* 광기, 격문

furo, rui, ere 미치다, 날뛰다

furor, oris *m* 광기, 분노, 격정

fustis, is *m* 막대기, 몽둥이

futurus, a, um 미래의, 앞으로 있을, 장래의

funestus, a, um 불길한, 비통한

funus, funeris *n* 장례, 망령, 매장

fur, furis *m* 도둑, 절도

furiosus, a, um 미쳐 날뛰는, 실성한

furor, atus sum, ari 훔치다

fuscus, a, um 거무잡잡한

futurum i *n* 미래, 장래

G

galea, ae *f* (가죽)투구

gallus, i *m* 수탉

gaudium, ii *n* 기쁨, 행복

gelu, us *n* 얼음, 한랭, 얼어붙음, 소름

gemma, ae *f* 보석

generalis, e 종류의, 일반적인

generatim 종류별로, 일반적으로

generosus, a, um 고귀한, 우수한, 도량 있는

genitrix, icis *f* 생모, 어머니

gens, gentis *f* 씨족, 종족, 민족

genus, eris *n* 유형, 종류, 혈통, 민족

germanus, a, um 친형제의, 진실된

gestio, ivi, itum, ire 몸짓하다, 동작하다

gigno, genui, genitum, ere 낳다, 소출을 내다

gladiator, oris *m* 검투사

gladium, i, *n* 검, 칼, 무력

glans, glandis *f* 도토리, 도토리처럼 생긴 열매

gloria, ae *f* 영광, 명성

gloriosus, a, um 영광스러운, 영광을 받는

gracilis, e 가늘고 긴, 야윈, 연약한

gradior, gressus sum, gradi 걷다, 전진하다

grammatica, ae *f* 문법

grandio, ire 확대하다, 자라게 하다

grando, inis *f* 우박

gratis, adv. 거저, 무료로, 공짜로

gratus, a, um 마음에 드는, 고마운,

gallina, ae *f* 암탉

gaudeo, gavisus sum, ere 즐거워하다

gelidus, a, um 얼음의, 싸늘한

gemitus, us *m* 탄식, 한숨, 고통

gemo, ui, itum, ere 흐느끼다, 한숨 쉬다

generare 낳다, 생산하다

gener, generi *m* 사위, 매부

genitor, oris *m* 생부, 아버지

genius, ii *m* 신령, 개인의 수호신, 재능

gentilis, e 가문에 속하는, 오랑캐의

genu, us *n* 무릎

gero, gessi, gestum, ere 수행하다, 지니다

gestitare 지니다, 열매 맺다

glacies, ei *f* 얼음

gladiatorius, a, um 검투사의

gladius, i, *m* 검, 칼, 무력

glis, gliris *m* 산쥐, 들쥐

gloriari 자랑하다

gnarus, a, um 잘 아는, 정통한, 알려진

gradatim 한 걸음씩, 점차로

gradus, us *m* 걸음, 계단, 위치

grandinat, avit, are 우박 오다

grandis, e 커다란, 위대한, 나이 많은

gratia, ae *f* 호의, 존경, 은총

gratulor, atus sum, ari 축하하다, 감사하다

gravis, e 무거운, 중대한, 심각한, 힘든

gravitas, atis *f* 신중, 고상, 무게

gressus, us *m* 발걸음, 진로

gubernaculum, i *n* 키, 조종

gubernatio, onis *f* 키를 잡음, 조종, 통치,

gustare 맛보다, 맛들이다

gutta, ae *f* 방울, 물방울

gregare 불러모으다, 뭉치다

grex, gregis *m* 짐승떼, 군중, 무리, 도당

gubernare 키를 잡다, 지도하다, 조종하다

gubernator, oris *m* 키잡이, 선장

gustus, us *m* 미각, 맛, 취미, 맛봄

H

habeo, ui, itum, ere 가지다, 간직하다, 가지고 있다

habitudo, inis, *f* 습관, 생김새, 관계

hactenus 여기까지

haeres, edis *m* *f* 상속자

hamus, i *m* 낚시, 작은 갈고리

hasta, ae, *f* 장창, 경매

haurio, hausi, haustum, ire 물 긷다, 푸다

heri 어제

heu *interj.* 아아, 아이고!

hic, haec, hoc 이, 이 사람, 이것

hilaris, e 경쾌한, 명랑한, 쾌활한

historia, ae *f* 역사, 이야기, 전기

homicida, ae *m* 살인자, 살인범

honestas, atis *f* 정작, 솔직, 기품

honor, honoris m. 영예, 존경, 직위

horreo, ui, ere 놀라다, 두려워하다

horribilis, e 무서운, 끔찍한, 소름끼치는

hortus, i *m* 정원, 동산, 뜰, 농장

hostis, is *mf* 이방인, 적, 적군

humerus, i, *m* 팔의 위 부분, 어깨

humilis, e 낮은, 비천한, 겸손한

habitare 살다, 거처하다, 거주하다

habitus, us *m* 태도, 복장, 습성

haereo, haesi, haesum, ere 붙어 있다

haesitare 고착되다, 주저하다, 말을 더듬다

haruspex, icis *m* 동물점관

haud 거의 …않는, 전혀…않는

herba, ae *f* 풀, 잡초, 약초

heros, herois *m* 영웅[반신반인]

hiberna, orum *n. pl.* 군영, 부대

hiems, ihimis *f* 겨울, 추위

hirundo, inis *f* 제비, 날치

hodie 오늘

homo, hominis *m* 사람, 인간, 남자

honestus, a, um 정직한, 명예로운

hora, ae (60분의) 시간, 시, 때

horreum, ii *n* 곡식 창고, 헛간

hortari 격려하다, 독려하다

hospes, itis *m* 손님, 나그네, 후견인

humanus, a, um 인간적인, 인간다운

humidus, a, um 젖은, 물기 있는

humus, i *f* 땅, 대지, 지구, 흙

I

iaceo, iacui, citum, ere 눕다, 누워 있다

iactare 뽐내다, 세게 던지다

iaculum, i *n* (던지는) 창, 투망

ianua, ae *f* 대문, 바깥문

iacio, ieci, iactum, ere 던지다, 발사하다

iactatio, onis *f* 뻐김, 자랑

iam 벌써, 바로 그때에, 금방

ibi 기기에, 그때에

ibidem 같은 곳에, 그 순간에

identidem 되풀이하여, 반복하여

idoneus, a, um 정당한, 적합한, 적격의

igitur (첫마디 뒤에) 따라서, 그러므로

ignavia, ae f 태만, 무식

ignis, is m 불, 광채, 정열

ignorantia, ae f 무식, 무지, 오류

ignoratio, onis f 알지 못함, 무지

ignotus, a, um 알려지지 않은, 모르는, 비천한

ille, illa, illud 저, 저 사람, 저것

illucescit, illuxit, ere 동터 오다, 날이 새다

illuminare 비추다, 밝히다

illustris, e 밝은, 유명한

imber, bris m 비, 호우, 장마

imitari 모방하다

immanitas, atis f 야만, 무례

immemor, oris 기억나지 않는, 잊어버린

immergo, mersi, mersum, ere 담그다, 잠기다

immodicus, a, um 도에 지나친, 과도한

immunis, e 면제된, 벗어난

impar, paris 동등하지 않은, 홀수의

impedio, ivi, itum, ire 막다, 방해하다

imperare 명령하다, 통솔하다

imperitus, a, um 미숙한, 경험 없는

impetus, us m 공격, 충격

impius, a, um 불경스러운, 불효의

implorare 탄원하다, 애걸하다

importunus, a, um 부적합한, 불리한

impotens, entis 힘없는, 무력한, 사나운

imprimo, pressi, pressum, ere 누르다, 찍다

improbitas, atis f 악의, 부정직

improviso 갑자기, 돌연히

imprudentia, ae f 어리석음

impudentia, ae f 뻔뻔스러움, 정숙치 못함

inaestimabilis, e 예측할 수 없는

inanis, e 비어 있는, 허망한, 헛된

idem, eadem, idem 같은, 같은 그 사람

ideo, idcirco 그러므로

idus, uum f pl. 그 달 15(13)일

ignarus, a, um 알지 못하는, 미숙한

ignavus, a, um 게으른, 못난, 비겁한

ignominia, ae f 불명예, 치욕

ignorare 모르다, 무시하다

ignosco, ignovi, ignotum, ere 잊다

illegitimus, a, um 비합법적인, 불법적인

illicitus, a, um 불가한, 불법의

illudo, lusi, lusum, ere 가지고 놀다, 웃다

illustare 비추다, 비추어주다, 밝히다

illustris, e 밝은, 빛나는, 유명한

imbuo, bui, butum, ere 적시다, 더럽히다

immanis, e 거대한, 터무니없는

immaturus, a, um 익지 않은, 미숙한

immensus, a, um 측량 못 한, 광대한

immo 그렇더라도, 더구나

immortalis, e 불사불멸하는

immutare 변경하다, 바꾸다

impedimentum, i n 방책, pl. 보급부대

impello, uli, ulsum, ere 때리다, 떠밀다

imperator, oris m 사령관, 원수, 황제

imperium, ii n 통수권, 명령, 제국

impietas, atis f 불령, 불효

impleo, plevi, pletum, ere 가득채우다

impono, posui, positum, ere 부과하다

impossibilis, e 불가능한

imprimis 특히

improbare 인정하지 않다, 비난하다

improbus, a, um 불량한, 부정직한

imprudens, entis 미숙한, 미련한

impudens, entis 뻔뻔스러운, 염치없는

in praep. c. abl. 에, 안에, 위에

inanimus, a, um 생명 없는, 혼 없는

incedo, cessi, cessum, ere 가다, 닥쳐오다

incendium, ii *n* 화재, 촛불, 불쏘시개

incertus, a, um 불확실한, 불분명한

incido, cidi, casum, ere 우연히 만나다

incipio, cepi, ceptum, ere 시작하다, 일어나다

inclinare 기울이다, 기울어지다

incola, ae *mf* 주민, 거주자, 자국민

incolumis, e 몸 성한, 안전한

incontinentia, ae *f* 절도 없음, 탐욕

increpo, pui, pitum, ere 요란히 소리나다

inde 거기서부터

index, dicis, *mf* 밀고자, 지침, 목록

indico, dixi, dictum, ere 공포하다, 지시하다

indigeo, ui, ere 없다, 필요하다, 필요로하다,

individuus, a, um 나눌 수 없는, 개인의

indoles, is *f* 성품, 타고난 재능, 천성

indulgentia, ae *f* 관용, 탐닉, 소중

induo, ui, utum, ere 입히다, 입다, 갖추다

indutiae, arum *f pl.* 휴전, 고요

ineo, ii, itum, ire 들어가다, 시작하다

inermis, e 무장하지 않은, 소양이 없는

incido, cidi, cisum, ere 베다, 새기다

incitare 충동하다, 촉진하다

includo, clusi, clusum, ere 가두다, 포함하다

incolo, ui, ultum, ere 거주하다, 살다

incommodus, a, um 불리한, 불편한

incredibilis, e 믿어지지 않는

incumbo, bui, bitum, ere 눕다, 기대다

indemnatus, a, um 유죄 판결을 받지 않은

indicare 가리키다, 밀고하다

indifferens, entis 좋지도 나쁘지도 않은, 무관한

indigus, a, um 자격 없는, 수치스러운

indoctus, a, um 배우지 못한, 모르는

induco, duxi, ductum, ere 인도하다

indulgeo, dulsi, dultum, ere 관용하다

industria, ae *f* 근면, 산업

inedia, ae *f* 단식, 굶음

incendo, di, censum, ere 불붙이다, 비추다

inchoare 시작하다, 착수하다

incido, cidi, cisum, ere 베다, 새기다

incitare 자극하다, 충동하다, 촉진하다

includo, clusi, clusum, ere 포함하다

incolo, ui, ultum, ere 거주하다, 살다

incommodus, a, um 불리한, 불편한

incredibilis, e 믿어지지 않는

incumbo, bui, bitum, ere 눕다, 기대다

indemnatus, a, um 유죄 판결을 받지 않은

indicare 가리키다, 알려주다, 지시하다

indifferens, entis 좋지도 나쁘지도 않은

indignus, a, um 자격 없는, 수치스러운

indoctus, a, um 배우지 못한, 모르는

induco, duxi, ductum, ere 인도하다

indulgeo, dulsi, dultum, ere 관용하다

industria, ae *f* 근면, 부지런함, 산업

inedia, ae *f* 단식, 굶음

ineptio, ire 어리석은 짓을 하다

inertia, ae *f* 나태, 타성, 무위

incipio, cepi, ceptum, ere 시작하다

inclinare 기울이다, 기울어지다

incola, ae *mf* 주민, 거주자, 자국민

incolumis, e 몸 성한, 안전한

incontinetia, ae *f* 절도 없음, 탐욕

increpo, pui, pitum, ere 요란히 소리나다

inde 거기서부터

index, dicis, *mf* 밀고자, 지침, 목록

indico, dixi, dictum, ere 공표하다, 지시하다

indigeo, ui, ere 없다, 필요하다

individuus, a, um 나눌 수 없는, 개인의

indoles, is *f* 성품, 타고난 재능

indulgentia, ae *f* 관용, 탐닉, 소중

induo, ui, utum, ere 입히다, 입다, 갖추다

indutiae, arum *f pl.* 휴전, 고요

ineo, ii, itum, ire 들어가다, 시작하다

ineptio, ire 어리석은 짓을 하다

inertis, ae *f* 나태, 타성, 무위

infamia, ae *f* 불명예, 추문, 수치

infelix, icis 열매 맺지 않은, 불행한

inferus, a, um 밑에 있는, 아래의

inficio, feci, fectum, ere 감염시키다

infirmus, a, um 약한, 힘없는

inflare 부풀리다

infra *praep. c. acc.* 밑에, 이하로

ingens, entis 거대한, 굉장한, 중요한

ingredior, gressus sum, gredi 들어가다, 착수

inimicus, i *m* 적, 원수

initium, ii *n* 처음, 시작, 시초

iniustus, a, um 불의한, 부당한, 불공정한

innocentia, ae *f* 무해, 무죄함, 순진

inops, pis 없는, 부족한, 궁핍한

inquam, inquit 말하다[직접화법]

inquiro, sivi, situm, ere 찾아보다, 탐구하다

insanus, a, um 미친, 정신 나간, 불건전한

inscitia, ae *f* 무죄

insectari 추적하다, 욕하다

insero, serui, sertum, ere 삽입하다, 섞다

insidiae, arum *f pl.* 매복, 함정, 계략

insipiens, entis 현명하지 못한, 어리석은

insolens, entis 이례적인, 건방진

insons, ontis 무죄한, 악의 없는

instituo, tui, tutum, ere 가르치다, 제정하다

institutum, i *n* 제도, 법제

instrumentum, i *n* 도구, 장구, 연장

insula, ae *f* 섬, 도서, 다가구 주택

integer, gra grum 온전한, 온, 무사한

intellectus, us *m* 지성, 오성, 이성, 지력, 이해

intellego, lexi, lectum, ere 이해하다, 알다

intendo, di, tum, ere 의도하다, 겨냥하다

intentio, onis *f* 긴장, 의향, 열중

interdum 간혹, 어쩌다

inermis, e 무장하지 않은, 소양이 없는

inexplicabilis, e 설명할 수 없는

infans, ntis *m f* 유아, 아기

infero, tuli, illatum, ferre 가지고 들어오다

infestus, am um 유감 있는, 적의가 있는

infinitus, a, um 끝없는, 무한한

inflammare 불붙이다, 자극하다

inflecto, flexi, flexum, ere 굽히다, 돌리다

ingenium, ii *n* 성격, 천성, 재능, 제주, 천재

ingenuus, a, um 토박이의, 타고난, 가냘픈

inimicitia, ae *f* 원수짐, 적의, 적개심

iniquus, a, um 불공평한, 불의한

iniuria, ae *f* 손해, 상처, 불의, 능욕, 가해

innocens, entis 무죄한, 무해한, 애매한

inopia, ae *f* 물자 부족, 기근, 궁핍

inprimis 특히

inquinare 타락시키다, 부패시키다

insanio, ivi, itum, ire 미치다, 범하다

insatiabilis, e 만족을 모르는

inscius, a, um 무식한, 모르는

insequor, secutus sum, sequi 잇따르다

insero, sevi, situm, ere 심다, 접목하다

insimulatus, a, um (무고한) 혐의를 쓰고

insitus, a, um 심어진, 타고난

insolentia, ae *f* 함부로 함, 만용

instar, *n indecl.* 표본, 모형, 실례, 흡사

insitituo, tui, tutum, ere 제정하다

insto, stiti, staturus, are 임박하다

instruo, struxi, structum, ere 준비하다

insum, fui, esse 안에 있다, 내재하다

integritas, atis *f* 온전, 원만, 건전

intellegentia, ae *f* 이해력, 이해

intemperantia, ae *f* 무절제, 방종

intensus, a, um 팽팽한, 열중한

inter, *praep. c. acc.* 가운데에, 동안에

interea 그 동안에, 때때로

intereo, ii, itum, ire 없어지다, 죽다, 망하다

interior, ius 안의, 내부의

interrogare 묻다, 고소하다, 논증하다

interruptus, a, um 끊어진

intersum, fui, esse 참석하다, 관계 있다

intonuit, ere 천둥치다

introeo, ii, itum, ire 들어가다

intus 안에, 내부에

inutilis, e 쓸데없는, 무익한

invalidus, a, um 건강치 못한, 무효의

inventor, oris m 발견자, 발명자

investigare 연구하다, 추적하다

invideo, vidi, visum, ere 질투하다, 시기하다

invidus, a, um 얄미운, 샘 많은

invitus, a um 억지로 하는, 자발적이 아닌

involvo, volvi, volutum, ere 포함하다

ipse, ipsa, ipsum 자체의, 바로 그 사람

iracundus, a, um 화 잘내는, 화가 난

irreparabilis, e 되찾을 수 없는

irritare 흥분시키다

is, ea, id 그, 그녀, 그것

ita 이렇게, 그렇게, 그만큼

iterare 다시 하다, 갈아엎다

iterum 다시, 또다시, 두번째

iubeo, iussi, iussum, ere 명령하다

iudex, icis m 심판관, 재판관, 배심원

iudicium, ii n 심판, 평결, 판단

iurare 맹세하다, 선서하다

iuridicus, a, um 재판을 하는, 법률적인

ius, iuris n 법, 법제, 정의, 권리, 의리

iussus, us m 명령, 지시

iustus, a, um 법을 지키는, 정의로운, 의로운

iuventus, tutis f 청춘, 젊은이

iuxta, praep. c. acc. …에 따라, 옆에

interficio, feci, fectum, ere 중단하다

interpres etis m.f 해설자, 해석자, 중재자

interrumpo, rupi, ruptum, ere 중단하다

interscindo, scidi, scissum, ere 가르다

intervallum, i n. 간격, 거리

intra, praep. c. acc. 안에, 범위 내에서

intueor, tuitus sum, tueri 자세히 살펴보다

inundare 침수하다, 범람하다

invado, vasi, vasum, ere 침입하다

invenio, veni, ventum, ire 찾다, 발견하다

inventrix, icis f 발명자

invicem 번갈아, 서로

invidia f 질투, 선망, 반감

invidus, a, um 얄미운, 샘 많은

invocare (보호를)요청하다, 부르다

iocus, i m 농담, 장난, 희롱

ira, ae f 분노, 분통

irascor, iratus sum, irasci 화내다, 격분하다

irrideo, risi, risum, ere 비웃다, 웃다

irritus, a, um 무효한, 공허한

iste, ista, istud 저, 저 사람, 저것

itaque 그래서, 그러므로

iter, itineris n. 여행, 여로, 행로

itidem 마찬가지로, 역시

iucundus, a, um 유쾌한, 명랑한

iudicare 판단하다, 판결 내리다, 평결하다

iugum, i n. 멍에, 산맥, 한 쌍

iurator, oris m 배심원, 선서하는 증인

iurisprudentia, ae f 법률학

ius iurandum, i n. 맹세

iustitia, ae f 정의, 공정, 공명정대

iuvenis, is m 젊은이, 청소년, 장년

iuvo, iuvi, iutum, iuvare 기쁘다, 돕다

K

Kalendae, arum *f pl.* 초하루

L

labare 흔들리다, 주춤하다, 의스럽다

labes, is *f* 내려앉음, 재난, 흠, 오점

labor, laboris *m* 일, 노동, 수고

lacerare 찢다, 헐뜯다

lac, lactis *n* 젖, 우유

lacrimare 흐느껴 울다, 눈물짓다

laedo, laesi, laesum, ere 다치게 하다

laetificare 기쁘게 하다, 거름 주다

laevus, a, um 왼쪽의, 서투른, 불운한

languor, oris *m* 나름함, 쇠약, 병, 무기력

largior, largitus sum, iri 베풀다, 증여하다

lateo, tui, ere 감추다, 숨다, 모르다

latro, onis *m* 호위병, 강도, 사냥꾼

latus, eris *n* 옆구리, 곁, 측근

laus, laudis *f* 영예, 찬양, 찬미

lactica, ae *f* 가마

lectus, i *m* 침상, 식탁

legio, onis *f* 군단, 군대, 무리

lego, legi, lectum, ere 모으다, 모집하다, 읽다

lenis, e 매끄러운, 온화한, 침착한

lente 천천히

leo, onis *m* 사자

lepor, leporis *m* 토끼

levis, e 가벼운, 하찮은, 경쾌한

lex, legis *f* 법률, 법률안

libellus, i *m* 소책자, 기록, 문서

libenter 쾌히, 기꺼이

liberalitas, atis *f* 관대, 고거, 교양, 자유분방

liberatio, onis *f* 해방, 방면, 구원

liber, era, erum 자유로운, 면제된

libertas, atis *f* 자유민 신분, 자유

libertus, i *m* 노예에서 해방된 자유인

libido, inis *f* 쾌락, 욕정, 욕구

labefacio, feci, factum, ere 동요시키다

laborare 일하다, 수고하다, 노동하다

labor, lapsus sum, labi 미끄러지다

lacesso, ivi, itum, ere 도발하다, 야기시키다

lacrima, ae, *f* 눈물

lacus, us *m* 호수, 못, 물통

laetari 기뻐하다, 즐거워하다, 좋아하다

laetus, a, um 즐거운, 기뻐하는, 행복한

languesco, gui, ere 쇠약해지다, 시들다

lapis, idis, *m* 돌, 경계석, 묘석

largus, a, um 넓은, 광대한

latare 개 짖다, 악담하다

latus, a, um 넓은, 광대한

laudare 칭찬하다, 찬미하다

lavo, lavi, lautum, lavare 씻다, 빨래하다

lectio, onis *f* 수립, 선택, 낭독, 독서

legatus, i *m* 파견된 사람, 사절, 참모

legitimus, a, um 합법적인, 정당한, 용인된

lenio, ivi, itum, ire 완화시키다

lenitas, atis *f* 양선, 중용

lentus, a, um 유연한, 느린, 오래 끄는

lepidus, a, um 말쑥한, 재치 있는

levare 들어올리다, 완화하다, 갈고 닦다

levitas, atis *f* 경박, 경솔, 경쾌

libare 맛보다, 제주(祭酒)를 따르다

libens, entis 즐기는, 기꺼이 하는

liberalis, e 자유의, 자유민의, 관대한

liberare 해방하다, 구출하다, 벗어나다

liber, bri *m* 책, 장부

liberi, orum *m pl.* 자녀

libertinus, a, um 해방 노예 신분의

libet, libuit, libere 마음에 들다, 뜻에 맞다

licentia, ae *f* 자유, 권리, 무책임

liceor, citus sum, ceri 경매에 붙이다

licet, licuit, licere …해도 되다, 가하다

licitus, a, um 합법적인 허가된

ligamen, inis *n* 노끈, 유대, 인연

lignum, i *n* 나무, 재목, 땔감

limen, inis *n* 문턱, 입구, 경계

linea, ae *f* 산, 먹줄, 선

lingua, ae *f* 혀, 말, 언어

linquo, liqui, lictum, ere (남기고) 떠나다

liqueo, qui, ere 녹아 있다, 맑다, 명료하다

liquidus, a, um 유동하는, 액체의, 분명한

liquor, oris *m* 유동성, 액체, 물

lis, litis *f* 언쟁, 분규

litigare 언쟁하다, 주장하다

littera, ae *f* 글자, 알파벳 *pl.* 문학, 편지

litus, oris *n* 해안, 해변, 호숫가

loca, orum *n, pl.* (땅의) 지점

locare 놓다, 자리잡다, 세놓다

loci, orum *m pl.* (책의) 지면

locus, i *m* 장소, 곳

longus, a, um 긴, 먼, 오래 걸리는

loquax, acis 수다스러운, 지저귀는

loquor, locutus sum, loqui 말하다

lorica, ae *f* 흉갑

luceo, luxi, ere 빛나다, 반짝이다

lucerna, ae *f* 등불, 등잔

lucescit, luxit, lucescere 동트다, 날이 밝다

lucifer, luciferi *m* 금성

lucrum, i *n* 이익, 치부, 이윤

luctari 씨름하다, 애쓰다, 싸우다

luctus, us *m* 애도, 슬픔

lucus, i *m* 성스러운 숲, 숲

ludo, lusi, lusum, ere 놀다, 놀이하다

ludus, i *m* 놀이, 장난, 경기, 오락

lugeo, luxi, luctum, ere 울다, 애도하다

lumen, inis *n* 빛, 조명, 광선

luna, ae *f* 달, 보름달, 밤

luo, lui, luitum, ere 씻다, 깨끗이하다

lupus, i *m* 늑대, 이리, 자칼

lustrare 부정을 벗다, 사열하다, 순방하다

lusus, us *m* 장난, 농담, 유흥

lux, lucis *f* 빛, 광선, 광채

luxuria, ae *f* 낭비, 사치, 허영

M

macellum, i *n* 육고기 시장

macer, cra, crum 야윈, 메마른

machina, ae *f* 기계, 장치

mactare 찬양하다, 제물을 바치다, 도살하다

macula, ae *f* 얼룩, 오점, 흠

madefacio feci, factum, ere 적시다, 담그다

maereo, ere 슬퍼하다, 근심하다

maeror, oris *m* 근심, 슬픔

maestus, a, um 슬퍼하는, 상심한

matis 보다 더, 더 많이

matis 보다 더, 더 많이

magister, tri *m* 선생, 스승, 지도자

magistra, ae *f* 여선생, 여감독

magistratus, us *m* 관료, 관리, 관직, 관청

magnanimitas, atis *f* 아량, 관대함

magnificentia, ae *f* 장관, 웅장

magnificus, a, um 훌륭한, 호화로운, 화려한

magnus, magna, magnum 커다란, 위대한

maiestas, atis *f* 최고 통치권, 위엄

maiores, um *m pl.* 선조, 조상

male 나쁘게, 매우

maledicus, a, um 욕을 하는

maleficium, ii *n* 잘못, 악행, 사기

malignus, a, um 사악한, 악의 있는

malo, malui, malle 더 원하다

malum, i *n* 악, 불행

malus, i *f* 사과나무

manare 흘러나오다, 발산하다

mancipium, ii *n* 사들인 노예, 구매

manducare 먹다

maneo, mansi, mansum, ere 머물다

mansuetudo, inis *f* 선량, 겸손

manu mittere (노예해방의 표로)손을 얹다

marceo, ui, ere 상하다, 시들다

maritus, a, um 결혼의, 부부의

mater, matris *f* 어머니, 유모, 근원

materialis, e 물질의, 물질적

matertera, ae *f* 이모

matrona, ae *f* 주부, 결혼한 여자

maturus, a, um 익은, 조숙한, 일찍 오는

medeor, eri 치료하다, 고치다

medicamentum, i *n* 치료약

medicus, i *m* 내과 의사, 의사

medium, ii *n* 중앙, 중간, 중용

mel, mellis *n* 꿀

membrum, i *n* 사지, 지체, 구성원

memor, oris 염두에 두는, 기억하는

memoria, ae *f* 기억, 기념, 추억, 기억력

mendicus, a, um 극빈한, 구걸하는

mensa, ae *f* 책상, 상, 식탁

mentior, mentitus sum, iri 거짓말하다

merces, edis *f* 보상, 지불, 품삯, 보수

mereor, meritus sum, mereri 공을 세우다

meridies, ei *m* 낮, 정오, 남

meritum, i *n* 보수, 공로

messis, is *f* 추수, 수확물

metior, metitus sum, iri 재다, 측량하다

metuo, metui, ere 두려워하다, 겁내다

malevolens, entis 악의를 품은

malitia, ae *f* 악, 악의

malum, i *n* 사과, 실과

malus, a, um 나쁜, 악한, 서투른, 불행한

malus, i *m* 돛대, 말뚝

manceps, cipis *m* 구매인, 차용인, 소유자

mandare 맡기다, 명령하다

mane 아침에

manifestus, a, um 명백한, 드러난

mansuetus, a, um 유화한, 길든

manus, us *f* 손, 필적, 무기

mare, is *n* 바다, 바닷물

mas, maris *m* 수컷, 사내

materia, ae *f* 물질, 질료, 재료

materies, ei *f* 물질, 재료

matrimonium, ii *n* 결혼, 결혼 생활

maturare 익다, 마치다

maximus, a, um 가장 큰, 위대한, 최대의

medicabilis, e 치유될 수 있는

medicina, ae *f* 약

mediocris, e 중용의, 절도있는, 평범한

medius, a, um 가운데의, 중앙의, 보통의

melior, ius 더 좋은, 더 나은

memini, meminisse 기억하다

memorare 상기시키다, 언급하다

mendax, cis 거짓말하는, 속이는

mens, mentis *f* 생각, 지성, 마음

mensis, is *m* 달, 월

mercenarius, ii *m* 용병

mereo, ui, ritum ere 합당하다, 마땅히 받다

mergo, mersi, mersum, ere 잠기다, 감추다

merito 당연히

merus, a, um 순수한, 순전한, 참된

methodus, i *f* 방법, 체계

meto, messui, messum, ere 추수하다

metus, us *m* 공포, 두려움

meus, a, um 나의

miles, itis *m* 군사, 병졸, 군인, 보병

militare 싸우다, 전쟁하다, 군복무하다

militia, ae *f* 병역, 접전, 교전

mille *n. indecl.* 천, 1000

minari 솟아 있다, 위협하다

minimus, a, um 가장 작은, 최소의

ministrare 시중 들다, 관리하다, 수여하다

minus 덜

mirari 감탄하다, 이상히 여기다

misceo, miscui, mixtum, ere 섞다, 첨가하다

miser, era, erum 불쌍한, 불행한, 가련한

misericordia, ae *f* 동정, 연민, 자비

missile, is *n.* 던지는 무기, 투석

mitigare 부드럽게 하다

mitto, misi, missum, ere 보내다, 파견하다

moderatus, a, um 온건한, 절도 있는

modestus, a, um 적절한, 단정한, 온건한

modo 다만, …라면

moenia, orum *n. pl.* 성벽

molestia, ae *f* 귀찮은 일

molior, molitus sum, moliri 쌓다, 도모하다

momentum *i n.* 움직임, 무게, 계기, 중요성

mons, montis *m* 산, 산더미

monstrum, *i n.* 괴상한 일, 괴물, 기형

moralis, e 도덕상의, 윤리적

morbus, *i m.* 병, 질병

mores, morum *m pl.* 성격, 품행

moriturus, a, um 장차 죽을

mors, mortis *f* 죽음, 파멸

mortuus, a, um 죽은

motus, us *m* 운동, 동요, 움직임, 변화

mox 곧, 머지않아, 얼마 안가서

mulier, eris *f* 여자, 여성, 부인

multitudo, inis *f* 다수, 군중

munditia, ae *f* 깨끗함, 멋, 우아함

mico, micui, micare 반짝거리다

milia, ium *n. pl.* 2천 이상의, 천단위

militaris, e 군인의, 군사의

milium, ii *n* 조, 수수

mina, ae *f* 위협, 협박

minimum 조금, 아주 적게, 최소한

minister, tri *m* 하인, 조수, 봉사자

minuo, minui, minutum, ere 감소시키다

minutum, i *n* 작은 것, 분(分)

mirus, a, um 이상한, 기묘한

misereor, seritus sum, eri 불쌍히 여기다

miseria, ae *f* 불행, 비참, 환난

misericors, cordis 자비로운, 인정 많은

missio, onis *f* 파견, 사명, 양도

mitis, e 부드러운, 유순한, 양순한

moderari 억제하다, 참다

modestia, ae *f* 절도, 분별

modius, ii *m* 한 말(斗)

modus, i *m.* 방법, 양식, 제한, 중용

moles, is *f* 덩어리, 대량, 수고

molestus, a, um 귀찮은, 힘든

mollis, e 부드러운, 온순한, 유약한

meneo, ui, itum, ere 경고하다, 충고하다

monstrare 보여주다, 가리켜주다, 증명하다

mora, ae *f* 연기, 지연, 머뭇거림

morari 늦추다, 머무르다, 처신하다

mordeo, momordi, morsum, ere 깨물다

morior, mortuus sum, mori 죽다

morositas, atis *f* 유약, 나약

mortalis, e 죽을 운명의, 죽는

mos, moris *m* 습관, 풍습,, 방법, 품행

moveo, movi, motum, ere 옮기다

mulceo, mulsi, mulsum, ere 쓰다듬다

multari 책벌하다, 형에 처하다

multus, multa, multum 많은[수)

mundus, a, um 깨끗한, 정결한, 순수한

mimdus, i *m* 세계, 세상, 우주, 의상, 패션

munio, ivi, itum, ire 담을 쌓다, 갖추다

murus, i *m* 담, 담벼락, 성, 성벽

musca, ae *f* 파리

mutare 옮기다, 바꾸다, 변화하다

mysterium, ii *n* 신비, 비법, 비교

municipium, ii *n* (자치) 도시

munus, eris *n* 직무, 사명, 선물, 선사, 예물

mus, muris *m* 쥐, 집쥐

musica, ae *f* 음악

mutus, a, um 말없는, 벙어리의

N

nam, namque, etenim 왜냐하면, 한편

narrare 이야기하다, 진술하다, 말하다

nasus, us, *m* 코, 후각

natio, onis *f* 출생, 민족, 나라, 국가

naturalis, e 자연적인, 타고난

naufragium, ii *n* 파선, 낭패

navalis, e 배의

navis, is *f* 배, 범선, 선박

nebula, ae *f* 안개

necare 살해하다, 죽이다

necessitas, tatis *f* 필요성, 필연성

nefas, *n. indecl.* 불가함

neglegentia, ae *f* 등한, 소홀

negotium, ii, *n* 사업, 상업, 직업, 업무

nemus, oris *n* 숲

nepos, nepotis, *m. f* 조카, 손자

nequam, *indecl.* 쓸모 없는, 약한

nequeo, quivi, quitum, ire …할 수 없다

nequiquam 부질없이, 무사히

nescio, ivi, itum, ire 모르다, 무지하다

neuter, tra, trum 둘 다 아닌

nex, necis *f* 죽임, 살육

nihil=nil *n* 아무것도 …아닌

nimis, nimium 너무, 과다하게

ningit, ninxit, ningere 눈 오다

nitor, nisus sum, niti 의지하다

no, navi, natum, nare 헤엄치다

nobilitas, atis *f* 고귀함, 귀족

nanciscor, nactus sum, nancisci 얻다

nascor, natus sum, nasci 태어나다

natare 헤엄치다, 물 위에 뜨다

natura, ae *f* 자연, 본성, 천성

natus, a, um 출생한, 태어난

nauta, ae *m* 선원, 뱃사공, 선주

navigare 항해하다, 항행하다

ne, *conj.* 아니, …않았으면, …않도록

nec(et non) …도 아닌

necessarius, a, um 필연적인, 필요한

nectar, taris *n* 신주, 음료

negare 거절하다, 부인하다

neglego, lexi, lectum, ere 소홀하다

nemo, neminis *m* 아무도 아닌

neo, nevi, netum, ere 실 감다, 베 짜다

neptis, is *f* 손녀, 조카딸

neque=nec

ne…quidem …조차, …않다

nequitia, ae *f* 악의, 악랄, 쓸모 없음

nescius, a, um 모르는, 하지 못하는

neve, neu …도 아닌

niger, nigra, nigrum 검은, 흐린

nihilum, i *n* 무, 허무

nimius, a, um 지나친, 과다한

nisi, si non *conj.* 만일…아니면

nix, nivis *f* 눈, 백설

nobilis, e 고상한, 고귀한, 귀족의

noceo, cui, citum, ere 해치다

nodus, i *m* 매듭, 마디, 띠

nomen, inis *n* (가문) 이름, 말, 명사

nominatim 이름을 대며

nondum 아직 아니

norma, ae *f* 기준, 규명, 표준

noster, nostra, nostrum 우리의

notio, onis *f* 이해, 인식, 개념

notus, a, um 알려져 있는, 소문난

noverca, ae *f* 계모

novus, a, um 새로운, 새

noxius, a, um 해로운, 손해 되는

nubo, nupsi, nuptum, ere 결혼하다

nudus, a, um 벗은, 장비 없는

nullus, a, um 어느…도 아닌

numen, inis *n* 끄덕임, 신의, 신성

numerus, i *m* 수, 숫자, 운율

numquam 결코…안는, 한 번도(아니)

nuncupare (이름으로) 부르다

nuntius, ii *m* 전달자, 사절

nurus, us *f* 며느리

nutrio, ivi, itum, ire 기르다, 양육하다

nolo, nolui, nolle 원치 않다

nominare 이름 부르다, 지명하다, 명명하다

non 아닌, 아니

nonne …아니란 말이냐?

nosco, novi, notum, ere 알다

notare 주의하다, 주목하다

notitia, ae *f* 명성, 지식

novem[indecl.] 아홉, 9

novi, novisse 알고 있다, 잘 알다

nox, noctis *f* 밤, 심야

nubes, is *f* 구름, 그늘

nudare 벗기다, 약탈하다

nugari 장난하다, 농담하다

num …란 말이냐?

numerare 수를 세다

nummus, i *m* 돈, 잔돈, 한푼

nunc 이제, 지금, 요즈음

nuntiare 발표하다, 알리다, 전하다

nuptiae, arum *f pl.* 결혼, 결혼식

nusquam 그 어디서도 아닌

nympha, ae *f* 님프

O

ob *praep. c. acc.* 때문에, 대신에

obduco, duxi, ductum, ere 인도하다, 가리다

obeo, ii, itum, ire 마중 나가다, 없어지다

obitus, us *m* 도착, 죽음, 실행

obliquus, a, um 비스듬한, 간접의

oblibiscor, oblitus sum, oblivisci 잊다

obnoxius, a, um 해를 입는

obscurus, a, um 숨겨진, 어둑한, 희미한

observare 관찰하다, 지키다, 준수하다

obsidio, onis *f* 포위 공격

obsido, sedi, sessum, ere 포위하다

obsolets, a, um 낡은, 안 쓰이는, 진부한

obsto, stiti, statum, are 저항하다, 앞에 서다

obcoecare 눈멀게 하다

obdurare 견디다, 굳어지게 하다

obicio, ieci, iectum, ere 반대하다

obiurgare 나무라다, 벌주다

oblivio, onis *f* 망각

obnoxiosus, a, um 해로운, 유해한

oboedire 귀를 기울이다, 순종하다

obsequium, ii *n* 동정, 친절

obses, sidis *m* 볼모, 인질

obsidium, ii *n* 포위, 농성

obsisto, stiti, stitum, ere 항거하다

obstinctus, a, um 결의가 굳은, 완강한

obstringo, nxi, nctum, ere 결속하다,

obsum, obfui[offui], obesse 해롭다, 방해하다

obtundo, tudi, tusum, ere 무디게 만들다

occasus, us *m* 일몰, 월몰

occido, cidi, casum, ere 떨어지다, 지다

occultus, a, um 숨겨진, 감춰진, 은밀한

octo[indecl.] 여덟, 8

odi, odisse 미워하다, 싫어하다

odium, ii *n* 미움, 증오

offendo, di, fensum, ere 상심시키다

officio, feci, fectum, ere 방해하다

oleo, olui, ere 냄새를 내다, 풍기다

omen, ominis *n* 징조, 조짐, 축원

omnino 모두, 온전히, 전적으로

omnis, e 모든, 온갖

onus, oneris *n* 짐, 부담

opera, ae *f* 일, 노동, 힘씀

operatio, onis *f* 작용, 일

opinio, onis *f* 의견, 견해, 예상

oppidum, i *n* 마을, 도읍, 도성

opprimo, pressi, pressum, ere 짓누르다

oppugnatio, onis *f* 포위, 공격, 접전

optare 고르다, 바라다

optimates, um *m pl.* 귀족

optio, onis *f* 선택

opus, eris *n* 일, 노동, 사업, 작품

oraculum, i *n* 신탁

oratio, onis *f* 말, 연설, 기도

orbare 벗기다, 빼앗다

ordior, orsus sum, ordiri 개시하다

oriens, ntis *m* 동쪽

orior, ortus sum, iri 솟다, 유래하다

ortus, us *m* 일출, 월출

os, oris *n* 입, 얼굴

ostendo, tendi, tentum, ere 보여주다

ostium, ii *n* 문, 출입구

otium, it *n* 여유, 여가

obtineo, nui, tentum, ere 차지하다, 얻다

occasio, onis *f* 기회, 우연

occidens, ntis *m* 서쪽

occido, cidi, cisum, ere 살해하다, 죽이다

occupare 차지하다, 점령하다

oculus, i *m* 눈, 시력

odiosus, a, um 얄미운, 혐오할

odor, oris *m* 냄새, 향기

offero, obtuli, oblatum, offerre 바치다

officium, ii *n* 본문, 의무

olim 그전에, 옛날에

omitto, misi, missum, ere 그만두다

omnipotens, entis 전능한, 만능의

onerare 싣다, 짐을 지우다

onustus, a, um 가득한, 취한

operari 일하다, 노력하다

opinari 여기다, 의견이다

oportet, tuit, ere 마땅하다, …해야 한다

oppono, posui, positum, ere 갖다 대다

oppugnare 때리다, 공격하다

ops, opis *f* 힘, 도움, pl. 재물, 부

optemperare 복종하다

optimus, a, um 가장 좋은, 착한, 최선의

opulens, ntis 풍족한

ora, ae *f* 경계, 해변

orare 말하다, 변론하다, 청하다

orator, oris *m* 웅변가, 연사

orbis, is *m* 원, 영역, 궤도, 원형

ordo, inis *m* 열, 계급, 신분

origo, ginis *f* 기원, 원인,근원, 출생지

ornare 갖추다, 꾸미다, 장식하다

osculari 입 맞추다

os, ossis *n* 뼈, 골수

ostentum, i *n* 자취, 계시

otiosus, a, um 한가한, 고요한

ovatio, onis *f* 격퇴, 작은 승리, 갈채

ovile, is *n* 양 우리

ovis, is *f* 양

P

pabulum, i *n* 목초, 건초, 먹이

paciscor, pactus sum, pacisci 체결하다

pactum, i *n* 조약, 협정

paene 거의

paenitet, tuit, ere 뉘우치다, 불만이다

pagina, ae *f* 낱장[양피지], 페이지

pala, ae *f* 호미, 삽, 가래

palliata, ae *f* 비극[그리스 소재]

paluster, tris, tre 늪지의, 질펀한

pando, pandi, pansum, ere 펴다, 설명하다

panis, is *m* 빵, 양식

par, paris 같은, 동등한

paratus, a, um 준비된, 각오가 된

parcus, a, um 절약하는, 인색한

parentes, um *m pl.* 부모, 양친

paries, etis *m* 벽, 바람벽

pars, partis *f* 부분, 조각, 몫 pl. 당파, 정당

participare 참여시키다, 할애하다

partior, partitus sum, iri 나누다, 배분하다

partus, us *m* 분만, 해산

parvus, a, um 작은, 적은

passim 여기저기

pastor, oris *m* 목자, 목동

pateo, tui, ere 열리다

pater familias 가부장

patior, passus sum, pati 참다, 겪다, 당하다

patronus, i *m* 보호자, 수호성인

paulatim 조금씩

pauper, eris 가난한, 불쌍한, 빈궁한

parveo, pavi, ere 놀라다

peccare 죄짓다, 결함이 있다

paetus, oris *n* 가슴, 심장, 영혼

pecunia, ae *f* 돈, 재산

pacificare 평화를 이룩하다, 중재하다

pactio, onis *f* 조약, 협정

paedagogus, i *m* 가정교사, 교육자

paeninsula, ae *f* 반도

paganus, a, um 시골의, 민간인의, 비신도의

pagus, i *m* 마을, 촌락, 시골, 구역

palam 드러나게, 숨김없이

palma, ae *f* 손바닥, 종려나무, 승리

palus, udis *f* 늪지, 수렁

pango, pepigi, pactum, ere 박다, 시를 읊다

papyrus, i *m f* 파피루스

parare 준비하다, 얻다

parco, peperci, parcitum, ere 아끼다

parens, entis *m f* 부친, 모친, 어버이

pareo, parui, ritum, ere 순종하다, 봉사하다

pario, peperi, partum, ere 낳다, 생산하다

particeps, cipis 갖추고 있는, 참여하는

particularis, e 부분적인, 특별한

partus, a, um 태어난, 시작된

parum 조금, 적게

pasco, pavi, pastum, ere 가축을 치다

passus, us *m* 한 걸음, 보폭, 간격

patefacio, feci, factum, ere 공개하다

pater, patris *m* 아버지

patientia, ae *f* 인내, 동정

patricii, orum *m pl.* 귀족

paucus, a, um 소수의, 적은, 조금

paulo, paulum 조금

paupertas, tatis *f* 가난, 빈곤

pax, pacis *f* 평화, 화평

peccatum, i *n* 잘못, 죄, 죄악, 실수

pecua, uum *n pl.* 가축

pecus, oris *n* 가축떼, 짐승

pecus, udis *f* 가축

pedester, pedestris, pedestre 보병의, 걷는

pellis, is *f* 가죽, 피부, 신분

pelvis, is *f* 대야

pendeo, pependi, ere 매달리다, 속하다

pendo, pependi, pensum, ere 저울에 달다

penitus 거의 다, 철저히, 온전히, 아주

perago, egi, actum, ere 완수하다, 마치다

percontari 따지다, 구박하다, 질문하다

perditus, a, um 잃은, 망한

perduco, duxi, ductum, ere 이끌어가다

peregrinus, a, um 이방인의, 낯선

perfero, tuli, latum, ferre 목표에 끌고 가다

perfidia, ae *f* 사기, 간교

perfringo, fregi, fractum, ere 깨뜨리다

perfundo, fudi, fusum, ere 끼얹다, 붓다

perhibeo, bui, bitum, ere 제공하다, 내세우다

periculum, i *n* 위험, 위기

permaneo, mansi, mansum, ere 머물다

permoveo, movi, motum, ere 옮기다

perpes, etis 계속적인, 영속하는

perpetuus, a, um 영구적, 영원한

persona, ae *f* 가면, 인물, 인격

persuadeo, suasi, suasum, ere 설복하다

pertundo, tudi, tusum, ere 뚫다

pes, pedis *m* 발, 보폭(피트)

pestis, is *f* 흑사병, 전염병, 재난

peto, tivi, titum, ere 추구하다, 청하다

philosophus, i *m* 철학자

piger, pigra, pigrum 게으른

pigritia, ae *f* 게으름, 태만

pilum, i *m* [던지는]창

pirata, ae *m* 해적

piscina, ae *f* 어장, 수조

pius, a, um 경건한, 효성스러운

placare 진정시키다

pedes, itis *m* 보병

pelagus, i *n* 대해, 대양, 큰 바다

pello, pepuli, pulsum, ere 때리다, 밀다, 쫓다

penates, ium, m. *pl* 신위, 신주

pendix, icis *f* 산비탈

peninsula, ae *f* 반도

per *praep. c. acc.* 통하여, 동안

perceptio, onis *f* 수확, 파악, 지각

percutio, cussi, cussum, ere 찌르다, 치다

perdo, didi, ditum, ere 잃다, 망치다

perdurare 오래가다, 참다, 지탱하다

pereo, ii, itum, ire 없어지다, 죽다, 망하다

perficio, feci, fectum, ere 완성하다, 마치다

perfidus, a, um 신의 없는, 간사한

perfuga, ae *m*, 도망병, 투항자

pergo, rexi, rectum, ere 직행하다, 계속하다

periclitari 위험을 자초하다, 시험하다

peritus, a, um 익숙한, 숙련된, 경험많은

permitto, misi, missum, ere 허락하다

pernicies, ei *f* 파멸, 재앙

perpetior, pessus sum, peti 끝까지 견디다

persequor, secutus sum, sequi 추구하다

personalis, e 개인의, 자기의

persuasio, onis *f* 설득

pervenio, veni, ventum, ire 도달하다

pestilens, entis 전염병의, 위험한

petitio, onis *f* 공격, 청원, 요구

philosophia, ae *f* 철학

pietas, atis *f* 효성, 경건심, 효도

pignus, gnoris *n* 담보, 볼모, 보증

pileus, i *m* 빵모자, 모자

pinus, i *f* 소나무

pirus, i *f* 배나무

piscis, is *m* 물고기

placabilis, e 굽힐 수 있는, 관용하는

placeo, cui, citum, ere 기쁘게 하다

placet, uit, ere 마음에 들다

planities, ei *f* 평원, 평면

plaudo, si, sum, ere 갈채하다

plebs, plebis *f* 평민, 민중

plerumque 흔히, 보통으로

plico, plicui, plicitum, plicare 접다, 굽히다

plus 더, 더많은

poena, ae *f* 형벌, 벌

poëta, ae *m* 시인

pollex, icis m. 엄지

polluo, ui, utum, ere 더럽히다, 손상하다

pono, posui, positum, ere 놓다, 장치하다

pontus, i *m* 큰 바다

populus, i *f* 포플러, 백양나무

porrigo, rexi, rectum, ere 뻗다, 제공하다

portare 가져오다, 수행하다

porticus, us *f* 주랑

posco, poposci, ere 요청하다

possideo, sedi, sessum, ere 소유하다

post *praep. c. acc.* 뒤에, 후에

posteri, orum *m pl.* 후손, 자손

postquam, *conj.* …한 후에

postridie 다음날에, 이튿날에

potare 마시다

potens, intis 강력한, 능한, 유능한

potestas, tatis *f* 힘, 권력, 통제

potior, potitus sum, iri 차지하다

potius 차라리, 오히려

praebeo, ui, bitum, ere 제공하다, 주다

praeceptor, oris *m* 선생, 은사

praecipuus, a, um 독특한, 주요한

praeco, onis *m* 전령, 기리는 시인

praedicare 공표하다, 칭찬하다, 설교하다

praeditus, a, um 갖춘, 타고난

praeeo, ii, itum, ire 먼저가다, 영도하다

praefectus, i *m* 관리자, 장관

plane 분명히, 정말

planus, a, um 평평한, 명료한

plebeius, a, um 평민의, 평민파의

plenus, a, um 가득 찬, 충만한

plicare 접다, 포개다, 사리다

pluit, pluit, pluere 비 오다

pluvia, ae *f* 비

poësis, is *f* 시, 시가

polleo, ui, ere 힘있다

polliceor, icitus sum, iceri 약속하다

pomum, i *n.* 실과, 과일

pons, pontis *m* 다리, 교량

popularis, e 인기 있는

populus, i *m* 국민, 인민, 나라, 백성

porta, ae *f* 문, 대문, 성문

portentum, i *n.* 전도, 경이, 괴이한 일

portus, us *m* 항구, 초구

possessio, onis *f* 소유

possum, potui, posse …할 수 있다

postea 나중에, 그 후

posterus, a, um 뒤에 오는, 다음의

postremus, a, um 최후의

postulare 요구하다

potens, entis 강력한, 세력 있는

potentia, ae *f* 세력, 능력

potio, onis *f* 음료

potis, e 할 수 있는, 능력이 있는

prae *praep. c. abl.* 앞에, 앞으로, 때문에

praeceps, cipitis 가파른, 위급한

praeceptum, i *n.* 규칙

praeclarus, a, um 유명한, 탁월한

praeda, ae *f* 노획물, 전리품

praedico, dixi, dictum, ere 미리 말하다

praedium, ii *n.* 장원

praefari 서두를 떼다

praefero, tuli, latum, ferre 낫게 여기다

praeficio, feci, fectum, ere 지휘케 하다

praenomen, inis *n.* 개인 이름

praesens, entis 출석한, 현재의

praeses, sidis, *m. f* 수호자, 우두머리

praesto, stiti, stitum, are …보다 낫다

praesum, praefui, praeesse 지휘하다

praetereo, ii, itum, ire 지나가다, 통과하다

praetor, oris *m.* 법무관, 집행관

pratum, i *n.* 풀밭, 초원

preces, um, *f pl.* 기도, 간청

premo, pressi, pressum, ere 누르다, 공격

pridie 전날

primum 첫째로, 먼저

princeps, ipis *m.* 장, 임금, 군주

prius 먼저

privare 빼앗다, 박탈하다

privatus, a, um 개인의, 사사로운

pro *praep. c. abl.* 앞에, 위하여, 대하여

probare 시험하다, 인정하다, 입증하다

procedo, cessi, cessum, ere 행진하다

proclamare 고함 지르다, 호소하다

procul 멀리

prodeo, ii, itum, ire 나아가다, 전진하다

proditio, onis *f* 반역죄, 누설

produco, duxi, ductum, ere 이끌다, 생산하다

profanus, a, um 세속의, 속된, 비속한

proficio, feci, fectum, ere 진보하다, 향상하다

profugio, fugi, fugitum, ere 도주하다

profundus, a, um 깊은, 심원한

prohibeo, ui, bitum, ere 금하다, 저지하다

proinde 그러므로

proletarius, ii *m.* 하급 시민

promptus, a, um 준비가 되어 있는

pronuntiare 말하다, 공표하다, 선고하다

properare 재촉하다, 서두르다, 향하다

propinquus, a, um 가까운, 근사한

praemium, ii *n.* 상, 보상, 상급

praescribo, psi, ptum, ere 명령하다

praesentia, ae *f* 현존, 임석, 면전

praesidium, ii *n.* 보호, 방어

praesumo, sumpsi, sumptum, ere 추정하다

praeter, *praep. c. acc.* …을 제외하고

praeteritum, i *n.* 과거

praevenio, veni, ventum, ire 앞지르다

pravus, a, um 비뚤어진, 그릇된, 약한

prehendo, hendi, hensum, ere 파악하다

pretium, ii *n.* 값, 가격, 상급

primo 처음에

primus, a, um 첫, 첫째의

principium, ii *n.* 시작, 원리

priusquam, *conj.* …하기 전에

privatim 사사로이

privilegium, ii *n.* 특권, 민법

proavus, i *m.* 증조부

probitas, atis *f* 정직

procella, ae *f* 폭풍

proconsul, lis *m.* 전임 집정관

procumbo, cubui, cubitum, ere 기울어지다

prodigium, ii *n.* 기사, 변괴

prodo, didi, ditum, ere 보이다, 나타내다

proelium, ii *n.* 전투, 접전

profero, tuli, latum, ferre 내놓다, 늘리다

proficiscor, profectus sum, proficisci 떠나다

profugus, a, um 도망하는, 쫓긴

progredior, gressus sum, gredi 나아가다

proicio, ieci, iectum, ere 내던지다

proles, lis *f* 자녀, 후예

promitto, misi, missum, ere 약속하다

promulgare 공포하다, 발표하다

prope, *praep. c. acc.* 옆에, 가까이

propinquare 가까이 가다, 임박하다

propius 더 가까이

propositum, i n. 제안, 명제, 결심

propter praep. c. acc. 옆에, 때문에

propugnaculum, i n. 방어진

prora, ae f 선수, 뱃머리

prorsus 곧장, 전적으로

proscribo, scripsi, scriptum, ere 몰수하다

prosper, pera, perum 번성하는

prospicio, spexi, spectum, ere 바라보다

protinus 곧, 즉시

providus, a, um 선견지명이 있는

provocare 호소하다, 상소하다, 도발하다

proximus, a um 이웃의, 가장 가까운

prudentia, ae f 현명, 지혜

pudet, duit, ere 부끄럽다

pudicus, a, um 정숙한, 순수한

puella, ae f 소녀, 처녀

pueritia, ae f 어린 시절, 소년기

pugna, ae f 전투, 접전, 싸움

pugnare 싸우다

pulsare 때리다, 두들기다

pungo, pupugi, punctum, ere 찌르다

puppis, is f 선미, 뱃고물

purificare 깨끗하게 하다, 정화하다

putare 여기다, 생각하다, 계산하다

proprius, a, um 자기의, 자기에게 속하는

propterea 그러므로

propugnare 지키다, 싸우다

prorepo, repsi, reptum, ere 기어가다

prosa, ae f 산문

prosequor, secutus sum, sequi 따라가다

prosperare (어디를 향해서) 가다

prosum, profui, prodesse 이롭다

provideo, vidi, visum, ere 대비하다

provincia, ae f 속주, 지방

provus, a, um 좋은, 정직한

prudens, entis 현명한, 슬기로운

publicus, a, um 공공의, 국가의

pudicitia, ae f 정숙, 절도

pudor, oris m. 겸손, 수줍음

puer, pueri m. 아이, 소년

puerulus, i m. 어린이

pugnans, ntis 싸우는, 반대하는

pulcher, pulchra, pulchrum 아름다운

pulvis, veris m. 먼지, 흙

punio, ivi, itum, ire 벌하다, 처벌하다

purgare 깨끗이하다, 정화하다

purus, a, um 깨끗한, 순수한, 맑은

pyrites, ae m. 부싯돌

Q

quadrupes, edis 네발 달린

quaeso, ivi, ere 찾다, 청하다

quaestor, oris 심문관, 검찰관

quam. 얼마나, 어떻게

quamdiu 얼마 동안

quamquam, conj. 비록 …할지라도

quando, conj. 언제, …때에

quantus, a, um 얼마만큼

quasi, adv. & conj. 마치~처럼, 말하자면

quattuor 넷, 4

quaero, sivi situm, ere 찾다, 추구하다, 묻다

quaestio, onis f 찾음, 문제, 질문

qualis, e 어떠한, 그러한

quam, adv. & conj. 어떻게, ~보다

quam ob rem, quare 왜, 그러므로

quamvis, conj. 아무리 …할지라도

quantopere 얼마나, …하는만큼

quartus, a, um 네 번째

quatio, quassi, quassum, ere 흔들다[후접사]

que, que …와(과)

quemadmodum=quomodo 어떻게

quercus, us f 참나무

querimonia, ae f 불평, 원망

quidem 그래서, 확실히, 적어도

quin=qui non, quae non[conj.] ···하지 않고

qui, quae, quod 어느, 어떤

quo 어디로, 그곳으로

quomodo, quemadmodum? 무슨 방법으로

quoniam, conj. ···하기 때문에, ···하자

quot 몇, 얼마나 많은

quotidie 매일, 날마다

quotus, a, um 몇째의?

queo,, ivi, itum, ire ···할 수 있다

querela, ae f 불평, 원망

queror, questus sum, queri 탄식, 원망하다

quiesco, evi, etum, ere 쉬다, 잠들다

quinque 다섯, 5

quis, quid 누가, 무엇?

quod, conj. ··· 때문에(because)

quondam 이전에, 때로는, 언제가

quoque ···도, 또한 ···까시노

quotannis 해마다

quotiens, conj. ···할 때마다

R

rabies, ei f 광견병, 광기, 격노

radicitus 뿌리째

rado, rasi, rasum, ere 깎다[머리·수염]

rana, ae f 개구리

rapidus, a, um 신속한, 급격한

rapio, rapui, raptum, ere 빼앗다, 잡아채다

rarus, a, um 드문, 유별난, 색다른

ratiocinari 계산하다, 숙고하다, 추출하다

ratus, a, um 여긴, 일정한, 인정된

reambulare 돌아오다

recedo, cessi, cessum, ere 물러나다

recessus, us m 철수, 후퇴

reciprocus, a, um 썰물의, 상호적인

recognosco, gnovi, gnitum, ere 재인식하다

recordatio, onis f 상기

rector, oris m 키잡이, 통치자

rectus, a, um 옳은, 바른, 곧은

recurro, curri, cursum, ere 돌아오다

reddo, didi, ditum, ere 만들다, 돌려주다

redigo, redegi, redactum, ere 되돌려오다

reditus, us m 귀환, 수입

regero, retuli, relatum, referre 보고, 전하다

radicalis, e 뿌리의, 근본적, 급진적

radix, icis f 뿌리, 산자락, 근본

raeda, ae f 사륜차

rapax, cis 약탈하는, 잡아채는

rapinare 날쌔게 잡다, 빼앗다

raro 드물게, 이따금

ratio, onis f 계산, 비례, 방식, 이성

ratis, is f 쪽배

realis, e 현실적, 실질적

rebellare 반란을 일으키다, 반항하다

recens, entis 신선한, 최근의, 새로운

recipio, cepi, ceptum, ere 받다

recitare 낭송하다, 낭독하다

recordari 기억하다, 상기하다

recreare 다시 만들다, 소생시키다

rectum, i n 정의, 공정

recuperare 되찾다, 회복하다

recusare 거절하다, 항의하다

redeo, ii, itum, ire 돌아가다, 돌아오다

redimo, emi, emptum, ere 구해내다

reduco, duxi, ductum, ere 데려가다

reficio, feci, fectum, ere 다시 만들다

reflecto, flexi, flexum, ere 반사, 숙고하다

regalis, e 왕의, 군주의

regimen, minis, n 지도, 지휘, 통솔

regio, onis f 지방, 영토, 구역

regnare 통치하다

rego, rexi, rectum, ere 지배하다, 군림하다

regressus, us m 귀환, 후퇴, 소급

reicio, ieci, iectum, ere 맞던지다, 물리치다

religio, onis f 종교, 종교적 금기

reliquus, a, um 남은, 그 밖의

remaneo, mansi, mansum, ere 잔류하다

remex, igis m 노 젓는 사람

reminiscor, reminisci 기억하다

remus, i m 노

reor, ratus sum, reri 여기다, 생각하다

repente 갑자기, 돌연

repetitio, onis f 반복

repleo, plevi, pletum, ere 가득 채우다

repono, posui, positum, ere 다시 놓다

reprehendo, di, sum, ere 질책하다

repudium, ii n 소박, 파혼

repulsus, a, um 격퇴된, 낙선된

requies, etis f 쉼, 안식, 영면

requiro, quisivi, situm, ere 요구하다, 찾다

res adversa 역경

rescribo, scripsi, scriptum, ere 답장하다

resideo, sedi, sessum, ere 거주하다

resisto, stiti, ere 멈추어 서다, 저항하다

res nova 혁명

resolvo, vi, lutum, ere 풀다, 열다, 갚다

respetus, us m 견지, 고려, 탈락

respondeo, spondi, sponsum, ere 대답하다

res publica 공화국, 국가

restis, is f 밧줄, 노끈

rete, is n 그물, 계략

retraho, traxi, tractum, ere 전환하다

refugium, ii n 도피, 피난처

regia, ae f 왕궁, 궁전, 대궐

regina, ae f 여왕, 왕비

regius, a, um 왕의

regnum, i n 왕국, 군주국, 왕권

regredior, gressus sum, gredi 돌아오다

regula, ae f 곧은 자, 척도, 규칙

relatio, onis 갚음, 보고, 관계

relinquo, liqui, lictum, ere 남겨놓다, 떠나다

relucto, avi, atum, are 저항하다

remedium, ii n 처방, 치료, 후속 조처

remigium, ii n 노를 저음, 노질하는 도구

remitto, misi, missum, ere 허용하다

renuntiatio, onis f 당선 선언, 기권

repello, pulsi, pulsum, ere 축출하다

reperio, repperi, pertum, ire 재발견하다

repeto, ivi, itum, ere 돌아오다, 반복하다

repo, repsi, reptum, ere 기어다니다

reposco, ere 돌려달라고 요청하다

reprimo, pressi, pressum, ere 억제하다

repugnare 거부하다, 반대하다, 모순되다

reputare 계산하다, 여기다, 돌리다

requiesco, quievi, quietum, ere 쉬다

res, rei f 것, 일, 사물, 물건, 물체

rescindo, scidi, scissum, ere 찢다

res gestae 역사

resignare 개봉하다, 취소하다, 사퇴하다

res militaris 군사, 군무

resolutio, onis f 풀어짐, 분해, 결단

respectare 지켜보다, 돌보다, 존중하다

respicio, spexi, spectum, ere 쳐다보다

responsum, i n 대답, 신탁

res secunda 순경

restituo, tui, tutum, ere 수리하다, 돌려주다

retineo, ui, tentum, ere 만류하다, 붙잡다

retro 뒤로, 뒤에서

reus, i *m* 범인, 피고

reverentia, ae *f* 존경, 경의

revertor, versus sum, i 돌아오다

rex, regis *m* 국왕, 군주, 임금

rhetor, oris *m* 수사학 교수

rigare 물 대다

rigor, oris *m* 얼어붙음, 굳음, 엄격

rivulus, i *m* 실개천

robigo, inis *f* 마름병, 해충

rogatio, onis *f* 물음, 요구, 입법 제안

ros, roris *m* 이슬, 즙액

rostrum, i *n* 부리, 주둥이, 선수

ruber, rubra, rubrum 붉은

rudens, ntis *m* 밧줄, 돛

ruga, ae *f* 주름, 구김살

ruina, ae *f* 무너짐, 패망, 폐허

rumpo, rupi, ruptum, ere 부수다, 터뜨리다

rupes, is *f* 암벽, 낭떠러지

rusticus, a, um 시골의, 조잡한, 미숙한

revellare 벗기다, 드러내다, 개시하다

revereor, veritus sum, eri 존경하다

revocare 소환하다, 철수시키다

rhetorica, ae *f* 수사학

rideo, risi, risum, ere 비웃다, 웃다

rigidus, a, um 꽁꽁 언, 굳은

ripa, ae *f* 강변, 강가, 해변, 해안

rivus, i *m* 시냇물

rogare 묻다, 질문하다, 청하다

rorat, roravit, rorare 이슬 내리다

rosa, ae *f* 장미

rotundus, a, um 둥근, 원만한

rubigo, inis *f* 녹, 곰팡이

rudis, e 가동하지 않는, 세련되지 않은

rugire 돌출하다, 울부짖다

rumor, oris *m* 소음, 소문

ruo, rui, rutum, ere 들이닥치다, 무너지다

rus, ruris, *n* 시골

S

saccus, i *m* 자루, 부대

sacredos, otis *m f* 제관, 사제

sacra, ae, *f* 황제의 교시 · 칙령

sacrificium, ii *n* 희생, 제사, 제물

saeculum, i *n* 세대, 종족, 세기

saepio, psi, ptum, ire 울타리를 치다

saevio, ivi, itum, ire 격노하다,

sagitta, ae *f* 화살

salio, libi, saltum, ire 오르다, 껑충껑충 뛰다

saltem 적어도, 최소한

saltus, us *m* 삼림, 숲

salus, utis *f* 안녕, 구제, 인사

salutaris, e 유익한

salvare 낫게 하다, 구하다

salvus, a, um 무사한, 구원된

sacer, sacra, sacrum 거룩한, 성스러운

sacerdotium, ii *n* 사제직

sacramentum, i *n* 선서, 소송, 공탁금

sacrilegus, a, um 신성 모독의

saepe 종종, 때때로

saeptum, i *n* 울타리

saevus, a, um 격렬한, 난폭한

sal, salis *m* 소금

saltare 춤추다, 뛰어오르다

saltus, us *m* 뜀, 도약

saluber, bris, bre 건강에 좋은, 유익한

salutare 인사하다, 영접하다

salutatio, onis *f* 인사, 문안

salbeo, ere 잘 있다

sanare 낫게 하다, 고치다

sanatio, onis, f 치유, 치료

sanctitas, atis f 순수, 정직, 거룩함

sane 겨우, 분명히, 확실하게

sanitas, atis f 건강, 복지

sapiens, entis 지혜로운

sapio, sapii, ere 맛보다, 맛이 있다

sarcina, ae f 보따리, 짐

sat, *adj.indecl.* 넉넉한, 충분한, 넉넉히

satietas, atis f 풍성, 포만, 만족

satura, ae f 풍자 문화, 해학

sauciare 상처 내다, 베다

saxum, i n 돌, 바위

scaevus, a, um 왼편의, 서투른

scamnum, i n 발판, 의자

scelus, eris n 범죄, 흉악

schloa, ae f 수업, 학교, 학원

scientia, ae f. 지식, 과학

scintilla, ae f 불씨, 불똥

scitus, a, um 유식한, 잘 아는

scribo, scripsi, scriptum, ere 쓰다, 기록하다

scriptum, i n 글, 기록

scrutari 뒤지다, 조사하다

scutum, i n (장방형의) 방패, 보호

secerno, crevi, cretum, ere 떼어놓다

seco, secui, sectum, secare 자르다

secretus, a, um 분리된, 비밀의

sectari 따라다니다, 추구하다

secundum, i n (바로)뒤에, 둘째로

securis, is f 도끼

secus 다르게, 달리, 그렇지 않으면

sedare 진정시키다, 누르다

sedes, is f 처소, 자리

seditio, onis f 반란, 폭동

sedulitas, atis f 열성, 근면

seges, getis f 농작물, 경작지

seiungo, iunxi, iunctum, ere 갈라놓다

sancio, sanxi, sanctum, ire 재가, 제정하다

sanctus, a, um 신성불가침의, 거룩한

sanguis, guinis m 피, 유혈

sanus, a, um 건강한, 온전한

sapientia, ae f 지혜, 양식, 현명

sapor, oris m 맛, 멋

sarcio, sarsi, sartum, ire 길쌈하다

satiare 만족시키다

satis, *indecl.* 충분한, 넉넉한, 넉넉히

saturare 배불리 먹이다

saucius, a, um 상처 입은

scaena, ae f 무대, 장면

scala, ae f 사다리, 층계

scando, di sum, ere 기어오르다, 떠오르다

schema, atis n 복장, 자세, 도식

sciens, entis 아는, 유식한

scilicet 즉, 곧

scio, scivi, scitum, ire 알다, 이해하다

scriba m 서기

scrinium, ii n 상, 탁자, 상자

scriptura, ae f 필사, 서필

sculpo, psi, ptum, ere 새기다, 다듬다

secedo, cessi, cessum, ere 물러서다

secessus, us m 물러감, 은둔, 농성

secrete, secreto 은밀하게, 남모르게

secta, ae f 원칙, 방식, 당파

secudum, *praep. c. acc.* …에 따라서, 대로

secundus, a, um 둘째의, 제2의, 순조로운

securus, a, um 안심하는, 안전한

sed 그러나, 뿐만 아니라

sedeo, sedi, sessum, ere 앉다

sedile, is, n 걸상, 의자

seduco, duxi, ductum, ere 갈라놓다

sedulus, a, um 부지런한, 골똘한

segregare 갈라놓다

selectus, a, um 가려낸, 정선된

sella, ae *f* 걸상, 의자

semen, minis *n* 씨, 원소

seminare 씨 뿌리다

semper 항상, 언제나

senator, oris *m* 원로원 의원

senecta, ae *f* 노년기, 노인

senesco, nui, ere 쇠하다, 늙다

senior, oris *m* 노장, 연장자

sensus, us *m* 김긱, 감판, 시각, 의미

sentio, sensi, sensum, ire 느끼다, 지각하다

sepelio, sepelivi, sepultum, ire 파묻다

septemtrio, onis, *m.* 북두칠성,, 북쪽

sequax, acis 따라다니는, 퍼지는

sequor, secutus sum, sequi 따르다, 추종하다

series, ei *f* 차례, 계열

serius, a, um 진지한, 엄숙한, 중대한

sero, rui, sertum, ere 짜다, 엮다

sero, sevi, satum, ere 심다

serpo, psi, ptum, ere 기다, 뻗어나가다

serus, a, um 늦은, 때늦은

servilis, e 종의, 노예의

servitium, ii *n* 노예 신분

servus, i *m* 노예, 종

seu 혹은, 또는

severus, a, um 근엄한, 엄격

sex 여섯, 6

si, *conj.* 만일…하면

sic 이렇게

sicarius, ii *m* 자객, 살인자

siccus, a, um 마른, 건조한

sido, sedi, sessum, ere 앉다

signare 표하다

significare 드러내다, 표시하다

silentium, ii *n* 침묵, 묵도

silva, ae *f* 숲, 수풀

similis, e 비슷한, 닮은

semel 한번, 일회, 한 차례

semestris, e 반년의, 한 학기의

semita, ae *f* 보도, 샛길

sempiternus, a, um 영구한

senatus, us *m* 원로원, 의회

senectus, tutis *f* 노년, 노령

senex, is 늙은, *m f* 노인

sensibilis, e 감지되는, 감각적

sententia, ae *f* 판단, 견해, 의견

separare 갈라놓다, 분리하다

septuem 일곱, 7

sepulcrum, i *n* 무덤

sequens, entis 바로 다음의, 둘째의

serenus, a, um 맑은, 명랑한

serius 늦게야, 너무 늦게

sermo, onis *m* 말, 토론, 연설

sero, serum 늦게

serpens, entis *m f* 뱀

serra, ae *f* 톱

servare 아끼다, 보존하다

servire 종살이하다, 섬기다

servitus, tutis *f* 예속, 노예 신분

sessio, onis *f* 좌석, 회의

severitas, atis *f* 엄격

sevocare 떼어놓다, 돌리다, 물러가다

sexus, us *m* 성, 성별

si, quodsi, si quidem, *conj.* 만일…하면

sica, ae *f* 단도, 단검, 비수

siccitas, atis *f* 가뭄, 한발

sicut, *conj.* …처럼, 마치 …같이

sidus, eris *n* 성좌

signifer, feri *m* 기수

signum, i *n* 신호, 표지

sileo, ui, ere 입 다물다, 조용히 하다

silvester, tris, tre 숲의, 야생의

similitudo, inis *f* 비슷함, 닮음

simplex, plicis 단순한, 순박한

simulacrum, i *n* 신상, 형상

simulatio, onis *f* 외관, 가장, 위장

sincerus, a, um 순수한, 성실한

singularis, e 단일한, 개인의

singuli, ae, a 하나씩

sino, sivi, situm, ere 놓아두다, 허락하다

sisto, stiti, statum, ere 세우다, 공고히 하다

sitio, ivi, ire 목마르다, 건조하다

situs, a, um 놓여진, 위치한

sobrius, a, um 절제하는, 검소한

socialis, e 동료의, 사회의, 동맹의

socius, ii *m* 동료, 동지, 친우

sodalicium, ii *n* 우의, 단체

sol, solis *m* 태양, 해

solari 위로하다

soleo, solitus sum, solere 늘…하다

solis occasus, us *m* 일몰

solitudo, inis *f* 고독, 외로움, 고립

sollemnis, e 장엄한, 성대한

sollertia, ae *f* 영리, 수완, 치밀

sollicitus, a, um 걱정하는, 불안한

solum, i n. 바닥, 토대, 땅

solutio, inis *f* 해방, 용해, 지불, 해결

solvo, solvi, solutum, ere 풀다, 녹이다,

somnus, i *m* 잠, 수면

sono, sonui, sonitum, sonare 소리를 내다

sons, sontis 잘못을 저지른

sopor, oris *m* 혼수, 잠

sorbeo, sorpsi, sorptum, ere 삼키다

sordidus, a, um 때묻은, 누추한

sors, sortis *f* 운명

sortior, sortitus sum, iri 제비 뽑다, 추첨하다

spargo, si, sum, ere 뿌리다, 발산하다

spatium, ii *n.* 공간, 간격, 차원

specio, spexi, spectum, ere 보다, 바라보다

simul, simul atque,[conj.] …하자마자

simulare 겉꾸미다, 시늉하다

sin, *conj.* 그러나 만일…하면

sime, *praep. c. abl.* 없이

singulatim 하나씩

sinister, stra, strum 왼편의, 불리한

sinus, us *m* 만곡, 옷자락, 옆구리, 춤

sitiens, entis 목마른, 건조한

sitis, is *f* 갈증, 목마름

sive 또는, 혹은

socer, eri *m* 장인, 시아버지

societas, atis *f* 사회, 유대, 동료

socrus, us *f* 시어머니, 장모

sodalis, e 동료의, 친구의

solacium, ii *n* 위안, 도움

solea, ae *f* 샌들

solidus, a, um 고체의, 굳은, 단단한

solis ortus, us *m* 일출

solitus, a, um 평소의, 습관된

sollers, ertis 노련한, 능숙한;교활한

sollicitare 유혹하다, 교사하다

solum 오직

solus, a, um 혼자서, 다만, 오직

soltus, a, um 풀린, 굳지 않은

somnium, ii *n* 꿈, 몽상

sonans, antis 소리나는, 낭랑한

sonor, oris *m* 소리, 음향

sonus, i *m* 소리, 목소리

soporare 잠들다, 마비시키다

sordes, is *f* 때, 누더기

soror, oris *f* 자매, 누이

sortilegium, ii *n.* 점술, 제비 뽑기

sospes, pitis 평안한, 무사한

sparsim 이리저리 흩어져

species, ei *f* 외관, 종

specipsus, a, um 고운, 화려한

spectaculum, i *n* 광경, 연주

speculari 살피다, 관찰하다

specus, us *m* 동굴 sperare 희망하다, 바라다

spes, ei *f* 희망, 기대

spiculum, i *n* 살촉, 화살

spirare 숨쉬다, 바람 불다

splendeo, ui, ere 빛나다, 반짝이다

spoliare 벗기다, 약탈하다

spondeo, spopondi, sponsum, ere 언약하다

sponsa, ae *f* 약혼녀

sponsus, i *m* 약혼자

stabilitas, atis *f* 확고부동함

stagnum i *n* 못, 연못

statua, ae *f* 석상, 조상

status, us *m* 상황, 상태

stemma, atis *n* 문장, 깃발

stercus, coris *n* 비료, 똥

sterno, stravi, stratum, ere 눕히다

stimulare 자극하다, 초조하게 하다

stipendium, ii *n* 조세, 세금, 군인봉급

stirps, stirpis *f m* 뿌리, 혈통

stoicus, i *m* 스토아 철학자

stratum, i *n* 요, 이불, 지층

strepitus, us *m* 소리, 잡음

strido, di, ere 이 갈다

struo, uxi, uctum, ere 쌓다, 세우다

studiosus, a, um 열심한, 몰두하는

stultitia, ae *f* 어리석음, 우둔

stupeo, ui, ere 경악하다, 말문을 막다

suadeo, suasi, suasum, ere 설득시키다

suavitas, atis *f* 다정, 사랑스러움

subdolus, a, um 꾀많은, 교활한

subiectus, a, um 종속된

subito 갑자기

sublimis, e 드높은, 탁월한

suboles, is *f* 자손, 후손

spectare 바라보다, 관람하다, 관계 있다

speculum, i *n* 겨울

sperno, sprevi, spretum, ere 멸시, 무시하다

spica, ae *f* 이삭

spina, ae *f* 가시, 경마장, 중앙 분리대

spiritus, us *m* 혼, 숨결

splendidus, a, um 빛나는, 화려한

spoliatus, a, um 박탈된, 가난한

spons *f* sponte 자발적으로, 자원하여

sponsalia, ium *n* *pl.* 약혼

stabilis, e 견고한, 항구적인

stabulum, i *n* 외양간, 여관

statim 금방, 당장, 즉시

statuo, ui, utum, ere 정하다, 단정하다

stella, ae *f* 별, 성좌

stercorare 거름 주다

sterilis, e 비옥하지 못한, 불모의, 결실 없는

stilus, i *m* 펜촉(서판용), 문체, 어법

stimulus, i *m* 송곳, 자국, 고통

stipulari 약속하다, 계약하다

sto, steti, statum, are 서 있다

srola, ae *f* 스톨라, 긴옷

strenuus, a, um 강한, 용맹한

strepo, ui, ere 소란스럽다

stringo, nxi, strictum, ere 결박하다

studeo, ui, ere 노력하다, 힘쓰다

studium, ii *n* 사랑, 열성, 관심

stultus, a, um 어리석은, 우둔한

stupor, oris *m* 놀람, 경탄

suavis, e 유쾌한, 온화한

sub, *praep. c. acc. abl.* 밑에, 아래에, 아래로

subeo, ii, itum, ire 밑으로 들어가다, 당하다

subigo, egi, actum, ere 종속시키다

subiungo, iunxi, iunctum, ere 굴복하다

submitto, misi, missum, ere 보내다

subscribo, psi, ptum, ere 지명하다

subsequor, secutus sum, sequi 따르다

subsum, suffui, subesse 속해 있다

subvenio, veni, ventum, ire 돌보다, 돕다

subverto, ti, sum, ere 돌아가다, 뒤엎다

successus, us, *m* 전진, 성공

succurro, curri, cursum, ere 돕다

sudare 땀 흘리다

suetus, a, um 습관된, 평범한

sufficio, feci, fectum, ere 만들다, 넉넉하다

sugo, suxi, suctum, ere 빨다, 흡입하다

sum, fui, esse 이다, 있다, 존재하다

sumo, sumpsi, sumptum, ere 잡다, 취하다

suo, sui, sutum, ere 깁다, 바느질하다

super, *praep. c. acc. abl.* 위로, 위에

superbia, ae *f* 오만

superstitio, onis *f* 미신

superus, a, um 위에있는

supplicare 애원하다

supplicium, ii *n* 굴복, 형벌

suppressio, onis *f* 억압, 은폐

supra, *praep. c. acc.* 위에, 위로

surdus, *n*, um 귀먹은

sus, suis g. 돼지

suspicio, onis *f* 의혹, 혐의

sustineo, tinui, tentum, ere 지탱하다, 참다

substituo, tui, tutum, ere 대체하다, 바꾸다

sutilis, e 예리한, 치밀한

subvenio, veni, ventum, ire 돌보다, 돕다

succedo, cessi, cessum, ere 계승하다

succumbo, cubui, cubitum, ere 복종하다

sucus, i *m* 즙액, 방울

sudor, oris *m* 땀, 이슬

suffero, sustuli, sublatum, sufferre 지탱하다

suffragium, ii *n* 투표, 표결

sulcus, i *m* 밭이랑, 선

summus, a, um 꼭대기의, 정상의, 최고의

sumptus, us *m* 부담, 대가

supellex, supelelctilis *f* 가구

superare 정복하다, 능가하다

superbus, a, um 거만한, 자랑할 만한

supersum, superfui, superesse 살아 남다

suppleo, plevi, pletum, ere 보충, 추가하다

supplicatio,, onis *f* 공적기도, 종교의식

suppono, posui, positum 대리, 가정하다

supprimo, pressi, pressum, ere 제거하다

supremus, a, um 최고의, 지상의

surgo, rexi, rectum, ere 일어나다, 시작하다

suscipio, cepi, ceptum, ere 떠맡다, 착수하다

suspiciosus, a, um 의심스러운

suus, a, um 자기의

T

tabella, ae *f* 투표용지, 수첩

tabernaculum, i *n* 천막, 막사

tabula, ae *f* 탁자, 식탁

tacitus, a, um 말없는, 침묵의

taeda, ae *f* 불씨, 불꽃

talentum, i *n* 재능, 능력

tam 그렇게, 이렇게, 그러나

tametsi 그렇다고 할지라도

tango, tetigi, tactum, ere 만지다

taberna, ae *f* 움막, 주막

tabes, is *f* 썩음, 고름, 부패, 퇴폐

taceo, ui, citum, ere 조용히 하다, 침묵하다

tacus, us *m* 촉각, 만짐

taedet, duit, taesum, ere 권태를 느끼다

talis, e 그러한

tamen 그러나, 그렇다고 할지라도

tamquan …처럼, 마치…하듯이

tantopere 그만큼, 대단히, 아주 어렵게

tantus, a, um 이렇게 큰, 이만큼 많은

tarde 늦게, 천천히

taurus, i *m* 황소

tego, tetigi, tectum, ere 덮다, 보호하다

tela, orum *n* *pl.* (공격) 무기

telum, i *n* 창, 화살, 무기

temerarius, a, um 우연한, 겁 없는

temno, ere 멸시하다

temperantia, ae *f* 절도, 자제

tempestas, atis *f* 시간, 시절, 폭풍

templum, i *n* 신전, 사당

temporaneus, a, um 임시의, 일시적

tempus, oris *n* 시간, 때

tenax, acis, 강경한, 완고한

tenebrae, arum, *f* *pl.* 어둠, 암흑, 맹목

tener, era, erum 부드러운, 여린

tensio, onis, m. 긴장, 확장

tenuis, e 가느다란, 얇은

tepidus, a, um 미지근한, 따스한

tergum, i *n* 등, 뒤

tero, trivi, tritum, ere 부수다, 빻다

terreo, ui, itum, ere 위협하다, 놀라게 하다

terror, oris *m* 공표, 경악

tessera, ae *f* 판쪽, 증명서

testis, is *mf* 증인, 목격자

thermae, arum *f* *pl.* 공중 목욕탕

tigris, is *m* 호랑이

timide 소심하게, 겁먹고서

timor, oris *m* 두려움, 공포

tingo, nxi, xctum, ere 물들이다, 염색하다

titulus, i *m* 제목

togata, ae *f* 비극[로마 소재]

tollo, sustuli, sublatum, tollere 들어올리다, 치우다

tondeo, totondi, tonsum, ere 면도, 이발하다

tonsor, oris *m* 이발사, 면도사

tormenta, orum n. *pl.* 병기

tardare 느리게 만들다, 지치게 하다

tardus, a, um 늦은, 더딘

tectum, i *n* 지붕

tegula, ae *f* 처마, 기와

tellus, uris *f* 땅, 대지

temerare 경솔하다, 함부로 하다

temeritas, atis *f* 만용

temperamentum, i *n* 기후, 온도, 기질

temperare 조절하다, 바로잡다

tempestative 때맞춰서, 철마다

temporalis, e 시간의, 일시적, 현세적

temptare 해보다, 노력하다, 애쓰다

tenacia, ae *f* 고집, 완고, 강경

tendo, tetendi, tensum, ere 향하다, 겨다

teneo, tenui, tentum, ere 붙잡다, 포함하다

tenor, oris *m* 연속, 내용, 과정

tentorium, ii *n* 천막, 막사

tepidarium, ii *n* 온탕

tergeo[tergo], tersi, tersum, ere 청소하다

terminus, i *m* 경계, 종말, 기간

terra, ae *f* 땅, 지구, 흙

terrestris, terrestre 지상의, 육지의

tertius, a, um 세 번째의

testamentum, i *n* 유언, 계약, 계약서

theatrum, i *n* 극장

tibicina, ae *f* 피리 부는 여자

timeo, ui, ere 무서워하다, 두려워하다

timidus, a, um 겁많은, 비겁한, 마음 약한

tinctus, a, um 물든, 채색된

tiro, onis *m* 신병, 초보자

toga, ae *f* 토가, 겉옷, 장의

tolerare 견디다, 참다

tonat, tonuit, tonare 천둥 치다

tonitrus, us *m* 천둥

tonus, i *m* 음정, 소리

tormentum, i *n* 고통, 학대, 고문

torpedo, inis *f* 마비, 무감각

torpidus, a, um 힘없는, 쇠약한

torus, i *m.* 간이 침상

totus, a, um 모든, 전부, 전체

trado, didi, ditum, ere 넘겨주다, 전하다

tragoedia, ae *f* 비극, 비가

traicio, ieci, iectum, ere 이끌다, 넘어가다

tranquillus, a, um 평안한, 평탄한

transcendo, di, sum, ere 건너가다, 초월하다

transfero, tuli, latum, ferre 옮기다, 번역하다

tremor, oris *m* 진동, 전율

tres, tria 셋, 3

tribunal, is *n* 재판소, 법정, 사령탑

tribuo, ui, utum, ere 베풀다, 주다, 부여하다

triclinium, ii *n* 식당, 식당좌석

tristis, e 근심스러운, 슬픈

tritus, a, um 왕래가 많은, 많이 다닌

triumphus, i *m* 개선 행진

trivium, i *n* 삼거리, 광장

trudo, di, sum, ere 밀치다, 쫓아내다

tueor, tuitus sum, tueri 보호하다

tum 그때에, 당시에, 그러자

tunc 그때

tunica, ae *f* 튜닉, 웃옷

turbo, inis *m* 회오리바람, 돌풍

turpis, e 더러운, 추루한

turis, is *f* 탑, 망루, 종각, 성채

tutus, a, um 안전한, 무사한

tyrannis, idis *f* 폭정, 전횡

tropeo, ui, ere 쇠약해지다, 기운 없다

torqueo, torsi, torsum, ere 비틀다, 쏘다

tot 매우 많은

tractare 취급하다

traduco, duxi, ductum, ere 옮기다

traho, traxi, tractum, ere 끌고 가자, 당기다

tranquilitas, atis *f* 고요, 평안, 평탄

trans, *praep. c. acc.* 건너서, 넘어서

transduco, duxi, ductum, ere 건너가게 하다

transgredior, gressus sum, gredi 건너다

tremo, ui, ere 떨다

trias, adis *f* 셋, 삼위

tribunus, i *m* 관리, 장교, 호민관

tribus, us *f* 종족, 씨족

trietis, is *f* 삼단 노선

triturare 곡식을 찧다

triumphare 개선하다

triumvir, viri *m* 삼두 정치관

trucidare 학살하다, 살육하다

trux, ucis 거친, 잔혹한

tugurim, ii *n* 움막집, 초막

tumultus, i *m* 소요, 혼전

tundo, tutudi, tunsum, ere 두드리다

turba, ae *f* 군중, 대중

turgeo, tursi, ere 부풀어오르다

turpitudo, dinis *f* 추태, 치사함, 누추함

tussis, is *f* 기침

tuts, a, um 너의, 당신의

tyrannus, i *m* 전제 군주, 폭군

U

uber, eris 비옥한, 풍요한

ubique 어디서나

ullus, a, um 어느…도 아닌

ulna, ae *f* 팔, 아름

ultimus, a, um 마지막, 최후의

ubi 어디에, *conj.* …하는곳, …할 때

ulciscor, ultus sum, sci 복수하다

ulmus, i *f* 느릅나무

ulterior, ius 넘은, 지나친

ultor, oris *m.* 복수자

ultra, *praep.c. acc.* 저편에, 그 이상으로

ululare 통곡하다, 부르짖다

umbilicus, i *m.* 두루마리 심대, 배꼽

umbrare 그늘을 드리우다

umquam 늘, 절대로…않는

unda, ae *f* 물결, 파도

ungo, unxi, unturn, ere 기름 바르다

umicus, a, um 유일한, 차이 없는

universus, a, um 전체의, 전부의

urbanitas, atis *f* 예모, 친절

urbs, urbis *f* 도회지, 도시

urna, ae *f* 항아리, 단지

usque …가지

usus, us *m* 사용, 경험, 기술, 관습

uter, utra, utrum 둘 중 어느 하나(의)

utilitas, atis *f* 유익함

utor, usus sum, uti 사용하다

uva, ae *f* 포도(송이)

ultro 더욱

umbella, ae *f* 양산

umbra, ae *f* 그늘, 음지

umor, oris *m* 액체, 물기

unctus, a, um 기름 바른, 부요한

unde 어디에서부터, 거기서부터

unguis, is m. 손톱, 발톱

umio, ivi, itum, ire 통합하다

unus, a, um 하나, 한, 1, 홀로, 유일한

urbanus, a, um 도시에 사는, 교양 잇는

urgeo, ursi, ere 재촉하다, 급하다

uro, ussi, ustum, urere 타다, 조이다

usurpare 횡령하다, 가로채다

ut …와 같이, …만큼

utilis, e 유익한

utique 물론, 틀림없이, 확실히

utrum …인가, 아닌가?

uxor, oris *f* 아내, 주부

V

vacare 비(어있)다, domus ~집이 비다

vacuus, a, um 빈, 허공의

vadum, i *n.* 여울, 얕은 곳

vagina, ae *f* 칼집

valde 대단히, 매우, 아주

valetudo, inis *f* 건강, 유효함

valles, is *f* 계곡, 골짜기

vallor, valloris *m.* 가치, 가격

vanitas, atis *f* 허영, 헛된, 허사

varietas, atis *f* 다양한, 다채로운

vas, vasis *n.* 그릇, pl. vasa, orum

vastus, a, um 황폐한, 빈

vectigal, is *n* 세납, 세금

veho, vexi, vectum, ere 실어가다, 운반하다

velox, ocid 빠른, 신속한

venatio, onis *f* 사냥, 수렵

vacca, ae *f* 암소

vado, ere 가다, 건너다

vagari 방황하다, 떠돌다

vagus, a, um 모호한, 희미한

valeo, ui, ere 힘있다, 잘 있다

validus, a, um 강한, 건장한, 유효한

vallum, i *n* 방책

valvae, arum *f pl.* 돌쩌귀

vanus, a, um 헛된, 공허한

varius, a, um ekfms, 여러, 다양한

vastare 파괴하다, 초토화하다, 멸망시키다

vates, is *m* 시인, 예언자

vehemens, entis 격렬한, 격한

vel 혹은, 또는

velum, i *n* 돛, 휘장, 너울

vendo, didi, ditum, ere 팔다

venenum, i *n* 독, 독약

venia, ae *f* 용서

venter, tris *m* 배, 복부

ver , veris *n* 봄, 봄철

verberare 채찍질하다, 매질하다

verbum, i *n* 수줍음, 조심

veritas, atis *f* 진리, 실제, 진실

vertex, icis *m* 정상, 꼭대기; 소용돌이

veru, us *n* 적쇠, 석쇠

verum, vero …하지만, 그러나

vescor, vesci …을 먹고 살다

vesperascit, ravit, ere 저녁이 되다

vestibulum, i *n* 문간

vestio, ivi, itum, ire 옷입히다

vesteranus, i *m* 고참, 직업 군인

vetus, eris 낡은, 옛, 오래된

vexare 괴롭히다, 학대하다

via, ae *f* 여로, 길, 도로, 차도

viator, oris *m* 여객, 여행자

victoria, ae *f* 승리, 개선

vicus, i *m* 마을, 구역

vidua, ae *f* 과부

vigil, is 깨어 지키는

vigilia, ae *f* 경계, 야경(시간), *pl.* 보초

villicus, a, um 농촌의, 시골의

vinco, vici, victum, ere 이기다, 정복하다

vindex, icis *m .f* 주창자, 복수자, 담보인

vindicatio, onis *f* 복수, 보복

vinum, i *n* 포도주, 술

violens, tis 난폭한, 폭력적인

vipera, ae *f* 독사

viresco, rui, ere 푸르르다, 녹음 짙다

virgula, ae *f* 나뭇가지, 회초리

virilis, e 남자의, 남자다운

virus, i *n* 독약, 병

visitare 찾아보다, 방문하다

venerari 존경하다, 숭배하다

venio, veni, ventum, ire 오다

ventus, i *m* 바람

verax, acis 참된, 진실된

verber, beris *n* 매, 채찍, 매질, 구타

vereor, veritus sum, vereri 두려워하다

versare, us *m* 전환, 구절, 단구 시

verto, verti, versum, ere 돌리다

verum, i *n* 참, 진리

verus, a, um 참된, 진실한

vesper, eris[eri] *m* 저녁

vester, vestra, vestrum 너희의, 당신들의

vestigium, ii *n* 발자취, 흔적

vestis, is *f* 옷, 의복

veto, vetui, vetium, vetare 금하다

vetustas, atis *f* 오래됨

vexillum, i *n* 기병대 깃발

viaticum, i *n* 여행에 필요한 것, 식량, 여비

victima, ae *f* 재물, 희생자

victor, oris *m* 승리자, 정복자

video, vidi, visum, ere 보다

vigeo, ui, ere 무성하다, 유행하다

vigilare 깨어 지키다, 경비하다

villa, ae *f* 별장, 농장

vincio, vinxi, vinctum, ire 묶다, 결박하다

vinc(u)lum, i *n* 끈, 밧줄, 쇠사슬, 연속

vindicare 수호하다, 주장하다, 복수하다

vinea, ae *f* 포도원

violare 유린하다, 위반하다

violentia, ae *f* 폭력, 폭행

vir, viri *m* 남자, 사내, 남편

virgo, inis *f* (혼기의)처녀, 숫처녀

viridis, e 푸르른, 남자다운

virtus, utis *f* 덕, 무용, 용맹

vis, vim, vi *f* 힘, 기운

vita, ac *f* 생명, 삶, 인생

vitare 피하다

vitellus, i *m* 송아지

vitiare 부패시키다, 손상하다

vitiositas, atis *f* 도덕적 부패

vitiosus, a, um 타락한, 악덕의

vitis, is *f* 포도나무

vitium, ii *n* 악덕, 악습

vitreus, a, um 반짝이는, 빛나는

vitta, ae *f* (머리) 띠

vituperare 꾸짖다, 몰락하다

vivo, vixi, victum, ere 살다

vivus, a, um 살아 있는, 생명 있는

vix 겨우, 간신히

vix, vicis *f* 교대 순번, 차례

vocare 부르다

volare 날다

volo, volui, velle 원하다, 하고 싶다

volubilis, e 덧없는

volucer, cris, cre 나는, 날개가 달린

volumen, inis *n* 파피루스 두루마리

voluntas, atis *f* 의지, 정신 자세

voluptas, tatis *f* 쾌락, 즐거움, 탐욕

volvo, vi, lutum, ere 말다, 감다

votum, i *n* 서약, 서원

voveo, vovi, voctum, ere 서원하다

vox, vocis *f* 목소리, 음성, 말

vulgus, i *n* 군중, 대중, 서민

vulnerare 상처 입히다, (감정을) 상하다

vulnus, neris *n* 상처

vultus, us *m* 얼굴

X

X, x 라틴 자모의 스물세 번째 글자;로마 숫자 10

xenon, onis, *m,* 병원

Y

Y, y 라틴 자모의 스물네 번째 글자

ypogaeum, i, *n.* 지하실, 동굴

Z

zephyrus, i, *m.* 서풍

zona, ae, *f.,* 지역, 구역, 대( )

zotheca, ae, *f.* 휴게실

zoologia, ae, *f.* 동물학

최신 라틴어 교본

2011년 6월 20일 1판 1쇄 인쇄
2011년 6월 25일 1판 1쇄 발행
2014년 9월 15일 1판 2쇄 발행
지은이 오 연 수
발행자 심 혁 창
발행처   한글
서울특별시 서대문구 신촌로27길 4
☎ 02) 363-0301 / FAX 02) 362-8635
E-mail : simsazang@hanmail.net
등록 1980. 2. 20 제312-1980-000009

△ 파본은 교환해 드립니다
IN GOD WE TRUST

정가 **20,000원**

*

ISBN 97889-7073-347-7-93790

라틴어를 배우고 싶은 분께 알림

라틴어를 배우고 싶어도 수강료 때문에 못 배우시는 분들을 위하여
수강료 없이 저자가 교재비만 받고 라틴어를 직접 지도해 주시겠다고
하셨습니다.
뜻이 있으신 분은 다음 전화를 하셔서 안내받으시기 바랍니다.
010-9399-7641 / 오연수 교수

도서출판 한글